Uni-Taschenbücher 1703

Eine Arbeitsgemeinschaft der Verlage

Wilhelm Fink Verlag München
A. Francke Verlag Tübingen und Basel
Paul Haupt Verlag Bern · Stuttgart · Wien
Hüthig Fachverlage Heidelberg
Verlag Leske + Budrich GmbH Opladen
Lucius & Lucius Verlagsgesellschaft Stuttgart
Mohr Siebeck Tübingen
Quelle & Meyer Verlag · Wiesbaden
Ernst Reinhardt Verlag München und Basel
Schäffer-Poeschel Verlag · Stuttgart
Ferdinand Schöningh Verlag Paderborn · München · Wien · Zürich
Eugen Ulmer Verlag Stuttgart
Vandenhoeck & Ruprecht in Göttingen und Zürich

Vilmos Bárdosi / Stefan Ettinger /
Cécile Stölting

Redewendungen
Französisch-Deutsch

Thematisches Wörter- und Übungsbuch

Zweite Auflage

A. Francke Verlag Tübingen und Basel

Die Deutsche Bibliothek – CIP-Einheitsaufnahme

Bárdosi, Vilmos:
Redewendungen Französisch-Deutsch : thematisches Wörter- und Übungsbuch /
Vilmos Bárdosi ; Stefan Ettinger ; Cécile Stölting. – 2., durchges. und verb. Aufl. –
Tübingen ; Basel : Francke, 1998
  (UTB für Wissenschaft : Uni-Taschenbücher ; 1703)
  ISBN 3-8252-1703-5 (UTB)
  ISBN 3-7720-1686-3 (Francke)

NE: Ettinger, Stefan:; Stölting, Cécile:; UTB für Wissenschaft /
  Uni-Taschenbücher

1. Auflage 1992
2., durchgesehene und verbesserte Auflage 1998

© 1998 · A. Francke Verlag Tübingen und Basel
Dischingerweg 5 · D-72070 Tübingen
ISBN 3-7720-1686-3

Das Werk einschließlich aller seiner Teile ist urheberrechtlich geschützt. Jede
Verwertung außerhalb der engen Grenzen des Urheberrechtsgesetzes ist ohne
Zustimmung des Verlages unzulässig und strafbar. Das gilt insbesondere für
Vervielfältigungen, Übersetzungen, Mikroverfilmungen und die Einspeicherung
und Verarbeitung in elektronischen Systemen.
Gedruckt auf chlorfrei gebleichtem und säurefreiem Werkdruckpapier.

Einbandgestaltung: Alfred Krugmann, Stuttgart
Druck: Müller+Bass, Tübingen
Bindung: Nädele, Nehren
Printed in Germany

ISBN 3-8252-1703-5 (UTB-Bestellnummer)

Inhaltsverzeichnis

Vorwort	VII
Hinweise für die Benutzung	IX
Abréviations et signes utilisés	XXVII
Signes utilisés dans la transcription phonétique	XXVIII

PREMIÈRE PARTIE

Index thématique des concepts-clés	2
Dictionnaire thématique des locutions françaises	4

DEUXIÈME PARTIE

Exploitation pédagogique	133
Exercices de contrôle I-V	134
Exercices de contrôle VI-X	150
Exercices de contrôle XI-XV	165
Exercices de contrôle XVI-XX	178
Exercices de contrôle XXI-XXV	193

TROISIÈME PARTIE

Corrigé des exercices	206

QUATRIÈME PARTIE

Index	215
Index alphabétique des concepts-clés français	216
Index alphabétique des locutions françaises	221
Index alphabétique des équivalents allemands	240

Vorwort zur zweiten Auflage

In den vergangenen fünf Jahren gelang es der vorliegenden Sammlung, sich einen festen Platz im Französischunterricht zu sichern. Die freundliche Aufnahme, die das Buch bei Lesern und vor allem bei Rezensenten fand, hat den Verlag bewogen, eine verbesserte Neuauflage herauszubringen. Es wurden hierbei auch so manche Anregungen von Rezensenten berücksichtigt, die sich ohne allzu großen technischen Aufwand verwirklichen ließen. Einige Druckfehler wurden ausgemerzt, Aussspracheangaben präzisiert und die Bibliographie wurde aktualisiert. Den Kolleginnen und Kollegen, die sich der Mühe unterzogen haben, das phraseologische Wörter- und Übungsbuch zu besprechen, sei an dieser Stelle nochmals gedankt: J. Bahns, *Fremdsprachenunterricht*, 40/49 (1996) 137; G. Blaikner-Hohenwart, *Moderne Sprachen*, 39 (1995) 81-83; M. Bobillon, *Nouveaux Cahiers d'Allemand*, 11 (1993) 336/337; D. Fricke, *französisch heute*, 26 (1995) 108-111; V. Fuchs, *Fremdsprachen und Hochschule*, 43 (1995) 161-164; J. D. Gallagher, *Babel*, 40 (1994) 58-60; G. Gréciano, *Nouveaux Cahiers d'Allemand*, 10 (1992) 469-471; Fr. J. Hausmann, *Fremdsprachenunterricht*, 38/47 (1994) 461-463; R. Métrich, *Zeitschrift für französische Sprache und Literatur*, CIV/3 (1994) 297-299; Chr. Sautermeister, *Zielsprache Französisch*, 27 (1995) 245/246; G. Schmidt, *Beiträge zur Fremdsprachenvermittlung*, 27 (1994) 126-128; N. Stephan-Gabinel, *Lebende Sprachen*, XL (1995) 42; J.Thiele, *Fremdsprachen Lehren und Lernen*, 23 (1994) 262-264. Mit Recht wurde von einigen Rezensenten moniert, daß die französischen Redewendungen nicht in Kontexten eingebettet sind. Aber die Zwänge der "Gebrauchslexikographie" (Fr. J. Hausmann) verhindern, daß alles Wünschenswerte auch verwirklicht werden kann. Dem Benutzer seien daher besonders die Hinweise zum Selbststudium ans Herz gelegt (siehe hierzu auch ETTINGER 1997). Ein besonderes Arbeitsblatt zum Erschließen von Redewendungen in authentischen Texten kann zudem über die Homepage des Sprachenzentrums der Universität Augsburg (www.uni-augsburg.de) abgerufen werden. Allen Benutzern der Neuauflage wünschen die Autoren viel Freude und Erfolg beim Lernen und Arbeiten mit diesem Buch.

Vilmos Bárdosi, Stefan Ettinger, Cécile Stölting
Budapest/Augsburg, Herbst 1997

> *"Every other author may aspire to praise; the lexicographer can only hope to escape reproach."*
> Samuel Johnson, *Dictionary of the English Language*, London 1755

Vorwort

Im Jahre 1986 veröffentlichte der ungarische Romanist Vilmos BÁRDOSI eine Sammlung französischer Redensarten bzw. Phraseologismen mit dem Titel *De fil en aiguille. Les locutions françaises: recueil thématique et livre d'exercices*. Wie man dem Untertitel entnehmen kann, handelt es sich um eine Phraseologismensammlung, die thematisch angeordnet ist und außerdem einen größeren Übungsteil enthält. Anfang der neunziger Jahre war die Auflage von 5500 Exemplaren ausverkauft und eine Neuauflage fest eingeplant. Das in erster Linie für ungarische Benutzer konzipierte Büchlein verwendet ausschließlich das Französische für die Umschreibung der Phraseologismen und für die Erklärungen und, soweit als möglich, für die Übungen, so daß es auch außerhalb Ungarns einige Verbreitung gefunden hat. Es wurde zudem von der Kritik nicht unfreundlich aufgenommen, wie die Besprechungen von ERFURT in *Fremdsprachen* 34 (1990) 277/278, ETTINGER in *Lebende Sprachen* 35 (1990) 131/132, GALLAGHER in *Vox Romanica* 48 (1991) 337-339, HAUSMANN in *Fremdsprachen und Hochschule* 30 (1990) 153/154, KLINKENBERG in *Le français moderne* 56 (1988) 146/147, URBAN in *französisch heute* 22 (1991) 273-278 und VIGNAUD in *Der fremdsprachliche Unterricht* 25, 2 (1991) 52/53 zeigen. Eigene Unterrichtserfahrungen mit BÁRDOSIS Sammlung sowie Anregungen von Rezensenten ließen es wünschenswert erscheinen, die Phraseologismensammlung auch für deutsche Benutzer einzurichten. Freundlicherweise erklärte sich Herr Gunter Narr zu einer Veröffentlichung innerhalb der UTB-Reihe des Francke Verlages Tübingen bereit. Diese Neubearbeitung erstreckt sich auf das Vorwort und die Benutzerhinweise, auf die thematisch gegliederte Beispielsammlung und auf den ungarischen Index. Der umfangreiche Übungsteil mit dem Schlüssel, der thematische und der französische Index sowie die Anmerkungen zu den Beispielen wurden fast unverändert übernommen. Die französischen Phraseologismen von *De fil en aiguille* wurden nun von mir nicht einfach direkt ins Deutsche übersetzt, sondern sie wurden alle systematisch im PETIT ROBERT hinsichtlich ihrer Bedeutung, der Form der Definition auf Französisch sowie der Markierungsangaben überprüft. Anschließend erfolgte eine Durchsicht der Beispiele unter denselben Gesichtspunkten in drei in Deutschland und Frankreich sehr verbreiteten zweisprachigen Phraseologismensammlungen (KLEIN 1980, WIZNITZER 1979 und COULON-MROSOWSKI 1989), wobei bei diesem Durchgang jedoch die Übersetzung ins Deutsche im Vordergrund stand. In einem allgemeinen zweisprachigen Wörterbuch (WEIS/MATTUTAT 1988) wurden dann die Phraseologismen nochmals auf ihre Übersetzungsmöglichkeiten ins Deutsche hin durchgesehen. Da sich bei den wenigsten Beispielen klare und problemlose Übereinstimmungen ergaben, habe ich fast alle Phraseologismen mit meiner frankophonen Kollegin, Cécile STÖLTING, durchgesprochen. All diese Informationen flossen dann in die deutsche Umschreibung der Beispiele ein und bestimmten auch die Auswahl der deutschen Phraseologismen, die als Äquivalente angegeben wurden. Als Referenzwörterbuch für die phraseologischen Verbindungen des Deutschen diente das *Deutsche Universalwörterbuch 1989* (=DUW), dessen Bedeutungserklärungen, syntaktische und grammatikalische Angaben, Registermarkierungen sowie Orthographiehinweise konsequent übernommen wurden. Für das Finden synonymer Phraseologismen erwies sich SCHEMANNS *Synonymwörterbuch der deutschen Redensarten* **(1989a)** als eine sehr große Hilfe. Diese zeitaufwendige Überarbeitung lieferte zwar umfangreiches Material für kritische metalexikographische Beiträge, sie machte den Bearbeitern aber auch schmerzlich bewußt, auf welch schwankendem Boden sich jeder Lexikograph bewegt.

Bei der Erstellung der reprofähigen Druckvorlage hat Frau cand. phil. Susanne Strauß sehr viel Umsicht und technisches Geschick bewiesen. Ihr gilt mein besonderer Dank. Für technische Hilfe möchte ich auch Frau Elisabeth Bayer und Herrn Dr. Gerhard Welzel (Universität Augsburg) danken sowie Herrn Udo Karl von der Zentralstelle für Computer im Unterricht (Augsburg). Zu Dank verpflichtet bin ich auch dem Bayerischen Staatsministerium für Unterricht, Kultus, Wissenschaft und Kunst, das im Rahmen eines kleinen Austauschprogrammes Bayern-Ungarn zu den für die Neubearbeitung notwendig gewordenen Reisekosten der Augsburger und Budapester Autoren beitrug.

Für Verbesserungsvorschläge und Anregungen sind die Autoren und der Verlag selbstverständlich jederzeit dankbar.

Stefan Ettinger
Augsburg, im Januar 1992

Hinweise für die Benutzung

1. Adressatengruppe des Wörterbuches und allgemeine bibliographische Hinweise

Die vorliegende Sammlung wendet sich an fortgeschrittene Lernende des Französischen, vor allem an Romanistikstudenten. Sie kann aber mit Gewinn sicher auch an der Oberstufe der Gymnasien, an Volkshochschulen und an Sprachschulen Verwendung finden.

So wünschenswert ausführliche Beschreibungen einzelner phraseologischer Einheiten, wie z.B. *être au bout du rouleau* bei DUNETON 1990: 339-343 oder auch Untersuchungen zur Entstehung neuer Phraseologismen, wie z.B. *parler une langue de bois* (HAUSMANN 1986: 91-102) sein mögen, für didaktische Zwecke mußten leider in der vorliegenden Sammlung beträchtliche Reduzierungen vorgenommen werden. Auch detaillierte Untersuchungen zu den Bedingungen des Gebrauchs einer phraseologischen Einheit, wie sie KÜHN mehrfach vorgelegt hat (1983, 1985, 1986, 1989), können im Hinblick auf eine Lernsammlung lediglich anregende Funktion haben. Für linguistisch und didaktisch interessierte Benutzer sind folgende ausgewählte Titel empfehlenswert (die genauen Titelangaben finden sich in der Bibliographie):

a) *Überblicksdarstellungen und Sammelbände*:
BURGER/BUHOFER/SIALM 1982; BURGER/ZETT 1987; FLEISCHER 1982; GRÉCIANO (Ed.) 1989; KORHONEN 1987.

b) *Themenhefte didaktischer Zeitschriften*:
Die Neueren Sprachen (Idiomatik) 78 (1979); Sprache und Literatur in Wissenschaft und Unterricht (Idiomatik) 16 (1985); Fremdsprachen lehren und lernen (Idiomatik/Phraseologie) 21 (1992).

c) *Lehrbücher mit Übungen:*
FÖLDES/KÜHNERT 1990; HIEKE/LATTEY 1983; KELLY 1974; LATTEY/HIEKE 1990; VIGNER 1981; WOTJAK/RICHTER 1988.

2. Aufbau und Gliederung der Sammlung

2.1 Bedeutungserklärung

Nehmen wir eine Redewendung aus der vorliegenden Sammlung, nämlich VII-34 *tirer les vers du nez à qn*, und vergleichen sie mit ihrer französischen Erklärung *le faire parler, le questionner habilement pour lui faire dire des choses qu'il veut cacher,* so können wir sofort feststellen, daß die Redewendung und ihre Paraphrase nicht in allen Kontexten austauschbar sind. Die zusätzliche semantische Information, der sogenannte "semantische Mehrwert" von *tirer les vers du nez à qn,* verleiht der Aussage durch ihren bildhaften Charakter oft eine emotional-expressive Färbung. Je nach Einstellung des Sprechers oder Hörers kann hier eine gewisse Bewunderung mitschwingen oder aber auch das Gegenteil der Fall sein, nämlich Verachtung zum Ausdruck kommen. Daneben sind auch Kontexte denkbar, in denen eine vorsichtige Warnung durchschimmert. Versuchen wir nun dieses Beispiel mit einem sprachwissenschaftlichen Terminus zu benennen, so läßt sich – trotz der "geradezu chaotischen terminologischen Vielfalt" – als minimaler Konsens folgende Begriffserklärung festhalten:

Es handelt sich hier um einen *Phraseologismus,* eine *phraseologische Verbindung* oder auch *phraseologische Einheit*. Im Französischen sind die Termini *locution* oder auch *expression* üblich. Ein Phraseologismus besteht aus mehreren Wörtern bzw. lexikalischen Elementen, deren Gesamtbedeutung jedoch verschieden ist von der Summe der Bedeutungen der Einzelelemente (SCHEMANN 1989b). Charakteristisch für einen Phraseologismus sind zudem in der Regel eine gewisse Unveränderlichkeit der einzelnen Elemente – so kann man in unserem Beispiel *tirer* nicht durch *traîner* ersetzen und auch *ver* ist nicht mit *larve* austauschbar – sowie die zusätzliche semantische Information im Vergleich zur nicht phraseologischen Paraphrase.

2.2. Auswahl der phraseologischen Einheiten (Kriterium der Frequenz)

Da lebende Sprachen die Möglichkeit besitzen, ständig neue Phraseologismen zu bilden, andererseits aber in der Sprache auch Phraseologismen aus früheren Zeiten verwendet werden, dürfte es schwierig sein, die genaue Zahl der gebräuchlichsten phraseologischen Einheiten einer Sprache zu erfassen. Bei Sammlungen phraseologischer Verbindungen zu Lernzwecken jedoch hat sich geradezu der Vorworttopos eingebürgert, wonach allein Frequenzgesichtspunkte die jeweilige Beispielauswahl bestimmt haben sollen (ETTINGER 1989: 101/102). Mit Recht jedoch hat SCHEMANN (1989b: 1021) festgestellt, "daß bisher keinerlei zuverlässige Erhebungen zur Frequenz der phraseologischen Verbindungen durchgeführt wurden, die jeweilige Auswahl also weitgehend dem Sprachgefühl des Lexikographen überlassen bleibt." Fehlende Berücksichtigung der Frequenz könnte man auch der vorliegenden Sammlung vorwerfen. Teilweise lassen sich aber solche Vorwürfe abmildern, wenn man berücksichtigt, daß BÁRDOSI sich seit 1977 kontinuierlich in Theorie und Praxis mit französischer Phraseologie befaßt (BÁRDOSI 1977, 1982, 1983, 1982/85, 1986, 1989 und 1990) und daß er 1983 ein umfangreiches Übungsbuch zur französischen Phraseologie veröffentlicht hat, wobei die damit im Unterricht gewonnenen Erfahrungen nicht ohne Auswirkungen auf die Erstellung der Lernsammlung *De fil en aiguille* blieben (1986). Indem BÁRDOSI als Grundlage für sein Corpus den PETIT ROBERT heranzog – nur gelegentlich wurden andere Wörterbücher ausgewertet –, gelang es ihm, "fossile Phraseologismen" ebenso zu vermeiden wie aktuelle, noch nicht allgemein akzeptierte Neologismen. Auch die Mitarbeit eines frankophonen Kollegen (JEAN-YVES DE LONGUEAU) dürfte sich positiv auf eine sinnvolle Auswahl ausgewirkt haben und allzu einseitige "idiolektale Intuition" verhindert haben. Daß die Beispiele von BÁRDOSI nicht willkürlich zusammengestellt wurden, wird auch aus einer kleinen Synopse deutlich, in der wir die circa 700 phraseologischen Einheiten des DICTIONNAIRE HACHETTE JUNIORS (= DHJ) mit einigen bekannten Idiomatiksammlungen verglichen haben (ETTINGER 1991). Lediglich 218 Beispiele hat KLEIN 1980 mit dem DHJ gemeinsam, KELLY 1974 verzeichnet 264, WIZNITZER 1979 bringt 313 und BÁRDOSI 289. Für die deutsche Bearbeitung haben wir daher das Corpus von gut 1000 Lemmaeinheiten fast unverändert gelassen – vor allem auch im Hinblick auf den Übungsteil –, und lediglich im Bereich der stilistischen Markierungen wurden Beispiele mit *rare* bzw. *vieilli* gekennzeichnet. Fehlende Frequenzangaben erlauben leider auch keine Antwort auf die Frage, wieviele Phraseologismen aktiv gebraucht oder nur passiv verstanden werden. Die bekannten Lernsammlungen bewegen sich zwischen 300 (PERMJAKOW 1989), 234 (LATTEY/HIEKE 1990), 336 (HIEKE/LATTEY 1983), über 500 (LUPSON/PÉLISSIER 1987), circa 600 (WIZNITZER 1979), 800 WOTJAK/RICHTER 1988) und 1000 Lemmaeinheiten (GÖRNER 1979, GRIESBACH/SCHULZ 1961 und KLEIN 1980). Bei der Auswahl der Lemmaeinheiten hat BÁRDOSI unter dem Gesichtspunkt morphologisch-syntaktischer Klassifikationen gewisse Einschränkungen vorgenommen. Es wurden ausschließlich verbale Phraseologismen aufgenommen, wie z.B. *prendre la clé des champs*, adverbiale Phraseologismen, wie *à brûle-pourpoint*, und sogenannte idiomatische Vergleiche, wie etwa *se ressembler comme deux gouttes d'eau*. Ausgeklammert blieben dagegen substantivische Phraseologismen des Typs *une grosse légume*, wenn sie nur mit den Verben *être, devenir* oder ähnlichen Verben verbunden werden. Lassen sich dagegen mit einem substantivischen Phraseologismus, wie *être un remède de cheval*, noch andere Verben verwenden, wie z.B. *prendre, demander, donner, prescrire* usw., so wurde die Lemmaeinheit aufgenommen.

2.3. Thematische Anordnung der Phraseologismen

Die Anordnung der Stichworteinheiten in einer Phraseologismensammlung sollte von der lexikographischen Zielsetzung bestimmt sein.

a) Bei größeren Sammlungen werden die Phraseologismen zur Zeit ausschließlich nach dem *alphabetischen Prinzip* angeordnet (SCHEMANN/ SCHEMANN-DIAS 1979; REY/CHANTREAU 1988; LAFLEUR 1979; FRIEDERICH 1976). Eine strikt alphabetische Anordnung ermöglicht einen raschen Zugriff. Sie ist daher bestens geeignet für Benutzer, die sich lediglich über die Bedeutung einer phraseologischen Einheit informieren, d.h. die Sammlung nur als "passives Wörterbuch" verwenden möchten. Da die Form der sprachlichen Zeichen als Ausgangspunkt für die Erklärung der Bedeutung herangezogen wird, kann man auch von einem semasiologischen Ansatz sprechen.

b) Offensichtlich nicht durchgesetzt hat sich die Anordnung der Beispiele nach *Sachgebieten*, da sich hier eine eindeutige Abgrenzung der einzelnen Gruppen als ziemlich schwierig erwies – man denke an Gruppen wie *Familie, Handwerk, Haus und Wohnungseinrichtung* bei FRIEDERICH 1966 – und der Benutzer oft nur schwer erraten kann, wo er einzelne Phraseologismen suchen soll. Letztlich wird er sich doch nur an Hand des alphabetischen Indexes orientieren und dadurch Zeit verlieren. Deshalb hat etwa FRIEDERICH seine *Moderne deutsche Idiomatik* in der zweiten Auflage (1976) "den Wünschen von Benutzern und Rezensenten entsprechend" in eine durchgehende alphabetische Ordnung gebracht.

c) Für didaktische Zwecke scheint sich allmählich eine systematische Anordnung der Phraseologismen nach *Schlüssel-* bzw. *Leitbegriffen* – im Französischen *concepts-clés* genannt – durchzusetzen. Die Sammlung ist dann als "aktives Wörterbuch" konzipiert. Da hier vom sprachlichen Inhalt ausgegangen wird, kann man auch von einem onomasiologischen Ansatz sprechen (URBAN 1991: 273-278).

Zwei größere Schwierigkeiten gilt es hierbei zu überwinden.

α) Ein Problem besteht darin, den Inhalt der phraseologischen Einheit auf einen möglichst präzisen Begriff zu reduzieren, dessen Abstraktionsgrad aber noch für den Benutzer verständlich bleiben sollte. Zu abstrakte und zu "abstruse" Reduktionen sind für den Benutzer kaum brauchbar. Als negative Beispiele zitiert HAUSMANN 1985: 107 /ANSPRUCHSMINDERUNG/, /BEISTANDSVERWEIGERUNG/ für das Deutsche und /IRRÉVOCABILITÉ/ und /FOURVOIEMENT/ für das Französische.

β) Äußerst schwierig ist außerdem die Entscheidung, wie die einzelnen Schlüssel- bzw. Leitbegriffe untereinander angeordnet werden sollen. Eine willkürliche Aneinanderreihung von 104 Kapiteln, wie bei MÜLLER 1961, dürfte dem Benutzer der Sammlung wenig dienlich sein. Eine alphabetische Gliederung erweist sich schon als hilfreicher (GÖRNER 1979,

LUPSON/PÉLISSIER 1987). Nützlich kann auch eine Einordnung von phraseologischen Verbindungen in ein Wortfeld sein, wie sie z.B. HIEKE/LATTEY 1983 und LATTEY/HIEKE 1990 praktizieren. Die Gliederung von GALISSON 1984 versucht, sieben größere Wortfelder mit einer alphabetischen Anordnung der concepts-clés zu verbinden. Diese Anordnung verlangt aber vom Benutzer eine beträchtliche Gedächtnisleistung. Am geeignetsten erscheint uns aber eine zahlenmäßig überschaubare Zusammenstellung von Wortfeldern, die synonyme und antonyme Schlüssel- bzw. Leitbegriffe zusammenfassen und die eine einigermaßen nachvollziehbare logische Anordnung erkennen lassen. Als Schlüssel- bzw. Leitbegriffe sollten zudem leicht verständliche Abstrakta verwendet werden. SCHEMANNS umfangreiches *Synonymwörterbuch der deutschen Redensarten* (1989a) folgt diesem Prinzip und erspart dadurch z.B. Übersetzern das langwierige Suchen von Redensarten in einem allgemeinen Wörterbuch. Für sprachpraktische Zwecke dürfte die Sammlung gerade wegen ihrer beeindruckenden Fülle wohl kaum geeignet sein. BÁRDOSI beschränkt sich nun in seiner Phraseologismensammlung auf 25 Kapitel, die im Grunde Wortfeldern entsprechen, wie z.B. Kapitel XVI **Les paroles** oder Kapitel XX **L'homme et les déplacements**. Um einen annähernd gleichen Umfang bei den Kapiteln zu erhalten, wurden zuweilen größere Wortfelder auf mehrere Kapitel aufgeteilt. Die Gliederung der concepts-clés läßt eine inhaltliche Progression erkennen, sie ist logisch nachvollziehbar und dadurch auch zum Auswendiglernen geeignet. Den Ausgangspunkt bildet der Mensch als Individuum (Körper, Kleidung, Gesundheit und Krankheit, Ernährung, Arbeit und Muße). Es folgen dann Wortfelder, die sein individuelles Handeln und Betragen zusammenfassen, seine Stellung zur Welt und seine Beziehungen den Mitmenschen gegenüber. Weitere Kapitel befassen sich mit seinen sprachlichen Äußerungen, seinen intellektuellen Fähigkeiten, seinen Gefühlen und Stimmungen, seiner räumlichen Mobilität und seiner ökonomischen Lage. In den drei letzten Kapiteln schließlich wird der Mensch in Beziehung zum Universum (Zeit, Wetter) gesehen (siehe zu dieser Gliederung auch *Einleitung 3 a)*. Innerhalb eines Wortfeldes bzw. Kapitels sind die concepts-clés dann nicht alphabetisch, sondern assoziativ nach Synonymen und Antonymen gegliedert und lassen sich daher unschwer memorieren. So erhält man z.B. beim Wortfeld **Les paroles** (Kapitel XVI) die Anordnung der concepts-clés /SILENCE/, /CONVERSATION/, /GROSSIÈRETÉ/ und /CRI/. Im Kapitel XX **L'homme et les déplacements** finden sich die concepts-clés /IMMOBILITÉ/, /ATTENTE/, /FAÇONS DE MARCHER/, /DÉPART/, /FUITE/ und /VOYAGE/. Polyseme Phraseologismen können bei diesem Anordnungsprinzip in verschiedenen Kapiteln bzw. Wortfeldern vorkommen. Querverweise bei den jeweiligen Beispielen machen dies deutlich.

2.4. Die Struktur der Einträge

Die Bedeutung der graphisch durch Fettdruck hervorgehobenen phraseologischen Verbindungen hat BÁRDOSI in einer knappen, stichwortartig gehaltenen *Umschreibung* angegeben. Als Vorlage dienten ihm einsprachige Wörterbücher des Französischen, wie z.b. der PETIT ROBERT, LEXIS oder der DFC. Wir haben dann versucht, indem wir wieder direkt vom französischen Phraseologismus ausgingen, mit einer deutschen Umschreibung seine Bedeutung zu erfassen. Da die deutsche Umschreibung nicht einfach eine wörtliche Übersetzung der französischen darstellt, ergänzen sich zumeist die beiden notwendigerweise knapp gehaltenen Umschreibungen gegenseitig und ermöglichen somit eine genauere Erfassung der oftmals schwierigen Semantik phraseologischer Einheiten.

XI-25 **couper/trancher le nœud gordien**

résoudre d'une manière violente une difficulté jusque là insoluble

eine Schwierigkeit auf verblüffend einfache Weise mit einer energischen Maßnahme lösen

Hier ergänzen sich z.B. *difficulté jusque là insoluble* des Französischen mit deutschem *auf verblüffend einfache Weise*.

Auf eine wörtliche Übersetzung des französischen Phraseologismus wurde in Anbetracht der Adressatengruppe der vorliegenden Sammlung verzichtet. Die meisten Schwierigkeiten dürften sich durch die Erläuterungen der Fußnoten beseitigen lassen. Noch bestehende Unklarheiten lexikalischer Art sollten beim Eigenstudium durch Nachschlagen bzw. im Unterricht vom Dozenten rasch geklärt werden.

Fanden sich zu den französischen Phraseologismen eine oder mehrere deutsche phraseologische Entsprechungen, dann wurden diese – ebenfalls durch Fettdruck hervorgehoben – angegeben, wie z.B. XI-25 **den gordischen Knoten durchhauen**. Maßgebend waren hierfür die Angaben des ***Deutschen Universalwörterbuches***. Bei der Bearbeitung der Phraseologismensammlung für deutsche Benutzer war es nicht unsere ehrgeizige Absicht, möglichst viele phraseologische Äquivalente im Deutschen zu finden. Im Vordergrund stand vielmehr die genaue Beschreibung des französischen Phraseologismus. Bei den deutschen Phraseologismen darf daher auch nicht übersehen werden, daß sie keineswegs **alle Verwendungsweisen** der französischen phraseologischen Verbindung **abdecken können.**

Entsprechend der französischen lexikographischen Praxis hat BÁRDOSI die Phraseologismen im Infinitiv zitiert. Kommt eine phraseologische Einheit jedoch nicht im Infinitiv vor, so wird sie in der Form, in der sie geläufig ist, zitiert:

XIX-39 *on le ferait rentrer dans un trou de souris*

Runde Klammern ( ) bezeichnen bei den französischen Phraseologismen fakultative Elemente der Redewendungen:

XIX-21 *se faire des cheveux (blancs)*

und ebenso bei den deutschen Phraseologismen:

XIX-18 *(wie) auf (glühenden) Kohlen sitzen*

Der Schrägstrich / trennt Varianten einer phraseologischen Verbindung, wobei im Französischen – den Angaben französischer Lexikographen folgend – die geläufigeren Varianten zuerst erwähnt werden:

XIX-21 *se faire de la bile/du mauvais sang/des cheveux (blancs)*

In eckigen Klammern [ ] wird die Aussprache mit den Lautzeichen der API-Transkription angegeben. Diese Ausspracheangaben beschränken sich auf Wörter und Wortverbindungen, deren Aussprache erfahrungsgemäß Schwierigkeiten bereiten kann. Die notwendigen Ergänzungen, wie z.B. *à qn, de qn, sur qn* usw. im Französischen bzw. *jmdm., jmdn., vor jmdm., bei etwas* usw. im Deutschen, wurden jeweils bei den Phraseologismen angegeben. Bei den stilistischen Markierungen im Französischen, wie z.B. *familier, populaire, vieilli, rare* usw., wurden vor allem die Angaben des PETIT ROBERT zugrundegelegt, wobei von uns kleinere Veränderungen und Vereinheitlichungen vorgenommen wurden. Zu den Einzelheiten der Registermarkierungen siehe PETIT ROBERT 1990: XVII. Für das Deutsche übernahmen wir konsequent die stilistischen Bewertungen, wie z.B. *gehoben, umgangssprachlich* usw. sowie die Gebrauchsangaben, wie z.B. *scherzhaft, ironisch, abwertend, verhüllend* usw. des **Deutschen Universalwörterbuchs** (= DUW). Zu den Einzelheiten siehe DUW 1989: 9. Nicht besonders gekennzeichnet wurden in den beiden Sprachen die Phraseologismen, deren Stilwert neutral ist. Stilistische Markierungen variieren in der Regel von Wörterbuch zu Wörterbuch, sie sind erstaunlicherweise oft nicht einmal innerhalb ein- und desselben Wörterbuches einheitlich (ETTINGER 1989 : 98/99), so daß auch die vorliegenden Angaben mit gewissen Einschränkungen zu betrachten sind. Auf jeden Fall dürfte es für einen französischlernenden Ausländer ratsam sein, Phraseologismen mit allzustark abweichenden Registermarkierungen, wie z.B. im Französischen *populaire, vulgaire, littéraire* oder *vieilli*, nicht aktiv zu verwenden. Bei den deutschen Phraseologismen kann eigenes Sprachgefühl steuernd eingreifen.

In Winkelklammern < > finden sich zusätzliche Angaben zur Mikrostruktur, die versuchen, in ökonomisch vertretbarer Weise auf einige wichtige Forderungen der Metalexikographie einzugehen (ETTINGER 1989: 95-115).

a) *Semantisch bedingte Restriktionen:* Bei den meisten Beispielen der vorliegenden Sammlung kommt als Subjekt einer phraseologischen Verbindung eine Person vor. Handelt es sich jedoch um ein Abstraktum oder um eine Sache, so wird dies in der Regel durch die Angabe <Snc.> d.h. *sujet nom de chose* gekennzeichnet:

    XVI-15 *être sur le tapis* <Snc.>

Zuweilen wird das Sachsubjekt noch weiter präzisiert: XI-6 *passer sous le nez de qn* <Snc.: *L'affaire lui est passée sous le nez.*> oder X-23 *battre de l'aile* <*en parlant d'un projet, d'une entreprise*>. Bei Personensubjekten wird noch genauer unterschieden, ob es sich um Frauen, Männer, Kinder, Erwachsene oder um ältere Menschen handelt, wobei Erläuterungen mit *se dit surtout* bzw. *(surtout) en parlant de* verwendet werden:

    I-4   *avoir du chien* <surtout en parlant d'une femme>
    I-9   *être haut comme trois pommes* <surtout en parlant d'un enfant>
    VIII-8 *se tenir à carreau* <à propos d'un enfant>
    XVIII-9 *rire aux anges* a) <se dit avant tout d'un bébé qui dort>; b) <en parlant d'adultes>
    XIV-38 *se crêper le chignon* <se dit surtout des femmes>

b) *Grammatikalisch bedingte Restriktionen*: Bei zahlreichen Phraseologismen sind beim Verb Restriktionen hinsichtlich der Tempora, der Modi sowie der Personen zu beachten. Zuweilen kommt das Verb nur im Imperativ oder nur in der Verneinung vor. Knappe Angaben sollen diese Einschränkungen verdeutlichen: <seulement au passé>, <surtout au conditionnel>, <presque toujours sous la forme:>, <souvent sous la forme:>, <souvent au négatif impératif:>, <s'emploie surtout au négatif:> usw. Bei den Possessivpronomina wird durch ein <invar.> die Unveränderlichkeit ausgedrückt, d.h. es kommt nur in der dritten Person Singular oder Plural vor (*ses, leurs*):

    VI-47 *dire ses* <invar.> *quatre vérités à qn*

c) *Gesten:* Nur in sehr beschränktem Rahmen konnten Hinweise zum Gebrauch von Gesten gegeben werden, die mit einer phraseologischen Einheit verwendet werden können. Dafür wurde die Angabe <+geste> verwendet:

    V-21   *avoir un poil dans la main* <+geste>
    XVIII-41 *en avoir marre/ras le bol* <+geste>

2.5. Anmerkungen

Zu jedem der 25 Kapitel gibt BÁRDOSI mit dem Ziel der Lernerleichterung kurze lexikalische und etymologische Erläuterungen. Als Referenzwörterbuch für die lexikalischen Erklärungen wurde das *Francia-Magyar Kéziszótár*, Budapest: Akadémiai Kiadó, 1966 herangezogen. Alle französischen Wörter, die dort nicht verzeichnet sind oder die in den phraseologischen Verbindungen eine besondere Bedeutung haben, wie z.B. *portugaise* mit der Argotbedeutung *oreille* in dem Phraseologismus I-49 *avoir les portugaises ensablées*, werden dann in den Anmerkungen besprochen. Die Fußnote bezieht sich in einem solchen Fall direkt auf das jeweilige Einzelwort:

> XV-33 *filer*[9] *doux (avec qn)*
> [9]*filer*: il s'agit d'un sens vieilli du verbe: 'mener les choses ou se comporter de manière constante'.

Bei den etymologischen Angaben, die verschiedenen französischen Wörterbüchern entnommen wurden, bezieht sich dagegen die Fußnote auf die ganze phraseologische Verbindung. Semantisch "durchsichtige" Phraseologismen, wie z.B. XV-15 *jouer avec qn comme un chat avec une souris*, wurden nicht näher erklärt.

2.6. Die Indices. Oder: Wie kann und soll man die Phraseologismensammlung konsultieren?

Die vorliegende Sammlung ermöglicht dem Benutzer in ihrer Gliederung und mit ihren drei Indices einen mehrfachen Zugriff.

a) Mit Hilfe der Überblicksdarstellungen der Wortfelder und der entsprechenden concepts-clés (vgl. *2.3. Thematische Gliederung*) kann der Benutzer über einen *onomasiologischen Ansatz* Zugang zu den französischen Phraseologismen bekommen. Für Lernzwecke ist dieser Zugriff wärmstens zu empfehlen.

b) Ist der Benutzer noch nicht so gut vertraut mit dem Aufbau der Sammlung, kann er jedoch schon eine phraseologische Verbindung auf ihren Schlüssel- oder Leitbegriff reduzieren, dann steht ihm der *Index alphabétique des concepts-clés* zur Verfügung. Hier werden jeweils alphabetisch die im Wörterbuch verwendeten concepts-clés in Großbuchstaben angeordnet und in Kleinbuchstaben ihre häufigsten Synonyme. Die römischen Ziffern verweisen auf die entsprechenden Kapitel. Das concept-clé z.B. zum Phraseologismus XIX-44 *trembler comme une feuille* ist bei BÁRDOSI /PEUR/. Denkt ein Benutzer aber an *lâcheté* (= Feigheit, feiges Verhalten), dann wird er ebenfalls auf das Kapitel XIX verwiesen. Auch das Arbeiten mit diesem Index ist für Lernzwecke gut geeignet.

c) Der *alphabetische Index der französischen Phraseologismen* ordnet alle phraseologischen Verbindungen nach dem jeweils als wichtig empfundenen mot-clé, d.h. Schlüsselwort. BÁRDOSI folgte hierbei einer französischen lexikographischen Tradition und bringt etwa bei Vergleichen (*beau comme un astre*) den Phraseologismus unter dem mot-clé *astre*. In der Regel wird das erste Substantiv als mot-clé genommen, wobei jedoch auf Grund der Bedeutungsinterpretation Ausnahmen vorkommen können. Die phraseologische Einheit *avoir les cheveux comme des baguettes (de tambour)* findet man nach diesem Anordnungsprinzip unter *baguettes*! Römische Zahlen verweisen wiederum auf das Kapitel, arabische Zahlen auf den jeweiligen Phraseologismus. Dieser Index ermöglicht einen raschen Zugriff zu einer unbekannten phraseologischen Verbindung. Er kann somit die Funktionen eines "passiven Wörterbuches" übernehmen.

d) Der *Index der deutschen Phraseologismen* ordnet die phraseologischen Verbindungen jeweils nach dem ersten Substantiv, bei fehlendem Substantiv nach dem Verb, bei fehlendem Substantiv und Verb dann nach dem Adjektiv usw. Als Vorbild diente hier die Anordnung bei SCHEMANN 1989a. Dieser Index kann eine Hilfe sein, wenn der Benutzer einen dem deutschen entsprechenden Phraseologismus sucht, etwa beim Übersetzen. Er ermöglicht allerdings keinen Zugriff auf *alle* Schlüsselwörter oder Stichwörter. Betont man aber bei der vorliegenden Phraseologismensammlung die Konzeption eines Lernbuches, dann dürfte der Vorwurf nicht ganz von der Hand zu weisen sein, es handle sich hier um eine unpädagogische Hilfe für lernunwillige Benutzer.

3. Wie kann und soll man mit der Phraseologismensammlung lernen?

Die zahlreichen Übungen der vorliegenden Sammlung sollen es dem Lernenden ermöglichen, die ungefähr 1000 phraseologischen Einheiten des Französischen in ihrer Bedeutung richtig zu verstehen, sie hinsichtlich der stilistischen Markierung zutreffend einzuordnen und sich mit den wichtigsten semantischen und morpho-syntaktischen Restriktionen vertraut zu machen. Wünschenswert wäre es zudem, wenn – in Relation zu einer sich allmählich entwickelnden Sprachkompetenz im Französischen – möglichst viele Phraseologismen auch in den aktiven Wortschatz des Lernenden Aufnahme fänden. Die klare Gliederung der Sammlung erlaubt ein systematisches Lernen.

a) Zunächst sollte der Lernende sich einen ersten Überblick über die onomasiologische Grobgliederung der phraseologischen Verbindungen und ihre Verteilung auf 25 Kapitel verschaffen. Von der Konzeption eines Lernwörterbuches ausgehend, hat BÁRDOSI sich bemüht, eine überschaubare Zahl von Kapiteln zusammenzustellen, die gleichzeitig aber auch untereinander in einer einigermaßen logischen Beziehung stehen. Die ersten fünf Kapitel lassen z.B. eine deutliche Entwicklung erkennen. Es wird zunächst der Mensch in seiner Physis beschrieben (Kapitel I), darauf folgt die Kleidung und Körperpflege (Kapitel II), das nächste Kapitel (Kapitel III) geht auf das menschliche Leben ein, auf Gesundheit, Krankheit und Tod. Kapitel IV befaßt sich mit den Freuden der Tafel, und das Kapitel V behandelt die menschliche Arbeit sowie das Ausruhen. In den folgenden Kapiteln werden das Handeln des Menschen als Individuum beschrieben (Kapitel VI-IX) und seine Auseinandersetzungen mit den Schwierigkeiten der Welt (Kapitel X und XI). Daran schließen sich die Kapitel an, die sich mit den Beziehungen der Menschen untereinander befassen (Kapitel XII bis XV), mit den verbalen Äußerungen (Kapitel XVI), mit der Intelligenz (Kapitel XVII) sowie mit Stimmungen bzw. der seelischen Verfassung (Kapitel XVIII und XIX). Die Fortbewegung des Menschen wird in Kapitel XX phraseologisch bewältigt, Kapitel XXI und XXII gehen auf die Bezüge der Menschen zur Wirtschaft ein (Geld, Sparen, Schulden, Ausgaben usw.). Die letzten drei Kapitel schließlich sehen den Menschen in Relation zum Universum.
Eine größere Vertrautheit mit der onomasiologischen Gliederung wird sich wahrscheinlich erst beim wiederholenden Lernen einstellen. Man sollte sie jedoch möglichst bald anstreben, um – unabhängig vom alphabetischen Index – einen raschen Zugriff zu den Schlüssel- bzw. Leitbegriffen (z.B. /TRAVAIL/, /EFFORTS/, /MINUTIE/, /PEUR/ usw.) und somit auch zu den Lemmaeinheiten zu bekommen. Erst dadurch wird es möglich, die phraseologischen Einheiten auch aktiv zu verwenden und Synonyme zusammenzustellen.

b) Beim Lernen der phraseologischen Einheiten sollte man jeweils fünf Kapitel zusammenfassen, um sich dann anschließend dem jeweiligen Übungsblock zuzuwenden. Erfahrungsgemäß wird der Lernende beim ersten Durchlesen sich ziemlich rasch die phraseologischen Einheiten einprägen, die wörtlich ins Deutsche zu übersetzen sind, wie z.B. II-20 *faire une toilette de chat = eine Katzenwäsche machen*, oder die im Vergleich zum Französischen ähnliche (III-35 *manger les pissenlits par la racine*) bzw. leicht verständliche Bilder verwenden (I-11 *manger la soupe sur la tête de qn*). Die schwierigeren Lemmaeinheiten sollten im Unterricht vom Dozenten erklärt werden, beim Eigenstudium sollten die Erläuterungen des jeweiligen Kapitels herangezogen werden.

c) Dank der onomasiologischen Anordnung der Lemmata stehen dem Lernenden nun sehr häufig synonyme phraseologische Einheiten zur Verfügung, deren genaue Abgrenzung sehr viel Sprachgefühl verlangt. Wahrscheinlich können diese feinen, aber wichtigen semantischen Unterschiede nur in einer Übung mit Unterstützung frankophoner Dozenten herausgearbeitet werden. Eine Hilfe kann hierbei teilweise die Komponenten- bzw. Semanalyse darstellen. Ein concept-clé bzw. ein Leitbegriff steht für ein Archisemem, und die unterschiedlichen Bedeutungen der phraseologischen Verbindungen werden nun in einzelne Seme aufgelöst. Zur Veranschaulichung sei hier ein Beispiel von NEGREANU (1979: 159) zitiert.

Traits distinctifs / Lexies complexes	diriger	affaires personnelles	imposer sa volonté au dehors	moment précis du début de direction	duratif
Mener sa barque	+	+			+
Mener la danse, le jeu	+		+		+
Prendre les rênes	+			+	
Tenir la queue de la poêle	+				+

d) Die vielfältigen Übungen der vorliegenden Sammlung dienen primär der *formalen* und *semantischen Festigung* der phraseologischen Einheiten. Welcher Artikel, welche Possessivpronomina werden verwendet, wie lassen sich die Phraseologismen mit Hilfe von Multiple-choice-Verfahren abgrenzen usw.? Wichtig im Hinblick auf eine spätere aktive Verwendung sind dann die Übungen, die Bezüge zwischen den concepts-clés und den phraseologischen Einheiten herausarbeiten, wobei zusätzlich auch die mots-clés (Schlüsselwörter) herangezogen werden. Die Übungen zum Einsetzen phraseologischer Einheiten in vorhandene Texte wirken zwar leicht gekünstelt – authentische Texte weisen niemals eine solche phraseologische Dichte auf –, sie lenken den Benutzer aber doch in Richtung einer mehr aktiven Verwendung der phraseologischen Einheiten. In etwas heiterer Form möchten Zeichnungen, Rätselübungen und Bilderrätsel (Rebusse) zu einer Festigung der Beherrschung phraseologischer Einheiten beitragen und auch schon überleiten auf ihre Visualisierung in Karikaturen oder in der Werbung. Die zahlreichen Übungen können nach unseren Erfahrungen nicht innerhalb eines Semesterkurses vollständig durchgearbeitet werden. Da der Lernende aber über eine längere Zeit hinweg mit der vorliegenden Sammlung arbeiten sollte, können zunächst ausgelassene Übungen später nachgeholt werden. Ein Schlüssel zu den Übungen steht für das Eigenstudium zur Verfügung. Zum Lernen phraseologischer Verbindungen siehe auch ETTINGER 1992.

4. ... vers l'apprentissage autonome

Wenn mit Recht seit Voltaire beklagt wird, daß ein Wörterbuch ohne Belege ein Skelett sei (*"Un dictionnaire sans citations est un squelette"*), so gilt dies in ganz besonderem Maße vor allem für phraseologische Wörterbücher. Scharfsinnige Untersuchungen zu einzelnen – vermutlich aber nicht gerade zufällig gefundenen – Phraseologismen machen deutlich, wie kompliziert sich die Beschreibung des "semantischen Mehrwerts" gestalten kann und wie problematisch oft die Erfassung aller Gebrauchsbedingungen ausfallen kann (vgl. hierzu die Beiträge von KÜHN 1983, 1985, 1987 und 1989). Eine Sammlung von Belegen allein dürfte sich – führt man das somatische Bild weiter – auch wenig lebensfähig erweisen (DOMÍNGUEZ 1975) und wahrscheinlich kaum alle Lernbedürfnisse eines Wörterbuchbenutzers befriedigen. Im Gegensatz zu einfachen Sammlungen von Phraseologismen stellen zitierende Phraseologismenwörterbücher bereits eine einengende Vorauswahl hinsichtlich der Textsorte, des Schwierigkeitsgrades, des Wortschatzes usw. dar. Aus dieser Not eine Tugend machend **empfehlen wir** dem Lernenden **dringend**, sich nach dem Auswendiglernen der Beispiele und nach dem Durcharbeiten der wichtigsten Übungen dieser Phraseologiesammlung im Laufe des Studiums allmählich ein eigenes Beispielwörterbuch anzulegen (ETTINGER 1992). Persönliche Textpräferenzen sowie sprachliche Vorkenntnisse sollten diese Auswahl steuern. Auch dürfte sich mit dem allmählichen Anwachsen der Sammlung ein Gefühl für die Frequenz der Phraseologismen entwickeln. Das Sammeln authentischer Beispiele bietet zudem eine ausgezeichnete Möglichkeit, synonyme Phraseologismen – wie sie gerade durch die onomasiologische Anordnung deutlich hervortreten – schärfer voneinander abzugrenzen. Unbedingt sollte man hierbei jedoch frankophone Sprecher zu Rate ziehen, um ein solides Sprachgefühl für den jeweiligen Phraseologismus zu entwickeln. Praktisch könnte sich die Arbeit folgendermaßen gestalten:

a) Auf einer Karteikarte (DIN A5) oder auf einem DIN A4-Blatt wird die phraseologische Verbindung in der Grundform zitiert und ergänzend hierzu die genaue Kapitel- und Nummernangabe sowie die Angabe des *concept-clé* der vorliegenden Sammlung festgehalten.

b) Es folgt dann der genaue Beleg mit präziser Quellenangabe, um späteres Überprüfen zu ermöglichen. Der Textausschnitt sollte zur Verständniserleichterung nicht zu knapp gewählt werden. Zuweilen können stichwortartige Kommentare helfen, den Text besser einzuordnen. Einfache Pronomina z.B. sollten – ebenfalls zur Verständniserleichterung bei einem späteren Durcharbeiten – gleich ergänzt werden, wie z.B. *il* (= *le Président de la République*).

c) Im folgenden Arbeitsgang werden die semantischen und morphosyntaktischen Besonderheiten der jeweiligen phraseologischen Verbindung herausgearbeitet: Ist das Subjekt oder auch das Objekt ein Abstraktum, eine Sache oder eine Person? Läßt sich innerhalb der Klasse der Personen noch weiter unterscheiden zwischen Männern, Frauen, Kindern, alten Leuten usw.? Kommt das Verb der phraseologischen Verbindung bevorzugt oder ausschließlich in bestimmten Zeiten oder Personen vor? Wird es immer in der Frageform oder in der Negation verwendet? In der Regel müßte es auch möglich sein, aus dem Kontext des Beispiels die Registermarkierung (gehoben, unmarkiert, umgangssprachlich usw.) herauszuarbeiten. So zeigen etwa Beispiele zu der phraseologischen Verbindung XIV-31 **avoir maille à partir avec qn** (= *avoir avec lui une dispute, une divergence d'opinion ou un conflit d'intérêt*) als bevorzugte Subjekte Personen, die mit der Polizei oder der Justiz in Konflikt geraten (HEINZ 1987: 132). Daneben finden sich aber auch Beispiele, die einen Interessenkonflikt zwischen zwei Personen ausdrücken.

d) Am schwierigsten, aber sprachlich wohl am reizvollsten dürfte der letzte Analyseschritt sein, nämlich die Herausarbeitung der pragmatischen Informationen zu einer phraseologischen Einheit. GALISSON 1984: 53 spricht hier von der *pragmatisation*.

Mit Hilfe einiger Fragen lassen sich wichtige Gebrauchsbedingungen herausarbeiten. WER verwendet die phraseologische Verbindung und an WEN wendet er sich hierbei (Erwachsener an ein Kind, Erwachsener an einen anderen Erwachsenen, ein Älterer an einen Jüngeren usw.)? Ist die Person, an die der Sprecher sich wendet, anwesend oder abwesend? WANN und bei WELCHER GELEGENHEIT geschieht dies (Gespräch im Familienkreis oder bei einer Rede in der Öffentlichkeit), und welches sind vor allem die ABSICHTEN, die hierbei mitspielen? Soll Bewunderung oder Kritik ausgedrückt werden, soll die Aussage beruhigen oder anspornen? Vor allem bei exhortativen, d.h. bei illokutionären bzw. perlokutionären Phraseologismen, aber auch bei phraseologischen Verbindungen, deren Bedeutung sich allmählich ändert, dürften solche Angaben unerläßlich sein. Als

Einstieg für die Pragmatisierungsphase empfiehlt sich die Lektüre der Beiträge von KÜHN 1983, 1985, 1987 und 1989, HAUSMANN 1986 oder DUNETON 1990: 339-343.
Bei diesem letzten Analyseschritt ist die Hilfe von frankophonen Dozenten unerläßlich. Sie sollte daher innerhalb eines Idiomatikkurses stattfinden. Erst eine detaillierte Analyse einer phraseologischen Einheit ermöglicht ihr volles Verständnis und erlaubt später auch ihre aktive Verwendung.

Das Erstellen eines eigenen, kleinen zitierenden Phraseologismenwörterbuches sollte man nicht von vornherein als didaktischen Utopismus belächeln – Sprachenlernen verlangt immer beträchtliche Eigenarbeit – oder als eine kaum zu bewältigende Herkulesarbeit abtun. Phraseologismen kommen in der Sprache relativ häufig vor, und schon die Auswertung einiger Zeitungen oder Zeitschriften kann ein ansehnliches Corpus (vgl. HEINZ 1987) erbringen.

5. Bibliographische Hinweise

BÁRDOSI, V. (1977): Le fonctionnement de l'attraction paronymique dans le système communicatif du français moderne, in: *Annales Universitatis Scientiarum Budapestinensis de Rolando Eötvös nominatae, Sectio Philologica Moderna*, 137-145.

BÁRDOSI, V. (1982): Les comparaisons idiomatiques du français, in: *Annales Universitatis Scientiarum Budapestinensis de Rolando Eötvös nominatae, Sectio Philologica Moderna*, 21-34.

BÁRDOSI, V. (1982/1985): Les limites de l'utilisation des dictionnaires de locutions, in: *Annales Universitatis Scientiarum Budapestinensis de Rolando Eötvös nominatae, Sectio Linguistica*, 13, 17-26.

BÁRDOSI, V. (1983): La rédaction d'un dictionnaire onomasiologique de locutions: esquisse d'une problématique, in: *Annales Universitatis Scientiarum Budapestinensis de Rolando Eötvös nominatae, Sectio Philologica Moderna*, 14, 97-106.

BÁRDOSI, V. (1983): *Les locutions françaises en 150 exercices*, Budapest.

BÁRDOSI, V. (1986): *De fil en aiguille. Les locutions françaises: recueil thématique et livre d'exercices*, Budapest.

BÁRDOSI, V. (1986): Le traitement des locutions idiomatiques par micro-ordinateur, in: *Acta Universitatis Szegedinensis de Attila József nominatae, Acta Romanica*, 11, 10-51.

BÁRDOSI, V. (1990): Contribution à l'histoire de la phraséologie française des origines jusqu'à Michel Bréal, in: *Acta Universitatis Szegedinensis de Attila József nominatae, Acta Romanica*, 14, 61-145.

BÁRDOSI, V. (1990): Guide bibliographique de phraséologie française avec index thématique 1900-1990, in: *Lingvisticae Investigationes*, 14, 349-402.

BURGER, H./BUHOFER, A./SIALM, A. (1982): *Handbuch der Phraseologie*, Berlin/New York.

BURGER, H./ZETT, R. (1987): *Aktuelle Probleme der Phraseologie*, Bern/Frankfurt am Main/New York/Paris.

COULON-MROSOWSKI, B. (1989): *Allemand. 3500 locutions idiomatiques*, Paris.

DOMÍNGUEZ, J. Ma. (1975): *Fraseología española en su contexto*, München.

DUDEN. *DEUTSCHES UNIVERSALWÖRTERBUCH* (1989), Mannheim/Wien/Zürich.

DUNETON, CL.. (1990): *La puce à l'oreille*, Paris.

ETTINGER, S. (1989): Einige Probleme der lexikographischen Darstellung idiomatischer Einheiten (Französisch-Deutsch), in: G. GRÉCIANO (éd.): *Europhras 88. Phraséologie Contrastive*, Strasbourg, 95-115.

ETTINGER, S. (1991): *Beiträge zur französischen Idiomatik*, Augsburg.

ETTINGER, S. (1992): Techniques d'apprentissage des expressions idiomatiques, in: G. DORION/FR.-J. MEISSNER/J. RIESZ/U. WIELANDT (éds.): *Le français aujourd'hui – une langue à comprendre – französisch heute*. Mélanges offerts à Jürgen Olbert, Frankfurt am Main, 98-109.

FÖLDES, Cs../KÜHNERT, H. (1990): *Hand- und Übungsbuch zur deutschen Phraseologie*, Budapest.

FLEISCHER, W. (1982): *Phraseologie der deutschen Gegenwartssprache*, Leipzig.

FRIEDERICH, W. (1966): *Moderne deutsche Idiomatik: Systematisches Wörterbuch mit Definitionen und Beispielen*, München.

FRIEDERICH, W. (1976): *Moderne deutsche Idiomatik: Alphabetisches Wörterbuch mit Definitionen und Beispielen*, München.

GALISSON, R. (1983): *Des mots pour communiquer. Éléments de lexicométhodologie*, Paris.

GALISSON, R. (1984): *Dictionnaire de compréhension et de production des expressions imagées*, Paris.

GÖRNER, H. (1979): *Redensarten: Kleine Idiomatik der deutschen Sprache*, Leipzig.

GRÉCIANO, G. (1989): *Europhras 88: Phraséologie Contrastive*, Strasbourg.

GRIESBACH, H./SCHULZ, D. (1961): *1000 deutsche Redensarten*, München.

HAUSMANN, FR. J. (1985): Phraseologische Wörterbücher des Deutschen, in: *Sprache und Literatur in Wissenschaft und Unterricht*, 16, 105-109.

HAUSMANN, FR. J. (1986): Langue de bois: Étude sur la naissance d'un néologisme, in: A. BARRERA-VIDAL/H. KLEINEIDAM/M. RAUPACH (Hrsg.): *Französische Sprachlehre und bon usage*, München, 91-102.

HEINZ, M. (1987): *Kleines Wörterbuch französischer Redewendungen auf der Basis eines Zeitungskorpus*, Magisterarbeit, Erlangen-Nürnberg.

HIEKE, A.E./LATTEY, E. (1983): *Using Idioms. Situationsbezogene Redensarten*, Tübingen.

KELLY, R. C. (1974): *Expressions idiomatiques en français vivant*, San Diego/New York/Chicago.

KLEIN, H. W. (1980): *1000 französische Redensarten. Mit Anwendungsbeispielen, Übersetzungen und Register*, Berlin.

KORHONEN, J. (1987): *Beiträge zur allgemeinen und germanistischen Phraseologieforschung*, Oulu.

KÜHN, P. (1983): Pragmatische und lexikographische Beschreibung phraseologischer Einheiten: Phraseologismen und Routineformeln, in: *Germanistische Linguistik*, 1-3, 175-235.

KÜHN, P. (1985): Phraseologismen und ihr semantischer Mehrwert. *Jemandem auf die Finger gucken* in einer Bundestagsrede, in: *Sprache und Literatur in Wissenschaft und Unterricht*, 16, 37-46.

KÜHN, P. (1987): Deutsch als Fremdsprache im phraseodidaktischen Dornröschenschlaf. Vorschläge für eine Neukonzeption phraseodidaktischer Hilfsmittel, in: *Fremdsprachen lehren und lernen*, 16, 62-79.

KÜHN, P. (1989): Phraseologie und Lexikographie: Zur semantischen Kommentierung phraseologischer Einheiten im Wörterbuch, in: E. Wiegand (Hrsg.): *Wörterbücher in der Diskussion*, Tübingen, 133-154.

LAFLEUR, B. (1979): *Dictionnaire des locutions idiomatiques françaises*, Bern/Frankfurt am Main/Las Vegas.

LATTEY, E./HIEKE, A. E. (1990): *Using Idioms in Situational Contexts*, Tübingen.

LUPSON, P./PÉLISSIER, M. L. (1987): *Guide to French Idioms*, Lincolnwood.

NEGREANU, A. (1979): *Exercices sur les expressions idiomatiques françaises*, Bukarest.

MÜLLER, W. (1961): *Französische Idiomatik nach Sinngruppen*, Heidelberg.

PERMJAKOW, G. L. (1989): *Dreihundert allgemeingebräuchliche russische Sprichwörter und sprichwörtliche Redensarten*, Moskau/Leipzig.

REY, A./CHANTREAU, S. (1988): *Dictionnaire des expressions et locutions*, Paris.

SCHEMANN. H./SCHEMANN-DIAS L. (1979): *Dicionário Idiomático português-alemão. Portugiesisch-deutsche Idiomatik*, München.

SCHEMANN, H. (1989a): *Synonymwörterbuch der deutschen Redensarten*, Straelen.

SCHEMANN, H. (1989b): Das phraseologische Wörterbuch in: Fr.J. Hausmann/O. Reichmann/H.E. Wiegand/L. Zgusta (Hrsg.): *Wörterbücher. Dictionaries. Dictionnaires*. Ein internationales Handbuch zur Lexikographie, Erster Teilband, Berlin, 1019-1032.

URBAN, M. (1991): Probleme einer thematischen Anordnung von Redensarten. Einige Anmerkungen zu einem Buch von Vilmos Bárdosi, in: *französisch heute*, 22, 273-278.
VIGNER, G. (1981): *Façons de parler*, Paris.
WEIS, E./MATTUTAT, H. (1988): *Großwörterbuch Französisch*, Stuttgart.
WIZNITZER, M. (1979): *Êtes-vous-à la page?*, München.
WOTJAK, B./RICHTER, M. (1988): *Deutsche Phraseologismen: Ein Übungsbuch für Ausländer*, Leipzig.

Bibliographischer Nachtrag

BÁRDOSI, V. (1992): Problèmes posés par le traitement lexicographique des figés dans les dictionnaires français, in: *Fremdsprachen lehren und lernen*, 21, 1992, 104-116.
GALEY, B. C.(1995): *Du coq à l'âne*. L'étymo-jolie 2. Origines surprenantes des expressions de tous les jours, Paris.
BERNET, Ch./REZEAU, P.(1989): *Dictionnaire du français parlé*. Le monde des expressions familières, Paris.
BERNET, Ch./REZEAU, P.(1995): *Richesses lexicales du français contemporain*, Nancy.
BURNIER, M.-A./RAMBAUD, P.(1997): *Le journalisme sans peine*, Paris.
ETTINGER, S. (1994): Phraseologische faux amis des Sprachenpaares Französisch-Deutsch, in: B. SANDIG (Hg.): *EUROPHRAS 92. Tendenzen der Phraseologieforschung*, Bochum (= Studien zur Phraseologie und Parömiologie, 1), 109-135.
ETTINGER, S. (1997): Einige Überlegungen zur Phraseodidaktik, in: W. EISMANN (Hrsg.), *EUROPHRAS 95. Europäische Phraseologie im Vergleich*. Gemeinsames Erbe und kulturelle Vielfalt, Graz-Leibnitz (erscheint).
FIALA, P./LAFON, P./PIGUET, M.-FR. (1997): *La locution: entre lexique, syntaxe et pragmatique*. Identification en corpus, traitement, apprentissage, Paris.
HEINZ, M.(1993): *Les locutions figurées dans le 'Petit Robert'*. Description critique de leur traitement et propositions de normalisation, Tübingen (= Lexicographica. Series Maior, 49).
HEINZ, M. (1994): Typologie der bildlichen Redewendungen aus lexikographischer Sicht, dargestellt am Beispiel des 'Petit Robert', in: B. SANDIG (Hg.): *EUROPHRAS 92. Tendenzen der Phraseologieforschung*, Bochum (= Studien zur Phraseologie und Parömiologie, 1), 281-301.
HESSKY, R./ETTINGER, S.(1997): *Deutsche Redewendungen*. Ein Wörter- und Übungsbuch für Fortgeschrittene, Tübingen (= Narr Studienbücher).
LOUIS, P. (1995): *Du bruit dans Landernau*. Les noms propres dans le parler commun, Paris.
REZEAU, P.(1993): *Petit dictionnaire des chiffres en toutes lettres*, Paris.
SANDIG, B.(1994) (Hg.): *EUROPHRAS 92. Tendenzen der Phraseologieforschung*, Bochum (= Studien zur Phraseologie und Parömiologie, 1).

Abréviations et signes utilisés

Abréviations utilisées en français

adv.	adverbe
arch.	archaïque
arg.	argot(ique)
arg. scol.	argot scolaire
C	corrigé des exercices
cf.	confer, comparez avec
D	dictionnaire
E	exercices de contrôle
f.	féminin
fam.	familier
fr.	français
inf.	verbe à l'infinitif
interj.	interjection
iron.	ironique
litt.	littéraire
m.	masculin
méd.	médical, médecine
mod.	moderne
N.	nom
péj.	péjoratif
p. ex.	par exemple
p. ext.	par extension
pl.	pluriel
pop.	populaire
Ps.	proposition subordonnée
qc.	quelque chose
qn	quelqu'un
S.	substantif
Snc.	sujet nom de chose
v.	voir
V.	verbe
vx.	vieux
vulg.	vulgaire

Abréviations utilisées en allemand

bildungsspr.	bildungssprachlich
geh.	gehoben
iron.	ironisch
scherzh.	scherzhaft
spött.	spöttisch
ugs.	umgangssprachlich
vulg.	vulgär

Signes utilisés

/	indique une variante dans la locution
/ /	entoure le concept-clé (en majuscules) ou le mot-clé (en minuscules) de la locution
[ ]	entoure les mots en transcription phonétique
( )	entoure un élément facultativement présent dans la locution
< >	entoure les remarques grammaticales ou contextuelles complémentaires pour l'utilisation de la locution
' '	indique le sens dans lequel est pris un mot
~	remplace le verbe de la locution qui n'est pas répété dans la définition; dans l'index, remplace le mot-clé
→	d'où, par extension, le sens de
<	vient de
•	suggestion d'exercice sans solution ou à solutions imprévisibles; le contrôle du professeur est nécessaire ou recommandé

Signes utilisés dans la transcription phonétique

◆ Les signes employés sont ceux de l'Association Phonétique Internationale (API).
◆ Les signes de la transcription phonétique sont notés entre crochets [ ].

VOYELLES		SEMI-CONSONNES CORRESPONDANTES		CONSONNES	
O r a l e s	[a] ta [ɑ] tas, pâte [ɛ] père [e] thé [i] si [ɔ] robe [o] mot [œ] peur [ø] peu [ə] le [u] sous [y] sur	[j]	pied	[p]	pont
		[w]	oui	[b]	bon
		[ɥ]	lui	[t]	ton
				[d]	don
				[k]	coup
				[g]	goût
				[f]	fin
				[v]	vin
				[s]	sel
				[z]	zèbre
				[ʃ]	chou
				[ʒ]	joue
				[l]	la
				[R]	rat
				[m]	ma
				[n]	nez
				[ɲ]	agneau
				[ŋ]	camping
N a s a l e s	[ɑ̃] sans [ɛ̃] fin [ɔ̃] bon [œ̃] un			[']	hanneton (pas de liaison)

PREMIÈRE PARTIE

Index thématique des concepts-clés

Dictionnaire thématique des locutions françaises (= D)

CHAPITRES PAGES			CONCEPTS-CLÉS
I.	4	L'HOMME DANS SON ASPECT PHYSIQUE – 1	Ressemblance – Beauté – Laideur
			Taille, poids – Défauts physiques
II.	10	L'HOMME FAISANT SA TOILETTE	Nudité – Habillement
			Élégance – Inélégance
			Propreté – Saleté
			Toilette
III.	13	LA VIE HUMAINE	Âges de la vie
			Santé
			Maladie
			Mort
IV.	18	LES PLAISIRS DE LA TABLE	Faim – Alimentation
			Soif – Boisson
			Ivresse
V.	23	L'HOMME AU TRAVAIL ET APRÈS LE TRAVAIL	Travail – Efforts
			Paresse – Passivité
			Fatigue
			Repos – Sommeil
VI.	28	L'HOMME DANS SA FAÇON D'AGIR ET SON COMPORTEMENT – 1	Vie agitée, dissolue
			Débauche
			Énergie, fermeté, détermination – Courage
			Irréflexion, imprévoyance
			Franchise
VII.	34	L'HOMME DANS SA FAÇON D'AGIR ET SON COMPORTEMENT – 2	Versatilité
			Hésitation, tergiversation
			Promesse – Mensonge – Invraisemblance
			Bonté
			Innocence, naïveté – Expérience
			Indiscrétion – Curiosité
			Orgueil, prétention
VIII.	40	L'HOMME DANS SA FAÇON D'AGIR ET SON COMPORTEMENT – 3	Rapidité dans l'action
			Précaution, vigilance
			Responsabilité
			Indifférence
			Minutie
			Exagération
			Habileté – Maladresse
IX.	46	L'HOMME DANS DES SITUATIONS D'ÉCHEC	Inutilité, vains efforts
			Projets irréalisables
			Erreur
			Échec
X.	51	L'HOMME CONFRONTÉ AUX DIFFICULTÉS DE LA VIE	Situation confuse, difficile
			Danger
XI.	57	L'HOMME MAÎTRISANT LES DIFFICULTÉS DE LA VIE	Occasion
			Chance
			Aide, solution, réussite
XII.	62	LES RAPPORTS HUMAINS – 1	Autonomie – Solitude
			Sympathie – Amitié – Dévouement
			Amour – Galanterie
			Mariage, famille

CHAPITRES PAGES			CONCEPTS-CLÉS
XIII.	68	LES RAPPORTS HUMAINS – 2	Importunité
			Malveillance
			Tromperie – Moquerie
			Antipathie, hostilité
XIV.	74	LES RAPPORTS HUMAINS – 3	Mépris, médisance
			Reproche, réprimande, insulte
			Dispute, querelle
			Coups (se battre – battre qn)
XV.	80	LES RAPPORTS HUMAINS – 4	Réconciliation, modération, compromis
			Influence, pouvoir
			Résistance – Obéissance
			Reconnaissance – Ingratitude
			Louange – Flatterie – Servilité
XVI.	87	LES PAROLES	Silence (se taire – faire taire qn)
			Conversation
			Grossièreté
			Cri
XVII.	93	L'HOMME ET SON INTELLECT	École, études
			Mémoire – Réflexion – Compréhension – Savoir
			Ignorance – Manque d'intelligence – Bêtise
			Raisonnement incohérent
			Débilité mentale – Folie
XVIII.	99	LES ÉTATS D'ÂME – 1	Satisfaction, bonne humeur
			Joie – Rires
			Mauvaise humeur – Sentiment de malaise – Mécontentement
			Mélancolie, tristesse – Pleurs
			Lassitude
XIX.	104	LES ÉTATS D'ÂME – 2	Tranquillité
			Rêverie, inattention
			Surprise, étonnement
			Impatience – Inquiétude – Souci – Nervosité
			Affolement – Colère
			Peur
XX.	110	L'HOMME ET LES DÉPLACEMENTS	Immobilité, attente
			Façons de marcher
			Départ, fuite – Voyage
XXI.	115	L'HOMME ET L'ÉCONOMIE – 1	Dettes – Payement
			Prix (cher – bon marché)
			Épargne, avarice
			Dépense – Gaspillage
XXII.	119	L'HOMME ET L'ÉCONOMIE – 2	Pauvreté – misère
			Richesse – Profit
XXIII.	123	L'HOMME ET L'UNIVERS – 1	Temps: météorologie
XXIV.	126	L'HOMME ET L'UNIVERS – 2	Temps: calendrier
XXV.	128	L'HOMME ET L'UNIVERS – 3	Identité – Différence
			Facilité – Simplicité
			Qualité (bonne – mauvaise)

Chapitre I

L'homme dans son aspect physique

> Ressemblance

1. **se ressembler comme deux gouttes d'eau** (cf. XXV/1)
   se dit de deux personnes qui se ressemblent parfaitement
   sich sehr ähnlich sein, sehen; sich ähneln; einander zum Verwechseln ähnlich sein
   sich/einander gleichen wie ein Ei dem andern

> Beauté; laideur

2. **être joli/mignon à croquer** *(fam.)*
   ~ très joli/mignon <'joli' se dit surtout des femmes, 'mignon' étant généralement utilisé à propos d'enfants>
   reizend anzusehen sein; besonders hübsch aussehen
   zum Anbeißen sein/aussehen *(ugs.)*; **zum Fressen sein/aussehen** *(ugs.)* <von Mädchen oder Kleinkindern>
3. **être joli comme un cœur**
   ~ très joli
   sehr hübsch, nett sein; bildhübsch sein
4. **avoir du chien** <en parlant d'une femme> avoir du charme, être séduisante
   Charme, Sex-Appeal haben
5. **être beau comme un astre/un dieu/un Adonis** [Adɔnis][1]
   ~ très beau
   sehr schön sein
   ein Adonis sein *(bildungsspr.)*; **ein Bild von einem Mann sein**
6. **être laid comme les sept péchés capitaux[2]/ un pou**
   ~ très laid
   sehr häßlich sein; (ab)grundhäßlich sein
   häßlich wie die Nacht sein *(emotional)*

> Taille, poids

7. **se tenir/être droit comme un I/une statue**
   se dit d'une personne qui se tient droite et raide =steif
   sich kerzengerade halten; kerzengerade sitzen; steif wie ein Stock dastehen
   (gerade) wie eine Eins stehen *(ugs.)*

8. **être raide comme la justice**
   même sens
   sich kerzengerade halten; kerzengerade sitzen; steif wie ein Stock dastehen
   (so) dastehen/dasitzen, als hätte man ein Lineal verschluckt *(spött.)*
9. **être haut comme trois pommes/une botte** Busch, Bündel
   ~ tout petit <surtout en parlant d'un enfant>
   (ganz) klein sein
   ein Dreikäsehoch sein *(ugs. scherzh.)*
10. **pousser comme une asperge/un champignon**
    grandir, pousser rapidement
    schnell, tüchtig wachsen
    in die Höhe schießen
11. **manger la soupe sur la tête de qn** *(fam.)*
    dépasser qn en taille
    jmdn. an Größe überragen
    jmdm. auf den Kopf spucken können *(salopp scherzh.)*
12. **être maigre comme un clou** Nagel
    ~ très maigre
    sehr dürr, mager sein
    spindeldürr sein; (nur noch) ein Strich in der Landschaft sein *(ugs.)*
13. **être maigre/plate comme une planche à pain/une planche à repasser** *(fam.)*
    se dit d'une femme plate, sans poitrine
    eine flache Brust haben; flachbrüstig sein
    flach wie ein Bügelbrett sein *(ugs.)*
14. **n'avoir que la peau et les os/que la peau sur les os**
    être très maigre
    sehr mager sein
    nur/bloß noch Haut und Knochen sein; nichts als Haut und Knochen sein *(ugs.)*
15. **avoir une taille de guêpe**
    ~ une taille très fine <se dit surtout des femmes>
    eine sehr schlanke Taille haben
    eine Wespentaille haben
16. **c'est une armoire à glace** *(fam.)*
    se dit de qn de fort et musclé, à la carrure impressionnante
    er ist ein großer, breitschultriger, kräftiger Mann
    er ist ein Kleiderschrank *(ugs.)*; **er ist ein Schrank von einem Mann**

17. **être fort comme un bœuf/un Turc**
    ~ très fort
    sehr stark sein
    stark wie ein Bär sein *(ugs.)*; **bärenstark sein** *(ugs.)*; **Kräfte haben wie ein Berserker**
18. **être gras comme un moine**
    ~ très gras
    dick und fett sein; sehr dick, fett sein
    eine (richtige) Tonne sein *(ugs. scherzh.)*
19. **être léger comme une plume**
    ~ très léger
    sehr leicht sein; sehr wenig wiegen
    leicht wie eine Feder sein

> Tête

20. **avoir une mine de papier mâché**
    ~ une figure pâle et fatiguée
    sehr schlecht aussehen; eine bleiche, ungesunde Gesichtsfarbe haben
21. **être ridé comme une vieille pomme**
    avoir des rides sur le visage
    das Gesicht voller Falten haben; runzelig, schrumplig sein
22. **avoir une tête à gifles/à claques** *(fam.)*
    ~ un visage déplaisant, irritant qu'on aurait envie de gifler
    ein unsympathisches, dümmlich-provozierendes Gesicht haben
    Ohrfeigengesicht/Backpfeifengesicht haben *(salopp abwertend)*
23. **être rouge comme une tomate/une écrevisse/une pivoine**
    avoir momentanément le visage très rouge <de honte, de timidité, de confusion>
    <vor Scham, Verlegenheit, Wut> errötet sein, erröten
    rot sein/werden/anlaufen; krebsrot/puterrot sein/werden; rot werden wie eine Tomate *(ugs. scherzh.)*
24. **piquer un fard** *(fam.)*
    rougir brusquement <d'émotion, de confusion>
    erröten
    rot werden; einen roten Kopf bekommen;
    knallrot werden *(ugs. emotional verstärkend)*
25. **rougir jusqu'à la racine des cheveux/jusqu'au blanc des yeux**
    ~ très fort <de honte, de timidité>
    sehr stark erröten
    bis über die/beide Ohren rot werden *(ugs.)*

Peau

26. être blanc/bronzé comme un cachet d'aspirine *(fam. iron.)*
se dit pour se moquer des personnes qui ne sont pas du tout bronzées
sagt man ironisch von jmdm., der noch sehr wenig gebräunt ist

Cheveux, poil

27. être blond comme les blés
se dit de qn qui a des cheveux très blonds
sehr blonde, hellblonde Haare haben; sehr blond, hellblond sein; strohblonde Haare haben; strohblond, flachsblond sein

28. être noir comme un corbeau
se dit de qn qui a des cheveux très noirs
ganz schwarze, tiefschwarze Haare haben; kohlrabenschwarze, pechschwarze Haare haben

29. avoir les cheveux comme des baguettes (de tambour)
~ les cheveux très raides
gerade, glatte Haare haben

30. avoir les cheveux poivre et sel
~ les cheveux bruns mêlés de blancs
leicht ergraut sein; graumeliertes Haar haben

31. être chauve comme un œuf/un genou *(fam.)*
~ complètement chauve
glatzköpfig, kahlköpfig sein

32. avoir la boule à zéro *(fam.)*
s'être fait couper les cheveux très court
ganz kurzgeschorene Haare haben

33. avoir la tête comme une boule de billard [bijaR] *(fam.)*
être chauve
kahlköpfig sein

34. être velu comme un singe
~ abondamment couvert de poils
stark, dicht behaart sein

Œil

35. avoir un œil au beurre noir *(fam.)*
~ un œil qui porte des traces bleuâtres ou jaunâtres laissées par un coup
ein blutunterlaufenes Auge haben
ein blaues Auge haben; ein Veilchen haben *(ugs. scherzh.)*

36. avoir les yeux en boules de loto[3] *(fam.)*
~ les yeux gros et saillants
große, hervorstehende Augen haben
Froschaugen haben *(ugs.)*

37. avoir l'œil américain[4] *(fam.)*
~ une très bonne vue, découvrir du premier coup d'œil; être vigilant
sehr gute, scharfe Augen haben; etwas auf den ersten Blick wahrnehmen; wachsam sein

38. avoir des yeux de lynx [lɛ̃ks]
~ une vue perçante
scharfe, gute Augen haben
Augen wie ein Luchs haben; seinen Luchsaugen entgeht nichts

39. avoir des yeux d'Argus[5] [aRgys] *(litt.)*
se dit d'une personne qui voit tout, à qui rien n'échappe
mit scharfen, wachsamen Augen aufpassen
mit Argusaugen aufpassen; seinen Argusaugen entgeht nichts *(bildungsspr.)*

40. avoir des yeux derrière la tête
se dit de qn qui voit tout, à qui rien n'échappe
alles wahrnehmen; jmdm. entgeht nichts
seine Augen überall haben

41. être myope comme une taupe *(fam.)*
~ très myope
sehr kurzsichtig sein

42. avoir un œil à Paris et l'autre à Pontoise[6] *(fam.)*
loucher
schielen

43. avoir un œil qui dit zut [zyt] *(fam.)***/merde à l'autre** *(vulg.)*
loucher
schielen

44. avoir une coquetterie dans l'œil
se dit surtout d'une femme qui louche un peu
ein wenig, leicht schielen
einen Silberblick haben

Dents; nez; oreilles

45. avoir les dents du bonheur
~ les dents écartées
auseinanderstehende Schneidezähne haben

46. **avoir un nez en trompette**
    ~ un nez retroussé
    eine kleine, leicht aufwärtsgebogene Nase haben
    eine Stupsnase haben *(ugs.)*; **eine Himmelfahrtsnase haben** *(ugs. scherzh.)*
47. **avoir les oreilles en feuille de chou**
    ~ les oreilles décollées
    abstehende Ohren haben
    Segelohren haben *(salopp)*
48. **être sourd comme un pot**
    ~ très sourd
    taub sein
    stocktaub sein *(ugs. emotional verstärkend)*
49. **avoir les portugaises[7] ensablées** *(pop.)*
    être un peu sourd, entendre mal
    schlecht hören

| Jambes |

50. **avoir les jambes comme des allumettes**
    ~ les jambes maigres et longues
    lange und dünne Beine haben
    Spinnenbeine haben; Beine so dünn wie Streichhölzer haben *(ugs. scherzh.)*
51. **avoir des jambes de coq**
    ~ des jambes maigres
    lange und (sehr) dünne Beine haben
    Storchbeine haben *(ugs. scherzh.)*; **ein Storchbein sein** *(ugs. scherzh.)*
52. **avoir des jambes Louis XV** *(fam.)*
    ~ des jambes arquées, par allusion plaisante aux pieds incurvés des meubles de ce style
    stark nach außen gebogene Beine haben
    O-Beine haben *(ugs.)*
53. **avoir une patte folle** *(fam.)*
    boiter légèrement
    leicht, ein wenig hinken
    ein Hinkebein/einen Hinkefuß haben *(ugs.)*

Notes

1 *Adonis:* Divinité de la mythologie grecque. C'était un jeune homme d'une grande beauté et l'amant d'Aphrodite.
2 *péchés capitaux (m.):* Ce sont les péchés, au nombre de sept, que l'on considère comme la source de tous les péchés: l'orgueil, l'envie, l'avarice, la luxure, la gourmandise, la colère et la paresse.
3 *boules de loto (f.):* la locution a survécu au remplacement de plus en plus fréquent des boules utilisées autrefois au jeu de loto par de petits cylindres.
4 Allusion à la vue perçante des Indiens d'Amérique.
5 *Argus:* berger gigantesque de la mythologie grecque qui avait la faculté de voir partout à la fois car de ses cent yeux cinquante restaient toujours ouverts.
6 L'image se comprend facilement si l'on sait que Pontoise est une petite commune située à une trentaine de kilomètres au nord-ouest de Paris.
7 Métaphore d'origine argotique, jouant sur *portugaise* 'huître plate qui vit entre le Portugal et l'estuaire de la Loire', qui a pris en argot le sens de 'oreille'.

Chapitre II

L'homme faisant sa toilette

Nudité

1. **être dans le/son plus simple appareil**
   ~ nu ou à peine vêtu
   nackt oder leicht bekleidet sein
2. **être en costume d'Adam/d'Ève**
   ~ tout nu, toute nue
   nackt, unbekleidet sein
   im Adamskostüm/Eva(s)kostüm sein *(ugs. scherzh.)*
3. **être en petite tenue** *(fam.)*
   ~ à peine vêtu
   kaum, spärlich bekleidet sein
4. **être à poil** *(fam.)*
   ~ nu
   ganz, völlig nackt sein
   splitternackt/splitterfasernackt sein *(ugs.)*
   barfuß bis zum/an den Hals sein *(ugs. scherzh.)*; **hüllenlos sein** *(scherzh.)*

5. **se mettre à poil** *(fam.)*
 se déshabiller
 sich ausziehen
 seine/die Hüllen abstreifen/fallen lassen *(ugs. scherzh.)*
6. **être nu comme un ver/la main**
 ~ tout nu
 ganz, völlig nackt sein
 splitternackt/splitterfasernackt sein *(ugs.)*;
 barfuß bis zum/an den Hals sein *(ugs. scherzh.)*

| Habillement |

7. **n'avoir rien à se mettre sur le dos**
 n'avoir rien à mettre comme vêtement
 nichts zum Anziehen haben
8. **s'habiller de pied en cap** [dəpjetãkap][1]
 ~ des pieds à la tête
 a) sich vollständig, ganz anziehen; b) sich neu einkleiden
 sich von Kopf bis Fuß neu einkleiden

| Élégance |

9. **se mettre sur son trente et un**[2]
 mettre ses plus beaux habits
 seine besten, schönsten Kleidungsstücke anziehen; sich festlich kleiden
 sich in Gala werfen *(ugs. scherzh.)*;
 sich in Schale werfen/schmeißen *(ugs.)*
10. **se mettre en grand tralala** *(fam.)*
 s'habiller de façon élégante et recherchée
 sich elegant und ausgesucht kleiden; sich feinmachen
 sich in Schale werfen/schmeißen *(ugs.)*
11. **être tiré à quatre épingles**[3]
 ~ très soigné dans sa toilette
 sehr sorgfältig gekleidet sein
 wie aus dem Ei gepellt sein *(ugs.)*; **geschniegelt und gebügelt/ gestriegelt sein** *(ugs. scherzh.)*
12. **sembler sortir d'une boîte** *(rare)*
 être très soigné, d'une grande propreté <s'applique surtout à la toilette>
 sehr gepflegt sein
 wie aus dem Ei gepellt/(selten:)geschält sein *(ugs.)*

13. **cela lui va comme un gant**
    ~ très bien, à la perfection <surtout en parlant d'un vêtement>
    <Kleidungsstück> etwas paßt jmdm. ausgezeichnet
    etwas paßt jmdm. wie angegossen

Inélégance

14. **être ficelé/fichu comme l'as [as] de pique/un sac**
    être mal habillé et sans goût
    schlecht und geschmacklos gekleidet sein; unmöglich angezogen sein
    verboten aussehen *(ugs.)*
15. **être fait comme un torchon** *(rare)*
    être vêtu malproprement
    unordentlich, liederlich gekleidet sein
    verboten aussehen *(ugs.)*
16. **cela lui va comme un tablier à une vache** *(fam.)*
    ~ très mal <surtout en parlant d'un vêtement>
    <Kleidungsstück> etwas steht jmdm. überhaupt nicht

Propreté; saleté

17. **être propre comme un sou neuf**
    ~ très propre
    sehr sauber sein
18. **être sale comme un cochon/un peigne**
    ~ très sale
    sehr schmutzig, dreckig sein; vor Dreck starren
    ein Schmutzfink sein *(ugs.)*; **ein Dreckfink sein** *(salopp)*
19. **ne pas être à prendre avec des pincettes** (cf. XVIII/17)
    être très sale
    sehr dreckig, schmutzig sein
    jmdn. nicht mit der Zange anfassen mögen *(ugs.)*

Toilette

20. **faire une toilette de chat**
    ~ une toilette rapide et sommaire
    sich schnell und ohne Sorgfalt waschen
    eine Katzenwäsche machen *(ugs.)*
21. **tuer les mouches à quinze pas** *(pop.)*
    avoir mauvaise haleine
    einen sehr starken Mundgeruch haben; fürchterlich aus dem Mund riechen

22. **se faire/se refaire une beauté**
    se coiffer, se farder <se dit à propos des femmes>
    sich kämmen und schminken; sich zurechtmachen
23. **se refaire/se ravaler la façade** *(fam.)*[4]
    se dit d'une femme qui se maquille, se farde <souvent pour cacher les traces de l'âge>
    sich schminken; Make-up auflegen, auftragen; sich anmalen
24. **faire peau neuve**
    changer complètement d'aspect, de manières
    sich völlig ändern, verändern

Notes

1 *cap (m.)*: mot dialectal (occitan) signifiant 'tête' *(le chef)*. La locution, utilisée à l'origine avec le verbe *s'armer*, fait allusion à l'armure complète du chevalier du Moyen Âge.
2 La locution est d'origine inconnue.
3 Allusion aux quatre épingles servant autrefois à fixer impeccablement un habit.
4 *façade (f. pop.)*: figure, visage.

Chapitre III

La vie humaine

Âges de la vie

1. **si on lui pressait/tordait le nez, il en sortirait (encore) du lait**
    se dit par moquerie ou d'un jeune homme qui veut faire l'homme et n'est encore qu'un enfant ou de celui qui parle de choses dont il n'a aucune expérience
    den großen Mann spielen wollen, obwohl man noch ein Kind ist; noch nicht alt genug sein, um etwas von der Sache zu verstehen und mitreden zu können
    noch feucht/noch nicht trocken hinter den Ohren sein *(ugs.)*
2. **jeter sa gourme**[1]
    se dit d'un jeune qui fait ses premières folies
    Jugendtorheiten begehen; sich austoben
    sich *(Dativ)* die Hörner ablaufen/abstoßen *(ugs.)*

3. **monter en graine** (cf. XII/37)
   se dit d'un adolescent trop vite grandi qui arrive à l'âge adulte et, surtout, d'une jeune fille qui avance en âge et tarde à se marier
   sagt man vor allem von Frauen, die älter werden und unverheiratet bleiben; sitzenbleiben *(ugs. abwertend)*
4. **prendre un coup de vieux**
   vieillir brusquement
   plötzlich, mit einem Schlag älter werden
5. **être vieux comme Mathusalem[2]/Hérode[3]**
   ~ très vieux <Hérode se dit surtout des choses>
   sehr alt sein, uralt sein
   (so) alt wie Methusalem sein <in bezug auf eine männliche Person>
6. **sucrer les fraises** *(pop.)*
   a) avoir les mains qui tremblent, et par extension: b) être gâteux
   zitt(e)rige Hände haben; zitt(e)rig sein; tatt(e)rig sein *(ugs.)*; kindisch, vertrottelt sein

| Santé |

7. **avoir une santé de fer**
   être en très bonne santé, résister aux maladies
   eine eiserne, robuste, unverwüstliche Gesundheit haben; kerngesund sein; vor Gesundheit strotzen
8. **avoir bon pied bon œil**
   être en excellente santé, résister aux maladies <en parlant des personnes âgées>
   <von alten Menschen> sich guter Gesundheit erfreuen; rüstig sein
   noch auf dem Posten sein *(ugs.)*
9. **se porter comme un charme[4]/le Pont-Neuf** [5]
   avoir une très bonne santé
   sich bester Gesundheit erfreuen, vor Gesundheit strotzen; kerngesund sein
10. **être robuste comme un chêne**
    ~ toujours en bonne santé
    eine sehr robuste Gesundheit haben; die Gesundheit selbst sein; kerngesund sein
    eine Pferdenatur haben *(ugs.)*
11. **être d'une pâte à vivre jusqu'à cent ans**
    avoir une santé qui garantit une longue vie
    eine solche Natur, Konstitution haben, daß man noch lange leben kann
12. **avoir l'âme chevillée au corps**
    résister, survivre à ce qui serait normalement une cause de mort
    ein zähes Leben haben; zäh wie eine Katze sein

13. **reprendre du poil de la bête**[6]
    se remettre, reprendre ses forces; aller mieux après avoir été malade
    wieder zu Kräften kommen; sich wieder erholen
    wieder auf dem Damm sein *(ugs.)*

> Maladie

14. **brûler la chandelle par les deux bouts**
    gaspiller sa santé; mener une vie trop dissipée, fatigante
    seine Kräfte vergeuden; seine Gesundheit ruinieren
    mit seiner Gesundheit Raubbau treiben
15. **avoir du plomb [plõ] dans l'aile**
    être en très mauvais état physiquement et moralement
    in einer schwierigen Lage sein; angeschlagen sein; von angegriffener Gesundheit sein
16. **filer un mauvais coton**[7]
    être dans une situation dangereuse et qui s'aggrave <en parlant de la santé>
    übel dran sein; sehr oft krank sein; mit jmdm. geht es bergab
    in keiner guten/gesunden Haut stecken *(ugs.)*
17. **être à ramasser à la (petite) cuiller** [kɥijɛR]
    ~ très fatigué; être très malade ou blessé à la suite d'un accident
    in einem erbärmlichen, jämmerlichen Zustand sein
18. **avoir une fièvre de cheval**
    ~ beaucoup de fièvre
    starkes, hohes Fieber haben
19. **tomber dans les pommes** [8]
    s'évanouir
    ohnmächtig werden; in Ohnmacht fallen, sinken
    aus den Latschen/Pantinen kippen *(ugs.)*
20. **tourner de l'œil** *(fam.)*
    s'évanouir
    ohnmächtig werden; in Ohnmacht fallen, sinken
    aus den Latschen/Pantinen kippen *(ugs.)*
21. **être malade comme un chien**
    ~ très malade
    sehr krank sein; sterbenskrank sein
22. **garder le lit**
    être malade et rester au lit
    wegen Krankheit im Bett bleiben
    das Bett hüten müssen
23. **c'est comme un cautère sur une jambe de bois** *(fam.)* (cf. IX/2)
    se dit d'un remède sans effet
    <Heil-, Hilfsmittel> wirkungslos sein

> **Mort**

24. **on n'aurait pas donné un liard de sa peau**
    il n'avait guère de chance de survivre
    jmdm. geringe Chancen zum Überleben geben; jmdn. fast gänzlich abgeschrieben haben
25. **ne pas faire de vieux os** [vjøzo]
    a) mourir jeune <lorsque le verbe est au passé>; b) être près de mourir <lorsque le verbe est au futur>
    a) jung sterben; b) nicht alt werden; bald sterben
26. **avoir un pied dans la tombe**
    être près de la mort
    schwer krank sein; dem Tode nahe sein
    mit einem Bein im Grab(e) stehen
27. **sentir le sapin**[9]
    ne plus avoir longtemps à vivre
    nicht mehr lange zu leben haben
    es nicht mehr lange machen *(ugs.)*
28. **passer l'arme à gauche**[10]
    mourir
    sterben
    ins Gras beißen *(salopp)*
29. **dévisser son billard** [bijaR][11] *(rare)*
    mourir
    sterben
    den Löffel abgeben/sinken lassen/wegschmeißen/wegwerfen *(salopp)*
30. **fermer son parapluie** *(fam.)*
    mourir
    sterben
31. **casser sa pipe** *(fam.)*
    mourir
    sterben
    den Löffel abgeben *(salopp)*
32. **aller chez les taupes** *(fam.)*
    mourir
    sterben
    ins Gras beißen *(salopp)*
33. **avaler son bulletin/son acte de naissance** *(fam.)*
    mourir <surtout au passé: *il a avalé ...*>
    sterben
    hops gehen *(ugs.)*

34. partir les pieds devant
être mort
gestorben, tot sein

35. manger les pissenlits par la racine *(fam.)*
être mort et enterré
gestorben, tot und begraben sein
sich die Radieschen von unten an-/besehen/betrachten *(salopp scherzh.)*

Notes

1 *gourme (f.)*: maladie de la peau caractérisée par des croûtes, qui atteint surtout le cuir chevelu des enfants (dt.= *der Milchschorf*).
2 *Mathusalem*: patriarche biblique (Genèse, V, 25), symbole de longévité qui aurait vécu 969 ans.
3 *Hérode*: personnage biblique. Hérode était le nom d'une dynastie royale de Palestine qui régna sous la domination romaine. Le choix du personnage d'Hérode dans la locution n'est pas clair. La Bible ne donne aucune explication précise sur l'âge d'Hérode Antipas (qui fit mourir Jean Baptiste) ou d'Hérode le Grand (instigateur du massacre des Innocents). La locution signifie plutôt: 'assez vieux pour remonter au temps d'Hérode'.
4 *charme (m.)*: il s'agit non pas de l'arbre (dt.= *Weißbuche*, *Hagebuche*) qui n'a jamais été un modèle de force, mais de son homonyme au sens de 'influence magique'.
5 *Le Pont-Neuf*: c'est le plus ancien des ponts de Paris. Il fut construit entre 1578 et 1604 et acquit rapidement une réputation de solidité. En effet, le pont subit plusieurs restaurations, mais le corps de construction n'a jamais changé. On trouve aussi la variante: *être solide comme le Pont-Neuf*.
6 Allusion à la vieille croyance populaire selon laquelle un homme mordu par un chien pourrait être guéri par le contact du poil de la même bête.
7 Se disait à l'origine de la machine à filer (le rouet = dt. *Spinnrad*) quand elle donnait des signes d'usure.
8 *pomme (f.)*: déformation de *pâmes*, mot vieilli pour *pâmoison*.
9 Allusion au bois dont on fait le cercueil.
10 D'origine militaire. D'abord: 'se mettre au repos', puis métaphoriquement 'mourir'.
11 À la fin d'une partie de billard, on démonte souvent la partie supérieure du bâton (la queue) pour pouvoir le ranger plus facilement dans un tiroir. La partie est terminée, elle est "morte". De là l'emploi métaphorique: 'terminer sa partie avec la vie, mourir'.

Chapitre IV

Les plaisirs de la table

| Faim; alimentation |

1. **n'avoir rien à se mettre sous la dent**
   ~ rien à manger
   nichts zu essen haben
   nichts zu beißen (und zu brechen/reißen) haben
2. **danser devant le buffet**[1] *(fam.)*
   n'avoir rien à manger
   nichts zu essen haben
   Kohldampf schieben *(ugs.)*
3. **avoir une faim de loup**
   ~ grand-faim
   einen (sehr) großen Hunger haben
   einen Bärenhunger/Wolfshunger haben *(ugs.);* **hungrig sein wie ein Wolf** *(ugs.)*
4. **avoir l'estomac** [ɛstɔma] **dans les talons**
   ~ grand-faim
   einen sehr großen Hunger haben
   jmdm. hängt der Magen in die/den Kniekehlen *(salopp)*
5. **avoir la dent** *(pop.)*
   ~ faim
   Hunger haben
   am Hungertuch nagen
6. **s'en lécher les doigts** *(fam.)*
   manger avec un vif plaisir un plat très appétissant, bien préparé
   etwas mit Genuß essen
7. **a) faire venir/ b) en avoir l'eau à la bouche** *(fam.)*
   se dit d'un plat appétissant qui fait grande envie <Snc.>
   bei einem verlockend zubereiteten Essen sogleich Appetit bekommen
   a) jmdm. das Wasser im Mund zusammenlaufen lassen *(ugs.)*
   b) das Wasser läuft jmdm. im Mund zusammen
8. **manger sur le pouce** *(fam.)*
   ~ sans assiette, debout et rapidement
   schnell im Stehen eine Kleinigkeit essen
   auf die Schnelle eine Kleinigkeit/einen Happen essen *(ugs.)*

9. **(manger/inviter qn/recevoir qn) à la fortune du pot/à la bonne franquette²** *(fam.)*
   faire un repas simple, sans cérémonie, sans grande préparation
   sagt man von einem einfachen Essen, ohne große Vorbereitung; essen, was gerade auf den Tisch kommt; jmdn. zu einem Essen einladen, empfangen, bei dem man keine besonderen Umstände macht

10. **casser la croûte** *(fam.)*
    prendre un repas sans façons
    eine Kleinigkeit essen; einen Imbiß, eine leichte Mahlzeit zu sich nehmen

11. **avoir un appétit d'oiseau**
    manger très peu, avoir un petit appétit
    sehr wenig essen; einen geringen Appetit haben
    essen wie ein Spatz *(ugs.)*

12. **manger du bout des dents**
    ~ sans appétit, à peine, sans plaisir
    ohne Appetit, mit Widerwillen essen
    mit langen Zähnen essen *(ugs.)*

13. **il y en a pour une dent creuse** *(fam.)*
    se dit d'un repas insuffisant
    [von Eßbarem] nicht ausreichen, allzuwenig sein
    (nur) für einen/den hohlen Zahn reichen/sein *(salopp)*

14. **manger en suisse³**
    ~ tout seul ou en cachette, sans inviter ses amis
    für sich alleine essen, ohne seine Freunde einzuladen

15. **tenir table ouverte** *(litt.)*
    accueillir à sa table tous ceux qui viennent, même non invités
    gastfrei sein
    ein offenes Haus haben

16. **mettre les petits plats dans les grands**
    se donner du mal pour servir un repas de qualité à ses invités
    sich große Mühe geben, um Gäste gut zu bewirten; es an nichts fehlen lassen
    jmdn. fürstlich bewirten

17. **manger/mordre à belles dents**
    ~ de bon appétit
    mit gesundem Appetit essen
    kräftig/tüchtig zulangen *(ugs.)*

18. **manger comme un ogre/quatre**
    ~ énormément
    (unmäßig) viel essen; bei einer Mahlzeit große Mengen vertilgen
    essen/fressen wie ein Scheunendrescher *(salopp)*;
    für zwei/drei essen

19. **avoir un bon/joli coup de fourchette**
 ~ bon appétit à table
 einen guten Appetit haben; mit gutem Appetit essen
 kein Kostverächter sein *(scherzh.)*
20. **faire la bombe**[4] *(fam.)*
 ~ un repas où l'on mange et boit beaucoup
 bei einer Mahlzeit viel essen und trinken; schwelgen; prassen
 ein Gelage halten/veranstalten
21. **s'en mettre plein la lampe**[5] *(pop.)*/**la panse** *(fam.)*
 manger et boire beaucoup
 sehr viel essen und trinken; sich vollstopfen
 sich den Bauch/Ranzen vollschlagen *(salopp)*
22. **avoir les yeux plus grands/gros que le ventre**
 s'être servi trop copieusement, ne pas être capable de terminer son assiette
 jmd. hat sich mehr auf den Teller getan, als er essen kann
 jmds. Augen sind größer als der Magen
23. **avoir un estomac d'autruche**
 tout digérer
 alles vertragen können
 einen Pferdemagen haben *(ugs.)*
24. **demeurer/rester sur son appétit/sa faim**
 avoir encore faim après le repas
 hungrig bleiben; nicht satt werden

Boisson; soif

25. **boire à tire-larigot**[6] *(fam.)*
 ~ en grande quantité
 sehr viel, übermäßig, reichlich trinken
 einen guten/kräftigen Zug haben *(ugs.)*
26. **s'en jeter un derrière la cravate** *(fam.)*
 boire un verre
 ein alkoholisches Getränk trinken
 sich *(Dativ)* **einen hinter die Binde gießen/kippen** *(ugs.)*
27. **boire en suisse**[7]
 ~ tout seul ou en cachette, sans inviter ses amis
 für sich alleine trinken, ohne seine Freunde einzuladen
28. **boire comme un trou/une éponge**
 ~ excessivement <pas seulement de l'alcool>
 sehr viel trinken
 saufen wie ein Loch *(derb)*; **trinken/saufen wie ein Bürstenbinder** *(ugs. scherzh.)*

29. **boire/faire cul [ky] sec**[8] *(fam.)*
 vider son verre d'un seul trait
 ein Glas austrinken, ohne abzusetzen; ein Glas in einem Zug leer trinken
 ex trinken *(ugs.)*
30. **faire le trou normand**[9]
 boire un verre d'alcool <originairement du calvados> entre deux plats
 zwischen zwei Gängen ein Gläschen Schnaps, Calvados trinken

> Ivresse

31. **être dans les vignes (du Seigneur**[10]**)**
 ~ ivre
 betrunken sein
 einen in der Krone haben
32. **avoir un (petit) coup/ un verre dans le nez** *(fam.)*
 être un peu ivre
 angeheitert, leicht angetrunken sein
 einen Schwips haben *(ugs.)*; **ein Glas über den Durst getrunken haben**; **zu tief ins Glas geschaut/geguckt haben** *(ugs. scherzh.)*
33. **avoir du vent dans les voiles**[11] *(fam.)*
 être un peu ivre, ne pas marcher droit
 betrunken sein und deshalb nicht mehr geradegehen können, schwanken
 (eine) Schlagseite haben *(ugs. scherzh.)*
34. **se noircir le nez** *(fam.)*
 se soûler
 sich betrinken; sich einen Rausch antrinken
35. **être soûl [su] comme une bourrique/une grive/un Polonais** *(fam.)*
 ~ complètement ivre
 völlig betrunken sein
 sternhagelvoll sein; voll/betrunken/blau wie eine Strandhaubitze sein *(ugs.)*
36. **avoir le vin gai/triste**
 être gai/triste après avoir bu <surtout du vin>
 heiter, traurig sein, nachdem man getrunken hat; der Wein stimmt einen heiter, traurig
37. **cuver son vin** *(fam.)*
 dissiper son ivresse en dormant
 seinen Rausch ausschlafen

38. avoir mal aux cheveux *(fam.)*
~ mal à la tête parce qu'on a trop bu
einen schmerzenden, benommenen Kopf haben als Nachwirkung von Alkoholgenuß
einen Brummschädel haben *(ugs.)*

39. avoir la gueule de bois/la GDB [ʒedebe]
la bouche sèche et la tête lourde le lendemain d'un festin
schlechte seelische und körperliche Verfassung haben nach (über)- reichlichem Alkoholgenuß
einen Kater haben *(ugs.)*; **Katzenjammer haben** *(ugs.)*

Notes

1 Il s'agit probablement d'un jeu de mots sur *danser* et le vieux verbe *fringuer* 'danser, sauter', influencé par la *fringale* 'faim violente et pressante'.
2 *franquette (f.)*: Ce mot, apparenté *à franchement* dans le sens de 'sans cérémonie', ne s'emploie plus que dans cette locution.
3 *Suisse*: v. note 7.
4 *bombe (f.)*: abréviation pour *bombance (f.)* 'repas somptueux'.
5 *lampe (f. arg.)*: estomac
6 *larigot (m.)*: sorte de flûte rustique (vx). La locution serait à comprendre comme 'faire sortir (tirer) du vin de la bouteille comparée à une flûte (ou 'comme on fait sortir les sons d'une flûte'). Elle fonctionne aujourd'hui non seulement avec le verbe *boire*, mais avec toutes sortes de verbes d'action avec le sens de 'en grande quantité, énormément'.
7 Le choix de Suisse s'expliquerait par une différence socio-culturelle entre les Suisses, qui, comme dans tout pays de tradition germanique, payaient chacun leur verre, et les Français, chez qui la tradition de la tournée est de rigueur. D'où, par extension, aussi: *manger en suisse*.
8 *cul (m.)*: partie inférieure d'une bouteille, d'un verre.
9 Le calvados est une eau-de-vie de cidre fabriquée surtout dans le Calvados, un des trois départements de la Basse-Normandie. Voilà pourquoi le trou est normand.
10 *le Seigneur*: Dieu. Un ivrogne trouverait son salut dans le vin - par allusion à l'expression biblique *la vigne du Seigneur* 'intérêt des âmes, salut'.
11 Allusion au bateau à voiles soumis aux caprices du vent, poussé tantôt dans une direction, tantôt dans une autre.

Chapitre V
L'homme au travail et après le travail

Travail; efforts

1. **avoir d'autres chats à fouetter**
   ~ autre chose à faire
   andere Sorgen haben; etwas Wichtigeres, Besseres zu tun haben; wichtigere Dinge im Kopf haben
2. **avoir du pain sur la planche**[1]
   ~ beaucoup de travail à faire
   viel zu tun haben, viel Arbeit haben
   alle/beide Hände voll zu tun haben *(ugs.)*
3. **ne pas/plus savoir où donner de la tête**
   avoir trop de choses à faire
   so viel Arbeit haben, daß man nicht (mehr) weiß, wo man anfangen soll
   nicht (mehr) wissen, wo einem der Kopf steht
4. **mettre la main à la pâte** *(fam.)* (cf. XI/14)
   faire un travail soi-même, prêter son concours efficace à une entreprise <volontairement ou non>
   bei einer Arbeit mithelfen
   selbst mit Hand anlegen
5. **faire bouillir la marmite**[2] (cf. XXII/14)
   assurer la subsistance d'une famille
   die Familie ernähren; für den Lebensunterhalt, Unterhalt der Familie sorgen
6. **gagner son bifteck** *(pop.)*
   ~ sa vie par son travail
   seinen Lebensunterhalt verdienen
   seine Brötchen verdienen *(ugs.)*
7. **(re)prendre le collier**
   se (re)mettre à faire un travail en général pénible
   sich wieder an eine anstrengende, mühselige Arbeit machen
8. **donner un coup de collier**
   faire un effort intense, mais momentané
   <für kurze Zeit> angestrengt arbeiten, sich sehr anstrengen
   sich ins Geschirr legen; sich ins Zeug legen *(ugs.)*
9. **suer sang et eau** [sãeo]
   faire de grands efforts
   sich gewaltig anstrengen, sich große Mühe geben, sich abmühen

10. **travailler d'arrache-pied**
    ~ intensément et sans repos
    intensiv und ununterbrochen, unaufhörlich, unablässig arbeiten
    mit/unter Hochdruck arbeiten *(ugs.)*
11. **travailler comme un nègre/un galérien**
    ~ sans repos et très durement
    schwer arbeiten und sich dabei unermüdlich zeigen
    arbeiten wie ein Pferd *(ugs.)*
12. **faire un travail de Romain/d'Hercule**[3]
    ~ un travail long et difficile, supposant un effort gigantesque
    eine ungeheuer schwere, Kräfteaufwand erfordernde Arbeit verrichten
    eine Herkulesarbeit verrichten
13. **travailler comme une fée** (cf. VIII/33)
    ~ travailler de façon habile et efficace
    sehr geschickt und effizient arbeiten
14. **travailler comme un sabot/un pied**
    ~ très mal, de façon maladroite et peu efficace
    sehr ungeschickt und ineffizient arbeiten
    zwei linke Hände haben *(ugs.)*
15. **travailler pour le roi de Prusse**[4]
    ~ pour rien, ne pas être payé pour son travail alors que d'autres en profitent
    umsonst arbeiten
    für nichts und wieder nichts arbeiten

> Paresse; passivité

16. **être paresseux comme une couleuvre/un loir**
    ~ très paresseux
    sehr faul sein
    ein Faulpelz sein *(ugs. abwertend)*
17. **faire le lézard** *(fam.)*
    se chauffer paresseusement au soleil
    a) sich faul in der Sonne aalen; b) faulenzen
    auf der faulen Haut liegen *(ugs.)*
18. **se reposer sur ses lauriers**
    se contenter d'un succès et ne plus faire d'efforts
    nach einem Erfolg in seinen Anstrengungen nachlassen
    sich auf seinen Lorbeeren ausruhen
19. **ne pas se faire des ampoules (aux mains)** *(fam.)*
    être paresseux, ne pas faire un travail manuel qu'on devrait faire
    träge, faul sein
    sich *(Dativ)* **nicht gern die Finger schmutzig machen** *(ugs.)*

20. **avoir les pieds nickelés** [nikle][5] *(fam.)*
    refuser d'agir, être toujours paresseux
    sich weigern, etwas zu tun; faul sein
    die Arbeit nicht erfunden haben
21. **avoir un poil dans la main** *(fam.)* <+ geste>
    être très paresseux
    sehr faul sein
    auf der Bärenhaut liegen *(ugs. abwertend)*; **auf der faulen Haut liegen** *(ugs.)*
22. **se tourner les pouces** *(fam.)* <+ geste>
    rester sans rien faire
    untätig sein
    die Hände in den Schoß legen; dastehen und Däumchen drehen *(ugs.)*
23. **tirer au flanc** *(fam.)*
    rechercher toutes les occasions pour éviter un travail
    sich vor der Arbeit drücken
    der Arbeit aus dem Weg gehen; sich *(Dativ)* **die Arbeit vom Leibe halten**
24. **avoir/être/mettre/rester les deux pieds dans le même sabot**
    être passif, sans initiative; être embarrassé, incapable d'agir
    untätig bleiben, sein; nichts tun
    keinen Finger krumm machen *(ugs.)*

Fatigue

25. **avoir les jambes en coton**
    n'avoir plus de force, être fatigué
    kraftlos, müde, schwach sein; sich schlapp fühlen, schlapp sein
26. **n'avoir plus de jambes**
    ne plus pouvoir marcher à cause de la fatigue
    vor Müdigkeit nicht mehr gehen können; umfallen vor Müdigkeit
27. **être sur les genoux/les dents**[6]
    ~ très fatigué, épuisé
    sehr müde sein; erschöpft sein
    auf dem Zahnfleisch gehen/laufen/kriechen *(ugs.)*
28. **avoir les jambes qui rentrent dans le corps**
    être épuisé parce qu'on a trop marché
    vor Müdigkeit, Schwäche dem Umfallen nahe sein
    sich nicht mehr/kaum noch auf den Beinen halten können
29. **avoir un coup de bambou/de barre** *(fam.)*
    se sentir brusquement très fatigué
    sich plötzlich sehr müde fühlen; einen Schwächeanfall haben, erleiden

30. **être au bout du/de son rouleau**
    ~ épuisé, n'avoir plus d'énergie
    völlig erschöpft sein
    am Ende sein *(ugs.)*

> Repos; sommeil

31. **recharger les accus** [aky] *(fam.)*
    se reposer, reprendre ses forces
    neue Kräfte sammeln; wieder zu Kräften kommen
32. **le marchand de sable est passé** *(fam.)*
    se dit aux enfants quand ils sont, le soir, sur le point de s'endormir
    sagt man, wenn ein müdes Kind sich (am Abend) die Augen reibt
    das Sandmännchen war da
33. **avoir du sable dans les yeux**
    se frotter les yeux quand on a sommeil <se dit surtout des enfants>
    sich die Augen vor Müdigkeit reiben
34. **(aller) se coucher avec/comme les poules** *(fam.)*
    ~ très tôt; de très bonne heure
    sehr früh, zeitig zu Bett gehen
    mit den Hühnern zu Bett gehen *(scherzh.)*
35. **piquer un roupillon**[7] *(fam.)*
    faire un petit somme
    (im Sitzen, zwischendurch) kurze Zeit leicht schlafen
    ein Nickerchen machen/halten *(fam.)*
36. **être dans les bras de Morphée**[8] *(litt.)*
    dormir profondément
    ruhig, gut, angenehm schlafen
    in Morpheus' Armen ruhen/liegen/schlafen *(geh.)*
37. **dormir sur ses deux oreilles/du sommeil du juste** (cf. XIX/3)
    ~ profondément et avec la conscience tranquille
    ruhig, fest schlafen
    den Schlaf des Gerechten schlafen *(scherzh.)*
38. **dormir comme un loir/une marmotte/une souche**
    ~ profondément
    fest und lange schlafen
    schlafen wie ein Murmeltier *(emotional)*; **schlafen wie ein Ratz** *(salopp)*
39. **dormir à poings fermés**
    ~ profondément <comme les bébés>
    fest und ruhig schlafen <von kleinen Kindern>
40. **faire le tour du cadran**
    dormir douze heures consécutives
    12 Stunden durchschlafen

41. **faire la grasse matinée**
    dormir ou rester tard au lit le matin
    sehr lange schlafen; bis in den Tag hineinschlafen; am Morgen sehr lange im Bett bleiben
    bis in die Puppen schlafen *(ugs.)*
42. **passer une nuit blanche**
    ~ une nuit sans dormir
    eine schlaflose Nacht verbringen
    kein Auge zutun *(ugs.)*

Notes

1 Par allusion à la planche du boulanger ou de la cuisine sur laquelle on déposait la pâte façonnée en pain qui devait être encore mise au four. Donc la cuisson (dt.= Backen), le pain, le travail reste encore à faire.
2 *marmite (f.):* par métonymie *marmite* signifie ce qui est cuit dans la marmite.
3 Allusion mythologique au caractère pénible et dangereux des douze exploits d'Hercule, symbole de la force.
4 Le choix du roi de Prusse dans cette locution s'expliquerait par les soldes dérisoires payées aux mercenaires du royaume de Prusse au début du XVIIIe siècle.
5 *nickelé,-e:* il s'agirait d'une déformation du terme dialectal *(a)niclé* 'noué, malformé, arrêté dans sa croissance' attiré par l'adjectif plus usuel *(nickel)*. Les *pieds niclés*, tout comme les pieds plats, autre malformation, auraient été un motif de réforme à l'armée. De cette idée d'impossibilité, de refus de marcher et de faire son service militaire viendrait, par extension, le refus d'agir en général et la paresse habituelle en particulier.
6 *Être sur les dents* s'emploie surtout, par extension, au sens de 'être très occupé, surmené ou excédé'.
7 *roupillon (m. fam.):* du verbe *roupiller* 'sommeiller'.
8 *Morphée:* Dieu du sommeil dans la mythologie grecque, qui distribue aux hommes le sommeil en les touchant d'une fleur de pavot et qui suscite les rêves dans lesquels il prend la forme de différents personnages.

Chapitre VI

L'homme dans sa façon d'agir et son comportement – 1

> **Vie agitée, dissolue; débauche**

1. **jeter son bonnet[1] par-dessus les moulins**
   se dit d'une femme qui mène une vie légère, dissolue et qui se moque de l'opinion publique
   <Frau, Mädchen> sich über die Moral, guten Sitten hinwegsetzen und sich dabei nicht um das Gerede der Menschen kümmern
   über die Stränge schlagen/hauen *(ugs.)*
2. **mener une vie de bâton de chaise[2]** *(fam.)*
   ~ une vie désordonnée, agitée
   ein ungeregeltes, unstetes Leben führen
   ein Vagabundenleben/Zigeunerleben führen
3. **faire la foire** *(pop.)*/**la noce** *(fam.)*
   mener une vie de débauche
   ein ausschweifendes Leben führen; allzu sorglos prassend leben
   in Saus und Braus leben
4. **avoir le diable au corps**
   commettre toutes sortes de méfaits <surtout en parlant d'enfants: faire des bêtises>
   <Kinder> allerlei Dummheiten begehen; wild, unbeherrscht, sehr temperamentvoll sein
   den Teufel im Leib haben *(ugs.)*
5. **faire les quatre cents coups**
   ~ toutes sortes de mauvais coups, de bêtises ou d'excès
   übermütige, tolle Streiche ausführen, verüben
   über die Stränge schlagen *(ugs.)*

> **Énergie, fermeté, détermination**

6. **péter le/du feu** *(fam.)*
   avoir une grande énergie, une activité débordante
   voller Energie stecken; fast vor Energie bersten; voller Tatendrang sein
7. **être tout feu tout flamme(s)**
   montrer un grand enthousiasme, être plein d'ardeur <pour qc. ou qn>
   von etwas, jmdm. hellauf begeistert sein
   Feuer und Flamme sein für etwas/jmdn. *(ugs.)*

8. **avoir quelque chose dans le ventre**
 ~ de l'énergie, de la volonté <en opposition avec: **ne rien avoir dans le ventre** manquer d'énergie, de volonté>
 voller Entschlossenheit und Tatkraft sein
 Mumm in den Knochen haben
9. **bouffer/manger du lion** *(fam.)*
 faire preuve d'une énergie inhabituelle, exceptionnelle <seulement au passé: il a bouffé du lion>
 eine ungewöhnliche Energie haben
10. **(en) mettre sa main³ au feu/sa main à couper que + Ps.**
 affirmer qc. énergiquement, être sûr de qc. <surtout au conditionnel: Je mettrais ma main au feu qu'il ment./J'en mettrais ma main à couper.>
 etwas energisch behaupten; einer Sache sicher sein
 für jmdn./etwas die Hände/seine Hände ins Feuer legen
11. **(en) donner sa tête/sa main à couper que + Ps.**
 affirmer qc. avec conviction, détermination <surtout au conditionnel: Je donnerais ma tête à couper que c'est vrai./J'en donnerais ma tête à couper.>
 etwas mit Bestimmtheit behaupten; etwas als ganz sicher betrachten können
 darauf wette ich meinen Kopf *(ugs.)*; **darauf können Sie Gift nehmen** *(ugs.)*
12. **prendre le taureau par les cornes**
 affronter une difficulté avec détermination
 an eine schwierige Aufgabe entschlossen herangehen
 den Stier bei den Hörnern packen/fassen
13. **se mettre en quatre**
 se donner beaucoup de mal, employer toute son énergie <aussi: pour qn, qc. ou pour faire qc.>
 sich große Mühe geben, sein Möglichstes tun
 sich für jmdn. förmlich zerreißen *(ugs.)*
14. **faire des pieds et des mains**
 employer tous les moyens pour arriver à un but
 sich viel, alle erdenkliche Mühe geben; sich abmühen
 alle Hebel in Bewegung setzen *(ugs.)*; **alle Register ziehen**
15. **remuer ciel et terre**
 utiliser tous les moyens pour atteindre qc.
 alles (nur Erdenkliche) versuchen, nichts unversucht lassen, um etwas zu erreichen
 Himmel und Hölle in Bewegung setzen

16. **(agir) contre vents et marées**[4]
    (~) malgré tous les obstacles
    allen Widerständen, Hindernissen zum Trotz etwas tun; sich durch nichts abschrecken, abhalten lassen
17. **faire feu/flèche de tout bois**
    utiliser tous les moyens possibles pour atteindre qc. <souvent même des moyens malhonnêtes, mal adaptés>
    alle erdenklichen Mittel anwenden, einsetzen
    alle Hebel in Bewegung setzen *(ugs.)*; **alle Minen springen lassen** *(ugs.)*
18. **faire feu des quatre fers**[5]
    utiliser tous les moyens possibles pour réussir
    alle erdenklichen Mittel anwenden, einsetzen
19. **jouer des coudes** *(fam.)*
    agir sans scrupules pour réussir
    sich rücksichtslos durchsetzen und andere beiseite drängen
    seine Ellbogen gebrauchen
20. **faire le diable à quatre**
    ~ beaucoup de bruit; s'agiter pour obtenir ou empêcher qc.
    viel Lärm machen; große Anstrengungen unternehmen, um etwas zu erreichen oder zu verhindern
21. **ne craindre ni Dieu ni diable**
    n'avoir peur de rien; ne se laisser arrêter par rien; agir sans scrupules
    vor nichts zurückschrecken
    weder Tod noch Teufel/sich nicht vor Tod und Teufel fürchten
22. **ne pas y aller par quatre chemins**
    agir sans détours, aller droit au but
    gerade, ohne Umwege, direkt auf ein Ziel losgehen; nicht lange fackeln
23. **ne pas y aller de main morte** (cf. VIII/28)
    agir avec brutalité, dureté
    energisch vorgehen, durchgreifen
24. **ne pas y aller avec le dos de la cuiller** [kɥijɛR][6] *(fam.)*
    agir carrément, sans modération
    nicht gerade zimperlich vorgehen; entschlossen handeln
    rangehen wie Blücher *(ugs.)*
25. **aller/poursuivre son petit bonhomme de chemin**
    poursuivre son action tranquillement, avec résolution
    langsam, gemächlich, aber unbeirrt seinen Weg gehen, sein Ziel verfolgen
26. **tenir à qn/à qc. comme à la prunelle de ses yeux**
    y tenir beaucoup
    jmdn., etwas besonders sorgsam behüten
    jmdn./etwas wie seinen Augapfel hüten

27. **croire à qc. dur comme fer**
y croire fermement, vraiment
an etwas ganz fest, unerschütterlich glauben
an etwas felsenfest glauben; steif und fest glauben *(ugs.)*

| Courage |

28. **ne pas avoir froid aux yeux⁷**
avoir du courage, ne pas être lâche
keine Angst haben; nicht feige sein; vor nichts zurückschrecken
29. **prendre son courage à deux mains**
se décider enfin, en utilisant toute son énergie, à faire qc. malgré une difficulté ou la peur
seinen ganzen Mut zusammennehmen, sich überwinden, um etwas Unangenehmes zu tun
sich *(Dativ)* **ein Herz fassen; das Herz in die Hand / in beide Hände nehmen**
30. **donner/mettre/remettre du cœur au ventre à qn**
lui donner du courage, de l'énergie
jmdm. (wieder) Mut machen, zusprechen

| Irréflexion, imprévoyance |

31. **agir sur un coup de tête**
~ sur une décision brusque, peu réfléchie
unüberlegt handeln; einer plötzlichen Anwandlung folgen
32. **(agir) de but en blanc⁸**
(~) brusquement, sans la moindre préparation
unüberlegt, unvorbereitet handeln
(etwas) mir nichts, dir nichts tun *(ugs.)*
33. **ne pas voir plus loin que le bout de son nez**
manquer de prévoyance, être borné
engstirnig sein; einen beschränkten Horizont haben
nicht weiter sehen als seine Nase (reicht) *(ugs.)*; **nicht weiter sehen als die Nasenspitze reicht** *(ugs.)*
34. **jeter/vider le bébé/l'enfant avec l'eau du bain**
compromettre l'essentiel d'une chose en voulant en éliminer quelques inconvénients mineurs
im Übereifer das Gute mit dem Schlechten verwerfen
das Kind mit dem Bade ausschütten
35. **s'embarquer sans biscuit⁹** *(fam.)*
s'engager dans une affaire sans précaution
sich unvorbereitet in eine Sache stürzen; ohne jegliche Vorkehrungen ein Unternehmen beginnen

36. **mettre tous ses œufs [ø] dans le même panier**
    ~ tout son avoir dans une même entreprise et s'exposer ainsi à tout perdre
    alles auf einmal wagen; alles riskieren
    alles auf eine Karte setzen
37. **manger son blé en herbe** (cf. XXI/26)
    dépenser d'avance son revenu; gaspiller son avoir
    sein Geld, Kapital im voraus ausgeben, bevor es Gewinn abwirft
38. **couper l'arbre pour avoir le fruit** (cf. XXI/27)
    détruire une source de profits, de richesses
    törichterweise zugunsten eines augenblicklichen Vorteils auf künftige, größere Gewinne verzichten
39. **tuer la poule aux œufs [ø] d'or**[10] (cf. XXI/28)
    détruire par avidité ou impatience la source d'un profit important
    törichter- oder unvorsichtigerweise sich selbst die Grundlage seines Wohlstandes entziehen
    das Huhn, das goldene Eier legt, schlachten

| Franchise |

40. **jouer cartes sur table**
    agir franchement, sans rien cacher
    offen und ohne Hintergedanken handeln
    mit offenen Karten spielen
41. **annoncer la couleur**
    faire connaître franchement ses intentions
    seine Absichten offen bekanntgeben
42. **mettre les points sur les i**
    s'exprimer avec précision, sans ambiguïté possible
    sich klar, deutlich und ohne Mißverständnisse ausdrücken
    sich klipp und klar ausdrücken *(ugs.)*
43. **avoir son franc-parler**
    parler ouvertement, franchement
    offen reden; freimütig sprechen
    kein Blatt vor den Mund nehmen; frisch/frei von der Leber weg sprechen/reden *(ugs.)*; **aus seinem Herzen keine Mördergrube machen**
44. **être franc du collier**[11]
    ~ très franc
    sehr offen und aufrichtig sein
    ohne Falsch sein

45. **être franc comme l'or**[12]
se dit de qn qui est d'une extrême franchise
sehr offen und aufrichtig sein
ohne Falsch sein
46. **dire qc. sans prendre de gants**
dire qc. sans prendre de précautions, sans ménagement
etwas sagen ohne Rücksicht zu nehmen; sich schonungslos ausdrükken
kein Blatt vor den Mund nehmen; aus seinem Herzen keine Mördergrube machen
47. **dire ses <invar.> quatre vérités à qn**
lui parler avec une franchise brutale, lui dire ouvertement ce qu'on lui reproche
jmdm. ganz offen, unmißverständlich seinen Unwillen zu erkennen geben
jmdm. (gehörig) die Meinung sagen; jmdm. Bescheid sagen
48. **mettre les pieds dans le plat**[13] (cf. VIII/39)
agir, parler sans ménagement; parler avec une brutale franchise et sans discrétion d'une question délicate
eine heikle Angelegenheit mit schonungsloser Offenheit behandeln oder zuweilen sogar eine Ungeschicklichkeit begehen; unverblümt die Wahrheit sagen
ins Fettnäpfchen treten *(ugs. scherzh.)*; **einen Schnitzer machen** *(ugs.)*
49. **en dire de toutes les couleurs à qn**
lui dire de dures vérités
jmdm. ungeschminkt sagen, was man denkt; jmdm. unverblümt die Wahrheit sagen
50. **vider son sac** *(fam.)*
dire sans détours et jusqu'au bout ce qu'on pense
sich offen (bei jmdm.) aussprechen; sich jmdm. anvertrauen
jmdm. sein Herz ausschütten; sich etwas vom Herzen reden *(geh.)*
51. **appeler un chat un chat**
être franc et direct dans son langage
etwas ganz offen, deutlich aussprechen
das Kind beim (rechten/richtigen) Namen nennen *(ugs.)*
52. **ne pas mâcher ses mots/son opinion**
s'exprimer avec une franchise brutale
offen und rückhaltlos seine Meinung sagen
kein Blatt vor den Mund nehmen

Notes

1 *bonnet (m.):* il symbolise ici la bonne conduite, les tabous sociaux. Les moulins étaient autrefois des lieux de fêtes populaires, de bals.
2 *bâton de chaise (m.):* se disait des bâtons qui servaient à porter les chaises à porteur. Ces bâtons avaient une "vie" agitée car ils étaient soulevés, tirés, posés, remis en place pour qu'on puisse ouvrir et fermer la porte de la chaise.
3 Tout comme la suivante, cette locution vient des coutumes barbares du Moyen Âge destinées à arracher des aveux aux accusés.
4 Allusion au bateau qui avance malgré le vent et la marée contraires.
5 Au sens propre se disait d'un cheval qui part au galop et dont les fers font des étincelles sur le pavé.
6 En mangeant avec le dos de la cuiller, on arriverait à un résultat très modeste.
7 Dans l'argot du XIXe siècle, il y avait une locution *avoir froid (au cul)* au sens de 'avoir peur'. Par euphémisme, *cul* a été remplacé par *yeux* et la locution ne s'emploie actuellement qu'à la forme négative.
8 De *but* (souvent aussi écrit *butte*) *en blanc* était un terme d'artillerie du XVIIe siècle. Le *but* désignait le point d'où l'on tire et le *blanc* le centre de la cible, d'où par extension, 'inconsidérément'.
9 Par allusion au pain très dur, cuit deux fois (bis-cuit!) que les marins emportaient autrefois comme provision pour les longs voyages en mer.
10 La locution vient d'une fable d'Ésope, popularisée en français par La Fontaine *(La Poule aux œufs d'or)*.
11 S'est dit d'abord du cheval qui tire la charrue franchement, résolument.
12 Jeux de mots sur les deux sens de *franc* 'sincère' et 'pur'.
13 *plat (m.):* désignait autrefois une grande balance servant à peser les marchandises lourdes; y mettre le pied aurait pu être le type de l'action brutale et malhonnête.

Chapitre VII

L'homme dans sa façon d'agir et son comportement – 2

> Versatilité

1. **changer son fusil** [fyzi] **d'épaule**
   ~ d'opinion, de projet, de stratégie
   seine Meinung, Ansicht, Pläne, Taktik ändern
2. **changer d'opinion comme de chemise** *(fam.)*
   en ~ facilement, souvent
   sehr leicht, häufig die Meinung wechseln
   seine Meinung wechseln wie das/sein Hemd *(ugs. abwertend)*

3. **retourner sa veste** *(fam.)*
   changer brusquement d'opinion, de parti, de position
   plötzlich seine Meinung, Haltung ändern
4. **tourner casaque**[1] *(péj.)*
   changer d'opinion, de parti, généralement par opportunisme
   seine Meinung, Haltung aus Nützlichkeitserwägungen wechseln
   den Mantel/das Mäntelchen nach dem Wind(e) hängen/kehren/drehen *(abwertend)*; **die, seine Fahne/das, sein Fähnchen nach dem Wind drehen, hängen** *(abwertend)*
5. **retourner qn comme un gant**
   le faire complètement changer d'opinion
   jmdn. völlig umstimmen
6. **dire tantôt blanc, tantôt noir**
   se contredire
   sich widersprechen, in seinen Äußerungen inkonsequent sein
   bald so, bald so reden; heute so und morgen anders reden

Hésitation, tergiversation

7. **être comme l'âne de Buridan**[2]
   ne pas savoir choisir entre deux partis
   sich zwischen zwei gleichwertigen Dingen nicht entscheiden können
   dastehen wie Buridans Esel *(bildungsspr.)*
8. **ne (pas)/ne plus savoir à quel saint se vouer**
   ~ à qui demander aide ou conseil
   völlig ratlos sein; sich nicht mehr zu helfen wissen
   nicht (mehr) aus noch ein wissen; weder aus noch ein wissen
9. **ne pas savoir sur quel pied danser**
   ~ ce qu'il faut faire dans une situation ambiguë; hésiter <concerne l'hésitation quant à l'attitude à avoir envers qn>
   nicht wissen, was man in einer schwierigen Situation machen soll, wie man jmdn. behandeln soll
   nicht ein noch aus wissen
10. **nager entre deux eaux**[3]
    éviter de se décider et manœuvrer entre deux partis
    zwischen zwei Parteien geschickt lavieren; es mit keinem verderben wollen
    auf beiden Schultern (Wasser) tragen
11. **tourner autour du pot**[4]
    hésiter, tergiverser <par peur de dire l'essentiel ou par esprit de manœuvre>
    über etwas reden, ohne aber auf den eigentlichen Kern der Sache zu sprechen kommen
    um etwas herumgehen wie die Katze um den heißen Brei *(ugs.)*

12. **faire/donner une réponse de Normand**[5]
 répondre d'une manière ambiguë en ne disant ni oui ni non
 eine zweideutige Antwort geben

> Promesse; mensonge; invraisemblance

13. **promettre la lune/monts et merveilles à qn**[6]
 ~ des choses étonnantes, impossibles, des avantages considérables
 jmdm. unerfüllbare Versprechungen machen
 jmdm. das Blaue vom Himmel (herunter) versprechen *(ugs.)*; **jmdm. goldene Berge versprechen**
14. **faire des promesses de Gascon**[7]
 ~ des promesses qu'on ne pourra tenir
 Versprechungen machen, die man nicht halten kann; leere Versprechungen machen
15. **promettre qc. la main sur le cœur**
 ~ avec la plus grande sincérité
 etwas fest und in ehrlicher Absicht versprechen
 jmdm. etwas in die Hand versprechen
16. **payer qn en monnaie de singe**[8] (cf. XXI/5)
 ~ par de belles paroles, des promesses creuses au lieu de le rembourser
 jmdn. mit leeren Worten abspeisen, anstatt zu zahlen
17. **mentir comme un arracheur de dents**[9]**/comme on respire**
 ~ effrontément
 unglaublich, maßlos lügen
 lügen wie gedruckt *(ugs.)*; **lügen, daß sich die Balken biegen** *(ugs.)*; **das Blaue vom Himmel (herunter)lügen** *(ugs.)*
18. **raconter une histoire/un conte à dormir debout**
 ~ une histoire invraisemblable
 eine unglaubwürdige, erfundene Geschichte erzählen
 ein Ammenmärchen/eine Räubergeschichte *(ugs.)***/eine Räuberpistole** *(ugs.)* **erzählen**
19. **c'est cousu de fil blanc**[10]
 se dit d'une histoire destinée à tromper mais qui est trop invraisemblable pour qu'on puisse y croire
 das ist nicht sehr glaubhaft und leicht zu durchschauen; das ist eine fadenscheinige Geschichte

> Bonté

20. **être bon comme du (bon) pain/comme la romaine**[11]
 ~ d'une extrême bonté
 ein gütiger, verständnisvoller, herzensguter Mensch sein
 eine Seele von Mensch/von einem Menschen sein

21. **ne pas faire de mal à une mouche** *(fam.)*
 se dit d'une personne très douce, inoffensive <surtout sous la forme: *il ne ferait pas de mal à une mouche*>
 von Natur gutmütig sein; niemandem etwas zuleide tun (können)
 keiner Fliege etwas zuleide tun (können); jmdm. kein Haar/niemandem ein Haar krümmen (können)

22. **on lui donnerait le bon Dieu sans confession**[12]
 se dit d'une personne dont l'air innocent est trompeur
 jmd. sieht aus, als ob er nichts Unrechtes tun könnte
 er/sie sieht aus, als ob er/sie kein Wässerchen trüben könnte *(ugs.)*

23. **être du bois dont on fait les flûtes** *(fam.)*
 ~ très accomodant
 sehr verträglich, umgänglich sein

24. **avoir le cœur sur la main** *(fam.)*
 être très généreux
 sehr freigiebig sein; gerne geben
 eine milde/offene Hand haben

25. **faire une fleur à qn** *(fam.)*
 lui donner un avantage sans demander de contrepartie
 jmdm. einen Dienst, eine Gefälligkeit erweisen

Innocence, naïveté; expérience

26. **être innocent comme l'enfant qui vient de naître**
 ~ très innocent
 sehr einfältig, harmlos, naiv sein

27. **croire au père Noël**
 être très naïf
 sehr einfältig, naiv sein
 noch an den Klapperstorch/Storch/Weihnachtsmann glauben *(ugs.)*

28. **monter à l'échelle**
 prendre au sérieux une plaisanterie
 an der Ernsthaftigkeit von jmds. Äußerung törichterweise nicht zweifeln; einen Scherz ernst nehmen
 etwas für bare Münze nehmen *(ugs.)*

29. **ne pas être né d'hier/tombé de la dernière pluie**
 avoir de l'expérience, ne pas être naïf
 gewitzt, nicht dumm sein
 nicht auf den Kopf gefallen sein *(ugs.)*; **nicht von gestern sein** *(ugs.)*

Indiscrétion; curiosité

30. **ne pas savoir tenir sa langue**
    être indiscret, ne pas savoir se taire quand il le faudrait
    in seinen Äußerungen unvorsichtig sein
    seine Zunge nicht hüten/im Zaum halten/zügeln können
31. **avoir la langue trop longue**
    être indiscret, ne pas savoir garder un secret
    nicht schweigen können; etwas nicht für sich behalten können
    nicht den Mund halten können *(ugs.)*
32. **crier qc. sur les toits**
    le dire à tout le monde
    etwas (Privates, Vertrauliches, Geheimes) überall erzählen
    etwas an die große Glocke hängen *(ugs.)*
33. **ne pas avoir les yeux dans sa poche**
    montrer une curiosité souvent indiscrète
    auf alles achten, aufpassen; sich nichts entgehen lassen
    seine Augen überall haben
34. **tirer les vers du nez à qn**
    le faire parler, le questionner habilement pour lui faire dire des choses qu'il veut cacher
    jmdn. aushorchen; durch wiederholtes, geschicktes Fragen etwas von jmdm. zu erfahren suchen; jmdm. ein Geheimnis entlocken
    jmdm. die Würmer aus der Nase ziehen *(ugs.)*

Orgueil, prétention

35. **ne pas se moucher du coude/du pied** *(fam. et iron.)*
    se prendre pour une personne importante
    hochmütig, überheblich sein
    auf dem/ (s)einem hohen Roß sitzen
36. **se prendre pour le nombril** [nõbRi] **du monde**
    donner à sa personne une importance exagérée
    sich selbst für sehr wichtig halten, nehmen
    sich für den Nabel der Welt halten *(geh.)*
37. **se croire le premier moutardier du pape** *(rare)*
    être orgueilleux, se prendre pour une personne importante
    sehr von sich eingenommen sein; sehr eingebildet sein
    sich für den Kaiser von China halten; die Nase/den Kopf hochtragen
38. **se croire sorti de la cuisse de Jupiter**[13] *(fam.)*
    être très orgueilleux, se croire supérieur aux autres
    maßlos eingebildet sein; sich für etwas Besonderes, Besseres halten

39. se parer des plumes du paon [pã]
   se vanter de mérites qui appartiennent à une autre personne
   Verdienste anderer als die eigenen ausgeben (und sich damit brüsten)
   sich mit fremden Federn schmücken
40. être orgueilleux comme un paon
   ~ très orgueilleux
   sehr stolz sein; sehr eitel sein
   er ist ein (eitler) Pfau *(geh. abwertend)*
41. être fier [fjeR] **comme Artaban**[14]
   ~ très fier
   sehr stolz sein
   stolz wie ein Pfau/Spanier sein

Notes

1 *casaque (f.):* a désigné l'uniforme militaire. La locution fait allusion aux soldats qui ont changé d'uniforme par trahison ou par lâcheté devant l'ennemi.
2 *Jean Buridan:* philosophe scolastique et recteur de la Sorbonne (1300–1366). Son nom fut popularisé par le célèbre argument de l'âne qui, ayant aussi faim que soif, est à égale distance d'une botte de foin et d'un seau d'eau et ne parvient pas à choisir.
3 Au sens propre c'était: naviguer (*nager*), manœuvrer avec le bateau de manière à garder la direction malgré les courants (*eaux*) opposés.
4 L'idée de départ devait être: ne pas oser demander ce qu'il y a à manger et tourner autour de la marmite.
5 Une ancienne loi du droit normand permettait aux Normands de se dédire d'un marché dans un délai de vingt-quatre heures. Voilà pourquoi les Normands auraient une solide réputation de ruse.
6 Peut-être par allusion aux conquérants et explorateurs qui promettaient à leurs gens qu'ils trouveraient des merveilles au-delà des monts à franchir.
7 Les Gascons passaient pour peu dignes de confiance.
8 Au Moyen Âge, il fallait payer pour traverser un pont ou pour entrer dans une ville. Les montreurs de singes ne devaient pas payer, mais pour remercier les gardiens, ils faisaient faire des grimaces, des plaisanteries et des gambades à leur animal. Et c'était la monnaie de singe.
9 Les arracheurs de dents offraient leurs services autrefois sur les places publiques et dans les foires et prétendaient, pour attirer des clients ayant mal aux dents, que l'opération serait sans douleur. Il n'en était évidemment rien.
10 C'est un mensonge apparent comme une couture de fil blanc sur un tissu noir.
11 *romaine (f.):* variété de laitue, importée d'Italie au XVIe siècle, à feuilles allongées, rigides et croquantes. La locution se dit actuellement de quelqu'un de trop bon qui se trouve dans une situation de victime.
12 Allusion au rite catholique qui permet à ceux qui n'ont pas de péchés à

confesser de communier, c'est-à-dire recevoir le bon Dieu (l'hostie), sans se confesser.
13 Allusion mythologique à la naissance de Dionysos, dieu grec de la vigne, du vin (Bacchus chez les Romains). Sémélé, sa mère, aimée de Zeus (Jupiter chez les Romains), meurt au sixième mois de sa grossesse. Le dieu arrache l'embryon du sein de Sémélé et le met dans sa cuisse, d'où Dionysos est né trois mois plus tard.
14 *Artaban:* personnage très fier d'un roman historique du XVIIᵉ siècle (La Calprenède: *Cléopâtre*).

CHAPITRE VIII

L'homme dans sa façon d'agir et son comportement – 3

Rapidité dans l'action

1. **faire qc. en un tour de main/tournemain**
   ~ rapidement et avec facilité
   etwas (überraschend) schnell und mühelos erledigen, machen
   etwas im Handumdrehen erledigen/machen
2. **faire qc. en un clin d'œil**
   ~ en un temps très court
   etwas in kürzester Zeit, sehr schnell machen
   etwas in einem Augenblick/im Nu machen
3. **faire qc. sur-le-champ**
   ~ tout de suite, aussitôt
   etwas sofort, unverzüglich, augenblicklich machen
   etwas auf der Stelle machen
4. **faire qc. en deux/trois coups de cuiller [kųijeR] à pot[1]** *(fam.)*
   ~ très rapidement, sans difficultés
   etwas sehr schnell, mit Leichtigkeit machen
   etwas im Handumdrehen machen; etwas in/mit Windeseile machen *(oft emotional)*
5. **faire qc. en moins de deux** *(fam.)*
   ~ très rapidement
   etwas sehr schnell machen
   etwas im Handumdrehen/im Nu machen; etwas in Null Komma nichts machen *(ugs.)*

Précaution, vigilance

6. **mettre/prendre des gants (avec qn pour faire qc.)**
   agir avec ménagement, précaution
   jmdn. besonders rücksichtsvoll, zart, vorsichtig, überaus behutsam behandeln, damit er nicht empfindlich auf etwas reagiert
   jmdn. mit Samthandschuhen/Glacéhandschuhen anfassen *(ugs.)*; **jmdn. wie ein rohes Ei behandeln** *(ugs.)*

7. **être/se tenir sur le qui-vive[2]/sur ses gardes**
   être attentif à ce qui se passe autour de soi, surtout dans l'attente d'un danger possible
   (bei jmdm., bei einer Sache) vorsichtig sein
   auf der Hut sein (müssen); sich in acht nehmen; auf dem Quivive sein (müssen) *(ugs.)*

8. **se tenir à carreau[3]** *(fam.)*
   être sur ses gardes, éviter de faire la moindre faute; être très sage <surtout à propos d'un enfant>
   sehr vorsichtig sein; brav sein
   auf der Hut sein

9. **se garder/se ménager une porte de sortie**
   garder un moyen de se sortir d'embarras
   sich eine versteckte oder nicht (ganz) einwandfreie Möglichkeit des Rückzugs, eine Ausflucht offenhalten
   sich *(Dativ)* **eine Hintertür offenhalten/offenlassen**

10. **garder une poire pour la soif (cf. XXI/19)**
    se réserver des moyens, des ressources, pour s'en servir en cas de besoin <s'applique aux économies>
    Geld in vorsorgender Absicht beiseite legen, sparen
    etwas auf die hohe Kante legen *(ugs.)*; **sich** *(Dativ)* **einen Notgroschen/Notpfennig zurücklegen**

Responsabilité

11. **prendre qc. en main**
    en ~ la responsabilité; se charger de qc.
    die Verantwortung für etwas, die Leitung von etwas übernehmen; sich um etwas kümmern, was bis dahin nicht richtig angefaßt wurde
    etwas in die Hand nehmen

12. **prendre qc. sous son bonnet**
    en ~ seul la responsabilité
    für eventuelle negative Folgen von etwas die Verantwortung übernehmen
    etwas auf seine (eigene) Kappe nehmen *(ugs.)*

13. **faire porter le chapeau à qn**[4] *(fam.)*
    rendre qn responsable d'un échec
    jmdm. die Schuld an etwas zuschieben; jmdm. die Verantwortung für etwas anlasten
    jmdm. etwas in die Schuhe schieben
14. **se laver les mains de qc.**[5]
    décliner sa responsabilité <Je m'en lave les mains>
    beteuern, daß man an einer Sache nicht beteiligt war und darum nicht zur Verantwortung gezogen werden kann, daß man mit bestimmten Vorgängen nichts zu tun hat
    seine Hände in Unschuld waschen *(geh.)*

| Indifférence |

15. **faire litière**[6] **de qc.** *(litt.)*
    ne pas se soucier de qc., n'en tenir aucun compte
    sich über etwas hinwegsetzen; sich um nichts kümmern; sich aus etwas nichts machen
16. **se soucier/se moquer de qc. comme de l'an quarante/de sa première chemise** *(fam.)*
    ne pas s'en soucier du tout
    etwas ist jmdm. ganz, völlig egal, gleichgültig
    etwas ist jmdm. piepe/piepegal/schnuppe/(wurst)/wurscht *(ugs.)*
17. **se moquer/se ficher du tiers comme/et du quart**[7]
    être indifférent à tout et à tous
    jmdn. berührt nichts; jmdn. läßt alles kalt
    jmdm. alles eins sein *(ugs.)*
18. **cela ne fait ni froid ni chaud à qn**
    cela le laisse indifférent <Snc.>
    etwas ist jmdm. völlig gleichgültig, egal
    etwas ist jmdm. doch einerlei
19. **se battre l'œil de qc.** *(pop.)*
    considérer qc. comme indifférent, n'en faire aucun cas <Je m'en bats l'œil>
    sich aus etwas überhaupt nichts machen; einer Sache keine Beachtung schenken, kein Interesse entgegenbringen
    sich einen Dreck um etwas scheren/kümmern *(salopp)*; **jmdm. ist etwas schnurz (und piepe)** *(salopp)*

Minutie

20. **examiner qc. sous/sur toutes les coutures**
    ~ minutieusement
    etwas gründlich, eingehend prüfen
    etwas auf Herz und Nieren prüfen *(ugs.)*; **etwas unter die Lupe nehmen** *(ugs.)*
21. **passer qc. au peigne fin**
    examiner minutieusement afin de trouver qc. ou qn
    in einem größeren Einsatz etwas gründlich und systematisch durchsuchen
    etwas durchkämmen
22. **chercher la petite bête**
    ~ un défaut même peu important
    an einer sonst guten Sache etwas entdecken, was einem nicht paßt
    ein Haar in der Suppe finden *(ugs.)*
23. **chercher des poux à qn/dans la tête de qn** (cf. XIV/30)
    lui chercher querelle pour des raisons insignifiantes ou fausses
    wegen Nichtigkeiten mit jmdm. Streit suchen
24. **chercher midi à quatorze heures**
    ~ des difficultés, des défauts là où il n'y en a pas; compliquer les choses
    es sich unnötig schwer machen; Schwierigkeiten sehen, suchen, wo keine sind
    warum einfach, wenn's auch umständlich geht *(iron.)*
25. **couper les cheveux en quatre**
    être trop minutieux, faire des distinctions trop subtiles
    unwichtigen Kleinigkeiten übertriebene Bedeutung beimessen und diese als Argumentation für oder gegen etwas heranziehen; übertrieben kleinlich und spitzfindig sein
    Haarspalterei betreiben *(abwertend)*; **ein Haarspalter sein** *(abwertend)*

Exagération

26. **forcer la note**
    exagérer <dans ses actes, son attitude>
    übertreiben; zu weit gehen
    den Bogen überspannen
27. **tirer sur la corde/la ficelle** *(fam.)*
    exagérer <dans ses actes, son attitude>
    zu weit gehen; übertreiben
    den Bogen überspannen

28. **ne pas y aller de main morte** (cf. VI/23)
    a) agir avec fermeté; b) exagérer <*50 francs un café! Ils n'y vont pas de main morte!*>
    a) sehr energisch vorgehen; b) tüchtig zuschlagen; übertreiben (sehr hohe, überhöhte Preise fordern)
    es von den Lebenden nehmen
29. **faire (tout) un plat/(se) faire une montagne de qc.**
    se dit de qn qui donne une importance exagérée à qc.
    etwas übertrieben, ungerechtfertigt wichtig nehmen; etwas aufbauschend darstellen
    viel Aufhebens von etwas machen *(geh.)*; **viel Wesens von/um etwas machen** *(ugs.)*
30. **faire d'une mouche un éléphant** *(vieilli)*
    se dit de qn qui donne trop d'importance à une chose insignifiante
    etwas maßlos übertreiben
    aus einer Mücke einen Elefanten machen *(ugs.)*
31. **il vient de Marseille**[8]
    se dit de qn qui exagère toujours, qui raconte des histoires invraisemblables
    nicht ganz der Wahrheit Entsprechendes erzählen, um damit bei anderen Eindruck zu machen oder aus Freude daran, einen anderen aufzuziehen; flunkern
32. **c'est un peu fort de café** *(fam.)*
    commentaire qui se fait à propos de qc. qui est exagéré, difficile à accepter
    etwas, was von jmdm. als unerhört, Zumutung, Unverschämtheit empfunden wird
    das ist starker Tobak! *(ugs. oft scherzh.)*; **das ist ein starkes Stück/ ja die Höhe!** *(ugs.)*

Habileté; maladresse

33. **avoir des doigts de fée** (cf. V/13)
    être d'une merveilleuse habileté manuelle dans les travaux délicats <surtout en parlant des femmes>
    <von Frauen gesagt> fingerfertig sein; sehr geschickt sein; große Fingerfertigkeit besitzen
34. **être adroit comme un singe**
    ~ très habile manuellement
    sehr geschickte Hände haben; Handfertigkeit besitzen
35. **faire d'une pierre deux coups**
    obtenir deux résultats par la même action
    einen doppelten Zweck auf einmal, durch ein Mittel erreichen
    zwei Fliegen mit einer Klappe schlagen *(ugs.)*

36. **tirer son épingle du jeu**[9] (cf. XI/30)
    se tirer habilement et à temps d'une situation difficile
    sich geschickt, rechtzeitig und ohne Schaden aus einer unangenehmen Situation herauswinden
    sich aus der Affäre ziehen *(ugs.)*
37. **connaître la musique**[10] *(fam.)*
    savoir comment s'y prendre, savoir de quoi il s'agit; connaître tous les 'trucs', les 'ficelles' d'un métier, d'une technique; être familiarisé avec qc.; être au courant de qc.
    wissen um was es sich handelt; sich auskennen
    Bescheid wissen
38. **(re)tomber sur ses pieds/ses pattes** *(fam.)* (cf. XI/31)
    se tirer habilement d'une affaire dangereuse ou compromettante
    sich geschickt aus einer schwierigen Lage befreien
39. **mettre les pieds dans le plat**[11] (cf. VI/48)
    intervenir de façon maladroite; faire une gaffe
    ungeschickt eingreifen, handeln; einen Fauxpas begehen; durch eine unbedachte, unkluge Äußerung jmds. Unwillen erregen
    ins Fettnäpfchen treten *(ugs. scherzh.)*
40. **se comporter comme un éléphant dans un magasin de porcelaine**
    se comporter, agir maladroitement, avec lourdeur
    sich (anderen Menschen gegenüber) plump, ungeschickt, taktlos verhalten
    sich wie ein Elefant im Porzellanladen benehmen *(ugs.)*
41. **se débrouiller/s'y prendre comme un manche/un pied**[12] *(fam.)*
    se montrer maladroit, incapable
    sich ungeschickt, dumm anstellen
42. **se noyer dans un verre d'eau**
    être incapable de résoudre la moindre difficulté
    bei der kleinsten Schwierigkeit versagen; sehr ungeschickt sein
    über die/seine eigenen Beine stolpern
43. **mettre la charrue avant/devant les bœufs** [bø]
    commencer par où l'on aurait dû finir, faire qc. à l'envers
    eine Aufgabe, Arbeit mit einem dem Arbeitsablauf entgegengesetzten Arbeitsgang beginnen
    das Pferd beim/am Schwanz aufzäumen *(ugs.)*

Notes

1 *cuiller à pot (f.):* louche *(f.)* (dt.= *Schöpflöffel; (Suppen-) Kelle*).
2 *qui-vive (interj. et n.m.):* cri par lequel une sentinelle interroge, lorsqu'elle entend ou voit quelque chose de suspect.

3 La locution vient de la langue des joueurs de cartes, d'après le dicton: 'qui se garde à carreau n'est jamais capot'(*être capot*= dt. *keinen Stich gemacht haben*).
4 Le chapeau est ce qu'on voit, l'apparence qui cache la réalité de la tête. La locution est d'origine argotique: *porter un chapeau* signifie 'avoir une responsabilité, en supporter les inconvénients'.
5 Allusion au geste bien connu de Ponce Pilate (Evangile selon saint Matthieu, 27, 24) qui voulait montrer qu'il ne se sentait pas responsable de la condamnation de Jésus, mais aussi qu'il s'en désintéressait. Cf. aussi *Le Deutéronome* (Cinquième Livre de Moïse), 21, 6-7 et *Le Livre des Psaumes*, 26, 6.
6 L'idée de base est celle de 'fouler aux pieds, répandre par terre' comme la litière (dt.= *Streu, Strohunterlage*) d'un animal.
7 *tiers (m.) et quart (m.):* d'abord: une troisième et une quatrième personne quelconques, puis: n'importe qui.
8 Les gens du Midi ont la réputation d'exagérer, de raconter des choses invraisemblables (cf. Tartarin de Tarascon).
9 Allusion à un jeu d'autrefois (la pousse aux épingles) qui exigeait beaucoup d'adresse et où il fallait enlever, retirer une épingle sous certaines conditions.
10 Allusion à la maîtrise de toutes les connaissances théoriques et pratiques nécessaires pour exercer le métier de musicien, ce qui demande une longue habitude et beaucoup de travail.
11 Cf. chapitre VI., note 13.
12 *Comme un manche* s'explique par un croisement de *manchot* 'maladroit, incapable' et du sens obscène, argotique de *manche* 'membre viril'. *Comme un pied* a été influencé par *bête comme ses pieds* 'très bête, imbécile'.

Chapitre IX

L'homme dans des situations d'échec

Inutilité, vains efforts

1. **cela fait une belle jambe[1] à qn** (cf. XI/23)
   c'est une aide, un avantage qui ne sert à rien, qui est inutile <Snc.>
   etwas nützt jmdm. nichts; jmd. kann mit etwas nicht viel anfangen
   sich *(Dativ)* für etwas nichts kaufen können *(ugs.)*
2. **c'est comme un cautère sur une jambe de bois** (cf. III/23)
   se dit d'une action, d'une solution sans effet, inutile <Snc.>
   etwas stellt keine Hilfe dar; etwas ist vergeblich, sinnlos

3. **c'est comme si on pissait dans un violon** *(fam.)*
   l'action entreprise est complètement inutile
   umsonst, vergebens sein; nichts nützen
   für die Katz sein *(salopp)*
4. **a) être/b) donner un coup d'épée dans l'eau**
   a) être/b) faire une action inutile, sans effet
   a) ergebnislos verlaufen; eine wirkungslose Maßnahme sein
   ein Schlag ins Wasser sein; ein Schuß in den Ofen
   b) vergebliche Anstrengungen machen
5. **porter de l'eau à la rivière** *(vieilli)*
   ajouter qc. là ou il y en avait déjà trop, faire qc. d'inutile
   etwas Überflüssiges tun
   Eulen nach Athen tragen *(bildungsspr.)*
6. **parler/prêcher dans le désert**
   faire de vaines recommandations
   jmdn. ermahnen und dabei merken, daß er nichts einsehen will
   tauben Ohren predigen; Rufer in der Wüste sein; in den Wind reden
7. **(autant) parler à un sourd/à un mur**
   tenter vainement de convaincre qn qui ne veut rien entendre
   vergebens etwas zu erreichen suchen; vergebens jmdn. von etwas zu überzeugen suchen
   gegen eine Wand reden
8. **discuter sur le sexe des anges**
   ~ inutilement de choses sans importance
   unwichtigen Kleinigkeiten übertriebene Bedeutung beimessen; spitzfindig argumentieren
   Haarspalterei betreiben *(abwertend)*
9. **se battre contre des moulins à vent**
   ~ contre des fantômes, des difficultés imaginaires
   einen aussichtslosen, sinnlosen Kampf führen (gegen eingebildete Schwierigkeiten)
   gegen/mit Windmühlen kämpfen
10. **peigner la girafe** *(fam.)*
    faire un travail absurde et inutile
    eine sinnlose Arbeit machen
11. **pédaler dans le yaourt** [jauRt] **/la choucroute/la semoule**[2] *(fam.)* (cf. X/42)
    faire des efforts désordonnés et inutiles dans une situation difficile
    in einer schwierigen Situation, Lage vergebliche Anstrengungen machen

Projets irréalisables

12. chercher une aiguille [egɥij] dans une botte de foin
~ une chose presque impossible à trouver
etwas Unmögliches, Aussichtsloses beginnen
eine Stecknadel im Heuhaufen suchen *(ugs.)*

13. demander la lune
~ l'impossible
Unmögliches verlangen; übertriebene Forderungen stellen

14. aller décrocher la lune pour qn
essayer même l'impossible pour lui
alles für jmdn. tun
jmdm./für jmdn. die Sterne vom Himmel holen

15. courir après une ombre
espérer, vouloir une chose irréalisable
ein unrealistisches Ziel verfolgen
einem Schatten nachjagen *(geh.)*

16. bâtir des châteaux en Espagne[3]
faire des projets peu réalistes ou irréalisables
sich seinen Wunschträumen überlassend Pläne machen, die sich nicht realisieren lassen
Luftschlösser bauen

17. tirer des plans[4] **sur la comète**
faire des projets chimériques
in seiner Phantasie Pläne machen, die sich nicht verwirklichen lassen
Luftschlösser bauen

Erreur

18. a) faire un faux pas; b) faire un pas de clerc [klɛR][5]
~ une erreur, une bévue
a) gegen gesellschaftliche Umgangsformen verstoßen
einen Fauxpas/eine Taktlosigkeit begehen
b) einen Fehler machen
einen Bock schießen *(ugs.)*; **einen Schnitzer machen** *(ugs.)*

19. prendre le Pirée[6] **pour un homme**
commettre une lourde méprise; se tromper lourdement
sich gewaltig täuschen, irren
auf dem Holzweg sein

20. a) prendre des vessies pour des lanternes
commettre une grossière méprise
sich gewaltig täuschen, irren
auf dem Holzweg sein

b) **faire prendre à qn des vessies pour des lanternes**
faire croire à qn des choses absurdes
jmdn. auf plumpe, grobe Weise täuschen wollen
jmdm. ein X für ein U vormachen; jmdm. blauen Dunst vormachen *(ugs.)*; **jmdm. einen Bären aufbinden** *(ugs.)*

21. **se mettre/se fourrer le doigt dans l'œil (jusqu'au coude)** *(fam.)*
se tromper lourdement
sich gewaltig täuschen, irren
sich *(Dativ)* **in den Finger schneiden** *(ugs.)*; **falsch/schief gewickelt sein** *(ugs.)*

22. **être à côté de la plaque** *(fam.)*
~ complètement à côté du problème, se tromper complètement
sich gewaltig täuschen, irren
auf dem Holzweg sein

Échec

23. **être Gros-Jean[7] comme devant**
ne pas être plus avancé qu'auparavant
etwas nicht verstanden haben; nichts (daraus) gelernt haben
so klug wie vorher/zuvor sein

24. **se retrouver/être/rester le bec dans l'eau**
ne pas pouvoir se tirer d'affaire; être frustré, déçu; ne rien obtenir
enttäuscht sein; nichts erreichen

25. **faire long feu**[8]
échouer, ne pas atteindre son but <Snc.>
scheitern; mißlingen; keinen Erfolg haben
in die Hosen gehen *(salopp)*; **eine tote Hose sein** *(bes. Jugendsprache)*; **in die Binsen gehen** *(ugs.)*

26. **tomber à l'eau/dans le lac**
ne pas réussir, se terminer par un échec <Snc.: *un projet tombe à l'eau*>
nicht stattfinden; nicht durchgeführt werden können; nicht (mehr) zustande kommen
ins Wasser fallen; mit etwas Essig sein *(ugs.)*

27. **s'en aller en eau de boudin**[9]
se terminer par un échec total <Snc.>
scheitern; mißlingen
im Sand(e) verlaufen; ausgehen wie das Hornberger Schießen

28. **finir en queue de poisson**[10]
se terminer sans donner les résultats attendus <Snc.>
enttäuschend, erfolglos ausgehen; mißlingen
im Sand(e) verlaufen; ausgehen wie das Hornberger Schießen

29. **prendre/ramasser/remporter une veste** *(fam.)*
subir un grave échec <surtout dans une compétition>
keinen Erfolg haben; mit etwas hereinfallen; scheitern; einen Reinfall erleben; eine Schlappe einstecken
auf die Nase fallen *(ugs.)*
30. **mordre la poussière**
être vaincu, subir une défaite, un échec
scheitern; Mißerfolge haben
auf die Nase fallen *(ugs.)*
31. **faire chou[11] blanc**
subir un échec dans une entreprise
scheitern; Mißerfolge, Pech haben
Schiffbruch erleiden
32. **être/finir dans les choux** *(fam.)*
être dans l'embarras; être dans une mauvaise situation; être dans les derniers d'un classement
sich in einer schwierigen Lage befinden; in einer sehr mißlichen, ausweglosen Situation sein
in der Tinte sitzen *(ugs.)*; **in der Klemme sein/sitzen/stecken** *(ugs.)*; **aufgeschmissen sein** *(salopp)*
33. **se casser le nez** *(fam.)*
subir un échec
scheitern; Mißerfolge haben
auf die Nase fallen *(ugs.)*; **Schiffbruch erleiden**
34. **être/rester chocolat** *(fam.)*
être privé d'une chose sur laquelle on comptait; être déçu, trompé, attrapé
leer ausgehen; das Nachsehen haben; enttäuscht sein
in die Röhre sehen/gucken *(ugs.)*; **in den Mond gucken** *(ugs.)*
35. **jeter le manche après la cognée**
renoncer à qc. par découragement ou par dégoût
vorschnell aufgeben, verzagen
die Flinte ins Korn werfen *(ugs.)*

Notes

1. La locution a son origine dans *faire belle jambe*, aujourd'hui vieilli, qui signifiait 'mettre ses jambes en valeur par certains ornements ou par sa façon de marcher', ce qui ne rendait pas la jambe en elle-même plus belle.
2. *yaourt (m.):* yog(h)ourt.
3. Les chevaliers français auraient reçu, pour prix de leurs services, des fiefs dans l'Espagne déjà reconquise ou non sur les Maures. Mais tous ces

châteaux étaient en fait des propriétés plus ou moins inaccessibles se trouvant en pays étranger ou ennemi, qu'il fallait souvent conquérir d'abord.
4 *tirer des plans:* faire des projets.
5 Allusion à l'inexpérience des clercs.
6 Le Pirée: port de Grèce en Attique, situé près d'Athènes. La locution fait allusion à la fable de La Fontaine *(Le Singe et le Dauphin)* où le singe, qui veut cacher son ignorance, prétend connaître le Pirée comme son ami.
7 *Gros-Jean:* c'est le type du nigaud toujours trompé, popularisé par La Fontaine *(La Laitière et le pot au lait). Devant* est ici un synonyme vieilli de 'avant'.
8 Allusion à la mèche qui brûle lentement et s'éteint avant que le feu ne gagne la poudre ou encore à la cartouche d'un pistolet dont l'amorce brûle trop lentement de sorte que le coup manque son but.
9 *eau de boudin (f.):* se dit de l'eau dans laquelle on a lavé le boyau (dt.= *Darm*) qui doit entourer le boudin, avant de le faire. Cette eau ne sert plus à rien.
10 Allusion aux sirènes au beau torse de femme, mais à queue de poisson.
11 Il s'agirait dans cette expression, tout comme dans la suivante, d'une contamination entre *chou* et *échouer*. Selon une autre interprétation, dans *faire chou blanc* le mot *chou* serait pris pour *coup* et la locution aurait d'abord signifié 'faire coup nul dans un jeu' d'où le sens de 'échouer'.

Chapitre X

L'homme confronté aux difficultés de la vie

Situation confuse, difficile; danger

1. **une chienne n'y retrouverait pas ses petits**
   se dit a) d'un endroit en désordre et, b) au sens figuré, d'une situation très confuse
   a) sehr unordentliches, verschmutztes Zimmer o.ä.
   <Sachen> durcheinander-/herumliegen wie Kraut und Rüben *(ugs.);* **das ist ein regelrechter Saustall** *(derb abwertend)*
   b) völlig undurchschaubare Lage
2. **c'est là que gît le lièvre**[1]
   là est le point essentiel d'une affaire complexe
   das ist der entscheidende Punkt, die eigentliche Ursache; das ist der Punkt, auf den es ankommt
   da liegt der Hase im Pfeffer *(ugs.);* **da liegt der Hund begraben** *(ugs.)*

3. **ce n'est pas (très) catholique**
   se dit de qc. de bizarre, de douteux
   etwas ist verdächtig, nicht ganz einwandfrei; etwas ist auf unredliche Weise zustande gekommen
   etwas ist nicht (ganz) hasenrein/koscher *(ugs.)*; **etwas geht nicht mit rechten Dingen zu**

4. **c'est de l'algèbre/du chinois/de l'hébreu (pour qn)** (cf. XVII/22)
   se dit de qc. qui est difficile à comprendre ou incompréhensible
   etwas ist für jmdn. unverständlich, unbekannt, undurchschaubar
   etwas ist chinesisch für jmdn. *(ugs.)*; **jmdm./für jmdn. böhmische Dörfer/ein Buch mit sieben Siegeln sein**

5. **il y a un os/un cheveu** *(fam.)*
   il y a une difficulté, un problème
   es gibt eine Schwierigkeit, ein Problem, ein Hindernis
   die Sache hat einen Haken *(ugs.)*

6. **il y a de l'eau dans le gaz** *(pop.)*
   il y a dans une affaire donnée des difficultés qui vont faire naître des querelles
   es herrscht eine gespannte Atmosphäre, eine gereizte Stimmung
   es herrscht dicke Luft *(ugs.)*

7. **ne tenir qu'à un cheveu/un fil** [fil]
   la chose dépend d'un rien, elle est très incertaine <Snc.>
   sehr gefährdet, bedroht sein; in seinem Fortgang, Ausgang äußerst ungewiß sein
   an einem (dünnen/seidenen) Faden hängen; an einem Haar hängen *(ugs.)*

8. **il s'en faut/s'en est fallu d'un cheveu (que + Ps.)**
   la chose dépend d'un rien, elle a failli arriver <Snc.>
   es hat, hätte nicht viel gefehlt, und...; beinahe; fast
   um ein Haar *(ugs.)*

9. **tomber/se fourrer dans un guêpier**
   tomber dans une situation difficile, dangereuse, un piège
   in eine schwierige, gefährliche Lage geraten; in die Falle gehen; in eine Falle geraten

10. **tomber dans le panneau** *(fam.)*
    tomber dans un piège
    hereinfallen; sich anführen, hereinlegen lassen; in eine Falle geraten
    jmdm. auf den Leim gehen/kriechen *(ugs.)*

11. **tomber sur un bec (de gaz)/un os** *(fam.)*
    tomber sur une difficulté, un obstacle imprévu, insurmontable, un piège
    auf eine unerwartete, unvorhergesehene Schwierigkeit stoßen

12. **tomber de Charybde** [kaRibd] **en Scylla** [silla][2]
    n'éviter un mal, un danger que pour tomber dans un autre plus grand
    aus einer unangenehmen, schwierigen Lage in eine noch schlimmere geraten
    aus dem/vom Regen in die Traufe kommen *(ugs.)*
13. **attacher le grelot**[3]
    faire le premier pas dans une affaire dangereuse, difficile
    einen gefährlichen oder unangenehmen Auftrag ausführen, aus dem auch noch andere einen Nutzen ziehen
    der Katze die Schelle umhängen *(ugs.)*
14. **pêcher en eau trouble**
    profiter d'une situation confuse, de désordre
    unklare Zustände zum eigenen Vorteil ausnützen
    im trüben fischen *(ugs.)*
15. **se mettre/se jeter dans la gueule du loup**
    s'exposer à un danger certain et de façon imprudente
    sich leichtsinnig einer Gefahr aussetzen
16. **se mettre une pierre au cou/s'attacher un boulet aux pieds**
    accepter une obligation pénible dont on ne pourra pas se débarrasser
    eine anstrengende Verpflichtung auf sich nehmen, deren man sich später nicht mehr entledigen kann; sich mit etwas belasten
    sich *(Dativ)* **einen Klotz ans Bein binden/hängen** *(ugs.)*
17. **avaler la pilule** *(fam.)*
    subir une chose désagréable sans protester
    etwas Unangenehmes notgedrungen tun; etwas Unangenehmes hinnehmen; sich mit etwas Unangenehmem abfinden
    diese/eine (bittere) Pille schlucken *(ugs.)*; **in den sauren Apfel beißen** *(ugs.)*
18. **avaler des couleuvres**
    être obligé de subir des affronts, des vexations, sans pouvoir riposter
    Demütigungen, Beleidigungen, Kränkungen einstecken (müssen)
    eine Kröte schlucken
19. **boire le calice jusqu'à la lie** *(litt.)*
    souffrir jusqu'au bout un affront, une vexation
    alles Erdenkliche an Not und Leiden durchzustehen haben
    den (bitteren) Kelch bis auf den Grund/bis zur Neige leeren (müssen) *(geh.)*
20. **essuyer les plâtres**[4] *(fam.)*
    subir le premier les conséquences d'une situation fâcheuse
    als erster die Folgen einer unangenehmen Lage erdulden
21. **payer les pots cassés**
    subir les conséquences négatives d'une action dont on n'est pas responsable

die Folgen der Schuld eines anderen tragen müssen; für einen entstandenen Schaden aufkommen müssen
die Suppe auslöffeln müssen *(ugs.)*; **etwas ausbaden müssen** *(ugs.)*

22. a) **mettre le couteau sous/sur la gorge de qn** (cf. XV/23)
    b) **avoir le couteau sous/sur la gorge**
    a) contraindre qn par la menace
    jmdn. durch Drohungen so unter Druck setzen, daß er gezwungen ist, zu tun, was von ihm verlangt wird
    jmdm. das Messer an die Kehle setzen *(ugs.)*; **jmdm. die Pistole auf die Brust setzen** *(ugs.)*
    b) être obligé par la nécessité ou la menace d'agir contre sa volonté
    jmd. ist in äußerster Bedrängnis
    jmdm. sitzt das Messer an der Kehle *(ugs.)*

23. **battre de l'aile**
    connaître des difficultés, avoir perdu de sa force <en parlant d'un projet, d'une entreprise>
    sich in (großen) Schwierigkeiten befinden; sich in einer Krise befinden; kriseln

24. **être le dindon de la farce**[5]
    être la victime d'une tromperie, d'une mauvaise plaisanterie
    das Opfer eines Betruges, eines üblen Scherzes sein;
    der Dumme/Angeführte/Gelackmeierte *(salopp scherzh.)* **sein**

25. **être sur le pavé**
    a) ~ sans logement; b) ~ sans travail
    a) ohne Wohnung sein; keine Bleibe mehr haben
    auf der Straße liegen/sitzen/stehen *(ugs.)*
    b) ohne Stellung, arbeitslos sein
    auf der Straße liegen/sitzen/stehen *(ugs.)*

26. **tirer la langue** (cf. XXII/6)
    être dans le besoin, dans une grande nécessité <surtout financière>
    in Verlegenheit sein; Mangel haben; (vor allem) finanzielle Probleme haben

27. **être aux abois**
    ~ dans une situation désespérée d'où il semble impossible de sortir
    in einer verzweifelten Lage sein; sich in großer Bedrängnis befinden
    das Wasser steht jmdm. bis zum Hals

28. **être dans le pétrin** *(fam.)*
    ~ dans une situation difficile d'où il semble impossible de sortir
    in einer sehr mißlichen, ausweglosen Situation sein, sitzen, stecken
    in der Tinte sitzen *(ugs.)*; **in der Klemme/Patsche sein** *(ugs.)*; **aufgeschmissen sein** *(salopp)*

29. **être dans de beaux draps**[6]
 ~ dans une situation difficile, critique
 in einer mißlichen, schwierigen Lage sein
 in der Klemme/Patsche sein; in Schwulitäten sein *(ugs.)*;
 aufgeschmissen sein *(salopp)*; **in der Tinte sitzen** *(ugs.)*
30. **être dans la mélasse/la purée** *(fam.)*
 ~ dans une situation surtout financièrement difficile
 <vor allem finanziell> in einer schwierigen Lage sein
 das Wasser steht jmdm. bis zum Hals; blank sein *(ugs.)*
31. **être/vivre comme l'oiseau sur la branche**
 être dans une situation incertaine
 keinen festen Aufenthalt haben; ein unstetes Leben führen; keine sichere Stellung haben
32. **danser/marcher sur le fil [fil] du rasoir/sur un volcan**
 être dans une situation incertaine et dangereuse
 sich in ständiger Gefahr befinden
 wie auf einem Vulkan leben
33. **être (marcher, danser) sur la/faire de la corde raide** *(fam.)*
 être dans une situation délicate, critique
 in einer heiklen, schwierigen Lage sein
34. **se trouver/être pris entre deux feux**
 ~ entre deux dangers
 von zwei Seiten gleichzeitig bedrängt werden; in zwei Unannehmlichkeiten geraten
 zwischen zwei Feuern stehen
35. **se trouver/être assis entre deux chaises**
 ~ dans une situation incertaine, dangereuse
 in der unangenehmen Lage sein, sich zwei Möglichkeiten o.ä. gleichermaßen verscherzt zu haben
 zwischen zwei Stühlen sitzen
36. a) **être entre l'arbre et l'écorce**/ b) **être (pris) entre le marteau et l'enclume**
 se trouver entre deux partis opposés et recevoir des coups des deux côtés
 a) in einer schwierigen, verzwickten Lage sein
 zwischen Baum und Borke sitzen/stecken/stehen
 b) von zwei feindlichen Gewalten angegriffen, zermalmt werden
 zwischen Hammer und Amboß geraten
37. **être (mis) au pied du mur**[7]
 se trouver dans une situation difficile et être obligé d'agir
 in einer schwierigen Lage sein, in der man handeln muß

38. **avoir un fil [fil] à la patte** *(fam.)* (cf. XII/40)
ne pas être libre de ses activités, être tenu par un engagement dont on voudrait se libérer
durch lästige Verpflichtungen gebunden sein
einen Klotz am Bein haben *(ugs.)*

39. **ne pas en mener large** *(fam.)*
se trouver a) mal à l'aise b) dans une situation critique, difficile, inquiétante
a) sich sehr unbehaglich fühlen
jmdm. ist nicht wohl in seiner Haut
b) sich in einer schwierigen Lage befinden

40. **être dans ses petits souliers** *(fam.)*
~ dans une situation embarrassante, être mal à l'aise
in einer peinlichen, schwierigen Situation, Lage sein
in der Klemme sein *(ugs.)*

41. **être dans le troisième/au trente-sixième dessous**[8]
~ dans une très mauvaise situation, sans la possibilité de s'en tirer
in einer verzweifelten Lage sein; im Schlamassel sitzen, stecken

42. **pédaler dans le yaourt** [jauRt][9]**/la choucroute/la semoule** *(fam.)* (cf. IX/11)
être dans une situation difficile et faire des efforts désordonnés, inutiles pour s'en sortir
sich in einer schwierigen, mißlichen Lage befinden und unnütze, vergebliche Anstrengungen machen

43. **se démener/s'agiter comme un diable dans un bénitier** [benitje][10]
être mal à l'aise, s'efforcer de sortir d'une situation embarrassante
sich sehr unbehaglich fühlen; sich verteufelt anstrengen, um aus einer mißlichen Lage herauszukommen

44. **les carottes sont cuites** *(fam.)*
tout est fini, on ne peut plus rien changer à une situation défavorable
an einer mißlichen Lage nichts mehr ändern können
der Bart ist ab *(ugs.)*; **alles ist im Eimer** *(salopp)*; **die Karre/der Karren ist total verfahren** *(ugs.)*

45. **ne pas être (encore) sorti de l'auberge**[11] *(fam.)*
les difficultés ne sont pas encore terminées
eine schwierige Situation noch nicht überwunden haben; das Schlimmste noch nicht überstanden haben
noch nicht über den Berg sein *(ugs.)*; **noch nicht aus dem Schneider sein** *(ugs.)*

46. **faire l'autruche**
ne pas vouloir voir le danger
Gefahren und unangenehme Tatsachen geflissentlich nicht beachten
Vogel-Strauß-Politik betreiben; den Kopf in den Sand stecken

Notes

1. Traduction du latin *hic jacet lepus*.
2. Selon la mythologie grecque, le détroit de Messine était gardé par ces deux monstres fabuleux. Les navires qui évitaient les tourbillons de Charybde tombaient sur les rochers de Scylla où ils se brisaient.
3. La locution tire son origine d'une fable de La Fontaine (*Conseil tenu par les Rats*). L'assemblée des rats décide d'attacher un grelot, entreprise très dangereuse, au cou d'un terrible chat pour contrôler ses allées et venues et l'empêcher ainsi de les décimer.
4. Les plâtres frais d'une construction, outre qu'ils produisent une humidité et une odeur peu agréables, laissent des traces sur ceux qui s'y frottent.
5. Dans les farces du Moyen Âge, le dindon symbolisait le personnage toujours trompé, bête.
6. La forme vieillie de cette locution d'origine très incertaine était: *être/mettre dans de beaux draps blancs*. Il s'agit peut-être d'une allusion au mort qui est couvert d'un linceul, souvent de couleur blanche.
7. Peut-être par allusion à l'escrimeur (dt.= *Fechter*) qui, poussé jusqu'au pied du mur et ne pouvant plus reculer, est obligé de se défendre ou de se déclarer vaincu.
8. *dessous (m.):* il s'agit des étages de sous-sol de la scène de théâtre, au nombre de trois. *Trente-sixième* est une forme intensive de *troisième*.
9. *yaourt (m.):* yog(h)ourt.
10. Allusion à l'agitation du démon mis en contact avec les symboles divins.
11. *auberge (f.):* en argot 'prison'.

Chapitre XI

L'homme maîtrisant les difficultés de la vie

| Occasion |

1. **saisir l'occasion par les cheveux**
   la ~ rapidement
   einen einmaligen, günstigen Augenblick schnell entschlossen ausnützen
   die Gelegenheit beim Schopf(e) fassen/ergreifen/packen/nehmen
2. **prendre/saisir la balle au bond**
   profiter tout de suite d'une occasion favorable
   einen einmaligen, günstigen Augenblick schnell ausnützen
   die Gelegenheit beim Schopf(e) fassen/ergreifen/packen/nehmen

3. **battre le fer tant/pendant qu'il est chaud**
   profiter d'une occasion, poursuivre activement une action
   den rechten Augenblick nützen; eine Sache erledigen, solange es günstig ist
   das Eisen schmieden, solange es heiß ist
4. **c'est ici que les Athéniens s'atteignirent[1]** *(fam.)*
   c'est maintenant qu'il faut faire attention; c'est le moment où tout se décide; c'est à ce moment que les choses se gâtèrent
   jetzt muß man aufpassen; jetzt entscheidet sich alles; jetzt verschlechtert sich die Lage
5. **rater/manquer le coche** *(fam.)*
   laisser passer une occasion favorable, arriver trop tard
   eine günstige Gelegenheit verpassen, verstreichen lassen; zu spät kommen
6. **passer sous le nez de qn**
   qc. échappe à qn après avoir semblé être à sa portée <Snc.: *L'affaire lui est passée sous le nez.*>
   a) etwas <z.B. günstige Gelegenheit> entgeht jmdm.
   jmdm. durch die Lappen gehen *(ugs.)*
   b) etwas <z.B. Bus, Straßenbahn> fährt ab, kurz bevor man angelangt ist
   jmdm. vor der Nase wegfahren *(ugs.)*

> Chance

7. **être né coiffé[2]**
   avoir de la chance
   vom Glück besonders begünstigt sein; immer Glück haben
   ein Glückskind/Sonntagskind sein
8. **avoir une veine de cocu/de pendu[3]** *(fam.)*
   ~ une chance extraordinaire
   außergewöhnliches Glück haben
   mehr Glück als Verstand haben *(ugs.)*; **Dusel haben**
9. **gagner/avoir gagné le gros lot**
   bénéficier/avoir bénéficié d'une chance exceptionnelle
   außergewöhnliches Glück haben, gehabt haben
   das Große Los ziehen/gezogen haben
10. **tirer/avoir tiré le bon numéro** *(fam.)*
    avoir (eu) de la chance
    Glück haben, gehabt haben
    das Große Los ziehen/gezogen haben

11. **avoir du bol** *(pop.)*/**du pot** *(fam.)*
    ~ de la chance
    Glück haben
    Schwein haben *(ugs.)*

| Aide, solution, réussite |

12. **ne pas remuer le petit doigt (pour qn)**
    ne rien faire pour aider qn
    jmdm. nicht helfen, nicht beispringen, obwohl man sieht, daß er sich mit einer Arbeit o.ä. abmüht
    keine Hand rühren *(ugs.)*; **keinen Finger rühren** *(ugs.)*
13. **nettoyer les écuries d'Augias** [oʒjɑs]⁴
    porter l'ordre, la propreté là où régnaient la confusion, la corruption, la malhonnêteté
    eine durch Schlamperei, Nachlässigkeit entstandene große Unordnung mit Mühe beseitigen; die Ordnung wiederherstellen
    den Augiasstall ausmisten/reinigen *(geh.)*
14. **mettre la main à la pâte** (cf. V/4)
    prêter son concours efficace à une entreprise, à un travail
    bei einer Arbeit (aus freiem Antrieb) mithelfen
    selbst mit Hand anlegen
15. **tendre la perche à qn**
    lui donner une occasion de se tirer d'une situation difficile
    jmdm. in einer Notlage helfen
    jmdm. unter die Arme greifen; jmdm. aus der Klemme *(ugs.)*/**Patsche helfen**
16. **faire la courte échelle à qn**⁵
    l'aider à avancer, à réussir
    jmdn. unterstützen; jmdm. helfen, damit er aufsteigen, vorankommen kann
17. **tirer qn d'un mauvais pas**
    ~ qn d'une situation critique, dangereuse
    jmdm. in einer schwierigen, gefährlichen Lage helfen
    jmdm. aus der Patsche/Klemme helfen *(ugs.)*
18. **tirer/enlever une épine du pied à qn**
    supprimer pour qn un sujet d'embarras
    eine Schwierigkeit aus dem Weg räumen
19. **apporter de l'eau au moulin de qn**
    lui donner (involontairement) des arguments dans une discussion
    jmdn. in seiner Meinung unterstützen, bestärken
    Wasser auf jmds. Mühle sein <zumeist in der Form: **Das ist Wasser auf seine Mühle**>

20. pousser à la roue
 a) aider qn à réussir
 jmdm. helfen
 b) intervenir pour faire évoluer une situation
 bei etwas, einer Sache nachhelfen

21. mettre le pied à l'étrier à qn
 venir en aide à qn en lui donnant les moyens de réussir professionnellement
 jmdn. in eine einflußreiche Position, an die Macht bringen
 jmdn. in den Sattel helfen; jmdn. in den Sattel heben; jmdn. den Steigbügel halten *(geh. abwertend)*

22. renvoyer l'ascenseur à qn
 répondre à un acte, généralement obligeant par un acte de même nature
 jmdm. eine Hilfe, Gefälligkeit auf die gleiche Art vergelten, erwidern

23. cela fait une belle jambe à qn[6] (cf. IX/1)
 c'est une aide, un avantage qui ne sert à rien, qui est inutile <Snc.: *Cela me fait une belle jambe.*>
 jmd. kann mit etwas nicht viel anfangen; etwas nützt jmdm. nichts <zumeist in der 1. Person>
 dafür kann ich mir nichts kaufen *(ugs.)*; **das bringt mir nichts ein** *(ugs.)*; **was nützt mir das?**

24. attendre qn/être attendu comme le Messie[7]
 ~ avec impatience, comme qn dont on pense qu'il va résoudre tous les problèmes
 jmdn. sehnlichst und mit Ungeduld erwarten, wie einen Heilsbringer oder wie einen Befreier, Erlöser aus religiöser, sozialer o.ä. Unterdrückung

25. couper/trancher le nœud [nø] gordien[8]
 résoudre d'une manière violente une difficulté jusque là insoluble
 eine Schwierigkeit auf verblüffend einfache Weise mit einer energischen Maßnahme lösen
 den gordischen Knoten durchhauen

26. avoir plusieurs cordes/plus d'une corde à son arc [aRk]
 plusieurs moyens de se tirer d'affaire; avoir plus d'une ressource pour réussir
 mehrere Möglichkeiten haben, um erfolgreich zu sein; vielseitig begabt sein; nicht auf ein einziges Mittel angewiesen sein; über viele Mittel und Wege verfügen

27. avoir le pied à l'étrier (cf. XX/23)
 être bien placé pour réussir dans une carrière professionnelle
 auf dem richtigen, besten Weg zum Erfolg sein; eine gute Ausgangsposition für eine Karriere haben

28. avoir le vent en poupe[9]
être poussé vers le succès, en étant favorisé par les circonstances
von den Umständen begünstigt Erfolg haben

29. répondre/s'en tirer par une pirouette/des pirouettes (cf. XVI/23)
éviter une question sérieuse ou embarrassante par une plaisanterie ou une réponse à côté
auf eine ernste Frage mit Scherzen o.ä. ausweichend antworten

30. tirer son épingle du jeu[10] (cf. VIII/36)
se sortir habilement d'une situation délicate
sich geschickt und ohne Schaden aus einer unangenehmen Situation herauswinden
sich aus der Affäre ziehen *(ugs.)*

31. (re)tomber sur ses pieds/ses pattes *(fam.)* (cf. VIII/38)
se tirer habilement d'une affaire délicate ou compromettante
sich geschickt aus einer schwierigen Lage befreien

32. arriver dans un fauteuil *(fam.)*
~ sans effort le premier dans une compétition; réussir facilement dans une affaire
bei einem Wettbewerb mühelos, spielend, überlegen gewinnen; mühelos sein Ziel erreichen

33. faire qc. les doigts dans le nez *(fam.)*
~ qc. sans efforts, sans aucune difficulté
weil es einem leicht fällt, etwas wie nebenbei tun, ohne sich anstrengen zu müssen; etwas mit Leichtigkeit erledigen
etwas mit der linken Hand machen/erledigen *(ugs.)*; **etwas mit links machen** *(ugs.)*

Notes

1 Dans cette locution d'origine incertaine, le verbe (*atteindre*) reste toujours au passé simple (*s'atteignirent* est peut-être abusivement utilisé pour *furent atteints*), mais la locution s'emploie aussi en parlant d'un événement au présent ou au futur. Une allusion aux combats des Grecs n'est pas impossible.

2 Selon la croyance populaire, les enfants qui, à la naissance, conservent sur la tête un morceau de la membrane fœtale [fetal] qui s'appelle *une coiffe*, sont comme protégés par le sort.

3 La tradition veut que le mari trompé ait, par compensation, de la chance au jeu. Quant au pendu, sa corde avait, paraît-il, la vertu de porter chance aux autres.

4 Allusion mythologique à l'un des travaux d'Hercule (cf. *faire un travail d'Hercule*, V-12), qui nettoya les écuries très sales du roi Augias, l'un des Argonautes, en y faisant passer deux fleuves du Péloponnèse, l'Alphée et le Pénée.

5 *faire la courte échelle à qn:* au sens propre c'est l'aider à monter en lui fournissant comme appui ses mains, ses épaules.

6 cf. chapitre IX., note 1.
7 Allusion biblique aux Juifs attendant l'avènement du Christ [kRist] annoncé par les prophètes.
8 Le nœud attachant le timon et le joug du char du roi Gordios passait pour impossible à défaire. Alexandre le Grand choisit de le trancher d'un coup d'épée. Et, comme l'oracle l'avait prédit, il devint le maître de l'Asie.
9 Il s'agit du vent arrière qui pousse le voilier vers l'avant.
10 cf. chapitre VIII., note 9.

Chapitre XII

Les rapports humains – 1

Autonomie; solitude

1. **voler de ses propres ailes**
   n'avoir plus besoin de protecteur
   selbständig, unabhängig sein; (weitgehend) erwachsen sein
   auf eigenen Füßen stehen; flügge sein *(ugs. oft scherzh.)*
2. **mener/conduire seul sa barque**
   prendre seul ses décisions
   die Macht innehaben; Herr der Lage sein, bleiben
   das Heft in der Hand haben/behalten *(geh.)*
3. **être libre comme l'air**
   ~ complètement libre, sans aucune contrainte
   völlig frei sein
4. **rentrer dans sa coquille**
   fuir la société
   sich (aus einem bestimmten Anlaß heraus) von seiner Umgebung, von anderen zurückziehen; für sich bleiben
   sich in sein Schneckenhaus zurückziehen
5. **faire bande à part**
   se mettre à l'écart des autres <en parlant de plusieurs personnes>
   sich absondern; eine eigene Gruppe bilden
6. **faire cavalier[1] seul**
   agir seul, par ses propres moyens; agir isolément alors qu'on est en groupe
   alleine handeln; selbständig, von sich aus, ohne einen anderen zu fragen handeln
   auf eigene Faust handeln

7. **vivre comme un ermite; vivre en ermite**
 ~ seul, dans un isolement volontaire
 einsam leben in selbstgewählter Zurückgezogenheit
 ein Eremitendasein/Eremitenleben führen *(geh.)*

Sympathie; amitié; dévouement
---

8. **avoir des atomes crochus[2] avec qn** *(fam.)*
 se dit de deux personnes ayant des affinités, des points communs qui les rapprochent
 jmdm. innerlich verwandt sein; jmdm. große Sympathie entgegenbringen
 auf der gleichen Wellenlänge mit jmdm. liegen *(ugs.)*
9. **avoir qn à la bonne** *(fam.)*
 avoir de la sympathie pour lui
 Sympathie für jmdn. haben; jmdn. gern haben, mögen
10. **être dans les petits papiers[3] de qn** *(fam.)*
 jouir de sa considération, de sa faveur
 bei jmdm. in gutem, hohem Ansehen stehen (und dadurch leicht etwas erreichen können); von jmdm. sehr geschätzt werden
 bei jmdm. einen Stein im Brett haben *(ugs.)*; **bei jmdm. eine große/ gute Nummer haben** *(ugs.)*; **beim jmdm. gut angeschrieben sein** *(ugs.)*
11. **être amis à la vie et à la mort**
 ~ amis pour toujours
 für immer Freunde sein; Freunde für das ganze Leben sein
12. **être à tu et à toi avec qn**
 ~ avec lui dans une relation très familière, amicale
 mit jmdm. auf du und du stehen; mit jmdm. sehr vertraut sein
13. **être copains comme cochons[4]** *(fam.)*
 s'entendre très bien
 eng befreundet sein; sich gut miteinander verstehen
 dicke Freunde sein *(ugs.)*
14. **être comme les doigts de la main**
 ~ des amis inséparables
 unzertrennlich sein; sich immer ausgezeichnet verstehen
 ein Herz und eine Seele sein
15. **être comme cul [ky] et chemise** *(pop.)*
 se dit de deux personnes inséparables
 fest, unerschütterlich zusammenhalten; unzertrennlich sein
 wie Pech und Schwefel zusammenhalten *(ugs.)*; **wie die Kletten zusammenhalten** *(ugs.)*

16. **s'entendre comme larrons en foire** *(fam.)*
    ~ très bien <comme des voleurs qui montent un coup>; être complices
    gemeinsame Sache machen; die gleichen (schlechten) Ziele verfolgen
    unter einer Decke stecken *(ugs.)*
17. **se jeter dans le feu pour qn**
    lui être complètement dévoué <presque toujours au conditionnel: *Il se jetterait dans le feu pour son ami.*>
    jmdn. so sehr schätzen, daß man für ihn alles tun würde
    für jmdn. durchs Feuer gehen
18. **être dévoué corps et âme** [kɔRzeam] **à qn**
    lui être totalement dévoué
    sich jmdm. ganz hingeben
    jmdm. mit Leib und Seele gehören
19. **être aux petits soins pour qn**
    l'entourer d'attentions délicates, veiller à ce que rien ne lui manque <par amitié, amour, devoir, intérêt>
    jmdn. mit viel Liebe und Fürsorge umgeben; jmdn. sehr verwöhnen; alles für ihn tun; die unausgesprochenen Wünsche des anderen von allein erkennen
    jmdn. auf Händen tragen; jmdn. jeden Wunsch von den Augen ablesen
20. **aimer qn comme un frère**
    l'aimer beaucoup
    jmdn. sehr lieben

Amour; galanterie

21. **faire de l'œil à qn** *(fam.)*
    cligner de l'œil dans sa direction pour l'aguicher
    jmdm. zuzwinkern; mit jmdm. einen Flirt anfangen
    jmdm. schöne Augen machen *(ugs.)*
22. **faire le joli cœur**
    se dit d'un homme qui a des manières précieuses pour plaire, pour séduire
    den Charmeur spielen
23. **conter fleurette[5] à qn**
    courtiser une femme, lui tenir des propos galants
    ein Mädchen, eine Frau in galanter Weise umwerben; sich um ihre Gunst bemühen
    jmdm. <einem Mädchen, einer Frau> den Hof machen *(ugs.);* **Süßholz raspeln** *(ugs.)*

24. **tourner la tête à qn**
    rendre amoureux qn <au point que la personne en question commet des folies>
    jmdn. in sich verliebt machen
    jmdm. den Kopf verdrehen *(ugs.)*
25. **faire les yeux doux à qn**
    le/la regarder amoureusement
    jmdm. verliebte Blicke zuwerfen, jmdm. verliebte Augen machen
    jmdm. schöne Augen machen *(ugs.)*
26. **avoir le coup de foudre (pour qn)**
    tomber brusquement et irrésistiblement amoureux de qn
    das spontane Empfinden von Liebe (für jmdn.) bei der ersten Begegnung
    Liebe auf den ersten Blick sein
27. **avoir qn dans la peau** *(pop.)*
    être très amoureux de qn
    sich heftig in jmdn. verlieben
    in jmdn. verschossen sein *(ugs.)*; **in jmdn. verknallt sein** *(salopp)*
28. **taper dans l'œil à qn** *(fam.)*
    lui plaire, provoquer un coup de foudre
    jmdn. bezaubern; es jmdm. angetan haben
29. **avoir une/la touche avec qn**[6] *(fam.)*
    plaire manifestement à qn
    jmdm. offensichtlich gefallen
30. **avoir un/le ticket**[7] **avec qn** *(fam.)*
    plaire beaucoup à qn <surtout physiquement; généralement sous la forme: *il a le ticket (avec elle)* = il lui plaît beaucoup> jmdm. sehr gefallen; jmdn. bezaubert haben
31. **filer le parfait amour**
    s'aimer d'un amour paisible et partagé
    sich über längere Zeit ohne zu streiten lieben, gern haben
32. **faire une touche** *(fam.)*
    rencontrer qn qui répond à une invite galante plus ou moins nette
    mit jmdm. anbandeln; sich *(Dativ)* jmdn. anlachen *(ugs.)*
33. **courir le cotillon** *(vieilli)*/**le jupon**
    courir après les femmes
    allen Frauen nachlaufen
    hinter jedem Rock hersein/herlaufen *(ugs.)*; **hinter jeder Schürze hersein/herlaufen o.ä.** *(ugs. veraltet spött.)*; **ein Schürzenjäger sein** *(ugs. abwertend)*
34. **courtiser la brune et la blonde** *(rare)*
    courir après toutes les femmes, être inconstant en amour
    allen Frauen nachlaufen

hinter jedem Rock hersein/herlaufen *(ugs.)*; hinter jeder Schürze hersein/herlaufen o.ä. *(ugs. veraltet spött.)*; ein Schürzenjäger sein *(ugs. abwertend)*

35. **avoir vu le loup**[8] *(rare)*
se dit d'une jeune fille qui n'est plus vierge, qui a de l'expérience en amour <ne s'emploie qu'au passé>
schon eine Liebschaft gehabt haben; keine Jungfrau mehr sein

Mariage, famille
---

36. **coiffer sainte Catherine**[9]
se dit d'une jeune fille qui atteint vingt-cinq ans sans être encore mariée
mit 25 Jahren noch keinen Mann haben; sitzenbleiben *(ugs. abwertend)*
den Anschluß verpaßt haben *(ugs.)*; ein spätes Mädchen sein *(veraltet)*

37. **monter en graine** (cf. III/3)
se dit spécialement d'une jeune fille qui avance en âge et n'est pas encore mariée
älter werden und keinen Ehemann finden; sitzenbleiben *(ugs. abwertend)*
den Anschluß verpaßt haben *(ugs.)*; ein spätes Mädchen sein *(veraltet)*

38. **être marié de la main gauche**[10]
vivre ensemble sans être mariés
Zusammenleben von Mann und Frau ohne standesamtliche Trauung
in wilder Ehe leben *(veraltet)*

39. **trouver chaussure à son pied** *(fam.)*
~ la femme ou le mari convenable
den passenden Partner, die passende Partnerin finden

40. **se mettre le fil [fil] à la patte** *(fam.)* (cf. X/38)
se marier
sich binden

41. **être jaloux comme un tigre**
~ très jaloux
sehr eifersüchtig sein

42. **coiffer**[11] **son mari** *(rare)*
le tromper
seinen Ehemann betrügen
jmdm. Hörner aufsetzen *(ugs.)*

43. **avoir/porter des cornes**
se dit d'un mari trompé <plus rarement d'une épouse trompée>
betrogen werden, sein; <Ehemann> gehörnt sein *(ugs. scherzh.)*

44. porter la culotte *(fam.)*
se dit d'une femme qui exerce l'autorité dans un ménage
als Frau im Haus bestimmend sein, herrschen
(zu Hause/daheim) die Hosen anhaben *(ugs.)*

45. le torchon brûle (entre eux)[12] (cf. XIV/33)
se dit quand le mari et la femme se disputent
in jmds. Familie, Ehe hat es Streit gegeben und es herrscht noch eine gereizte Stimmung
bei jmdm. hängt der Haussegen schief *(ugs. scherzh.)*

46. il faut laver son linge sale en famille
il faut discuter des difficultés familiales avec les seuls membres de la famille ou p. ext.: discuter de qc. avec les seules personnes concernées
man soll nicht unerfreuliche private oder interne Angelegenheiten vor nicht davon betroffenen Dritten ausbreiten
man soll (seine) schmutzige Wäsche nicht vor anderen Leuten o.ä. waschen *(abwertend)*

Notes

1 Allusion au quadrille, ancienne danse, où la figure dansée par l'homme seul, sans qu'il tienne sa compagne par la main, s'appelait *cavalier seul*.
2 Dans la philosophie de Démocrite, on appelait *crochus* les atomes qui peuvent s'accrocher les uns aux autres pour constituer un corps.
3 Allusion aux notes plus ou moins secrètes portant des appréciations sur une personne.
4 *cochon (m.):* il ne s'agit pas ici de l'animal, mais plutôt d'une altération de *soçon* (du latin SOCIUS) 'associé, camarade' ou encore de *cosson* 'marchand de chevaux', tous les deux étant des mots de l'ancienne langue.
5 *fleurette (f.):* a) petite fleur *(vx)* - b) propos galants
6 L'image est celle du poisson qui mord à l'hameçon.
7 *ticket (m.):* mot de la langue populaire signifiant 'invite galante, marque d'intérêt érotique'.
8 Peut-être par allusion à l'expérience et au courage qu'exigeait autrefois la chasse au loup. Mais l'influence de la vieille expression *la danse du loup*, 'acte sexuel', n'est pas impossible non plus.
9 Allusion au folklore religieux. La statue de sainte Catherine était traditionnellement parée le jour de sa fête par les jeunes filles vierges dont elle était la patronne. Celles qui participaient encore à la cérémonie après l'âge normal du mariage – 25 ans à l'époque –, étaient considérées comme des vieilles filles.
10 La main droite symbolise le lien légal, la main gauche celui non reconnu par la loi.
11 Le coiffer de cornes, symbole du mari trompé.
12 Probablement d'un ancien sens de *torchon* 'torche'. Le feu, symbole de la guerre, de la dispute, est allumé entre deux ou plusieurs personnes.

Chapitre XIII

Les rapports humains – 2

Importunité

1. **faire du vent** *(fam.)*
   ~ l'important; exagérer sa propre importance
   sich aufspielen; sehr übertreiben, angeben
   sich wichtig machen/tun/haben; sich *(Dativ)* **wichtig vorkommen**
   (ugs. oft abwertend); **viel Wind machen** *(ugs.)*

2. **être/faire la mouche du coche**[1]
   faire l'important sans rendre de vrais services
   sich wichtig machen/tun/haben; sich *(Dativ)* **wichtig vorkommen**
   (ugs. oft abwertend)

3. **lever/soulever un lièvre**[2]
   soulever un problème de façon inattendue et gênante
   eine heikle Frage aufwerfen, stellen

4. **arriver/venir comme un cheveu/des cheveux sur la soupe**
   ~ au mauvais moment, ne pas être le bienvenu
   sehr, ganz, denkbar ungelegen kommen; gerade noch gefehlt haben
   (iron.)

5. **arriver/être reçu comme un chien dans un jeu de quilles** [kij]
   arriver au mauvais moment, ne pas être le bienvenu/être reçu froidement parce qu'on arrive mal à propos
   zu ungelegener Zeit, ungelegen kommen; sehr unfreundlich, ungnädig empfangen werden; kühl aufgenommen werden

6. **mettre son grain de sel**[3] *(fam.)*
   a) se dit de qn qui se mêle de ce qui <p.ex. une conversation> ne le concerne pas <presque toujours sous la forme: *Il faut toujours qu'il mette/qu'il vienne mettre son grain de sel.*>
   (ungefragt zu allem) seine Meinung sagen, seinen Kommentar geben
   (überall) seinen Senf dazugeben müssen *(ugs.)*
   b) intervenir, s'immiscer mal à propos dans une affaire
   sich ungefragt in eine Angelegenheit einmischen

7. **mettre la puce à l'oreille à qn**
   éveiller les soupçons, les doutes de qn
   bei jmdm. Argwohn oder Zweifel erwecken; jmdn. mißtrauisch machen; jmdn. hellhörig machen

8. **on ne te demande pas l'heure qu'il est** *(fam.)*
   mêle-toi seulement de ce qui te regarde

Aufforderung, sich um seine eigenen Sachen zu kümmern, bzw. sich nicht einzumischen
scher dich um deinen eigenen Kram *(ugs.)*

9. **être toujours sur le dos de qn**
le surveiller sans cesse, le gêner <*Il est toujours sur mon dos*>
jmdn. ständig beaufsichtigen
jmdm. auf die Finger schauen/sehen *(ugs.)*

10. **être toujours pendu aux basques de qn**
le suivre partout en le gênant <se dit essentiellement pour les enfants>
sich aus Mangel an Selbständigkeit immer an andere anschließen, von anderen Hilfe brauchen
sich an jmds. Rockschöße hängen

11. **tenir la jambe à qn** *(fam.)*
le retenir par des propos, des confidences qui ne l'intéressent pas
jmdn. durch sein Gerede aufhalten

12. **casser les pieds à qn** *(fam.)*
l'ennuyer, le gêner
jmdm. äußerst lästig werden
jmdm. auf den Geist gehen *(ugs.)*; **jmdm. auf die Nerven fallen/gehen** *(ugs.)*; **jmdm. auf den Wecker fallen/gehen** *(ugs.)*

13. **scier le dos à qn**[4] *(fam. et vieilli)*
l'ennuyer en répétant la même chose
jmdm. sehr lästig werden durch Wiederholen ein- und derselben Sache
jmdm. auf den Wecker fallen/gehen *(ugs.)*

14. **courir/taper sur le haricot**[5] **à qn** *(pop.)*
l'ennuyer
jmdm. sehr lästig fallen
jmdm. auf den Wecker fallen/gehen *(ugs.)*

15. **faire tourner qn en bourrique**
exaspérer ou abrutir qn à force de le taquiner, de le contredire
<oft von Kindern gesagt> jmdn. durch Unfolgsamkeit o.ä. so ärgern, daß er fast wahnsinnig wird

Malveillance

16. **couper l'herbe sous les pieds de qn**
l'empêcher de faire ou de dire qc., en le devançant
jmdn. übertreffen und verdrängen; jmdn. ausstechen
jmdm. den Rang ablaufen

17. **mettre des bâtons dans les roues (à qn)**
causer des difficultés à qn; empêcher la réalisation de qc.
jmdm. bei einem Vorhaben o.ä. Schwierigkeiten machen
jmdm. (einen) Knüppel zwischen die Beine werfen *(ugs.)*; **jmdm. Steine in den Weg legen**

18. **donner du fil [fil] à retordre à qn**
    lui créer des difficultés, lui donner du mal
    jmdm. viel zu schaffen machen; jmdm. Schwierigkeiten bereiten
19. **marcher sur les pieds de qn**
    chercher à l'évincer, à prendre sa place, à empiéter sur son domaine
    jmdn. zu verdrängen, auszuschalten versuchen
20. **glisser une peau de banane à qn** *(fam.)*
    lui créer des difficultés par malveillance
    jmdm. übel mitspielen; jmdm. hereinfallen lassen; jmdm. hereinlegen
    jmdm. eins auswischen *(ugs.)*; **jmdm. ein Bein stellen**
21. **jouer un tour de cochon à qn** *(fam.)*
    lui nuire, faire une mauvaise action contre lui
    jmdm. übel mitspielen, ihn täuschen, im Stich lassen
    jmdm. eins auswischen *(ugs.)*; **jmdm. einen bösen/üblen Streich spielen**
22. **tirer dans les pattes de qn** *(fam.)*
    lui causer sournoisement des ennuis; lui susciter des difficultés
    jmdm. Ärger, Schwierigkeiten bereiten
    jmdm. eine Laus in den Pelz/ins Fell setzen *(ugs.)*

| Tromperie; moquerie |

23. **jeter de la poudre aux yeux (à qn)**
    chercher à faire illusion, à éblouir, à impressionner
    jmd. etwas vorgaukeln, vorspiegeln, vortäuschen
    jmdm. Sand in die Augen streuen; jmdm. blauen Dunst vormachen *(ugs.)*
24. **mener qn en bateau/monter un bateau[6] à qn**
    tromper un naïf par une plaisanterie ou une histoire imaginée
    jmdm. etwas Unwahres so erzählen, daß er es glaubt
    jmdm. einen Bären aufbinden *(ugs.)*
25. **faire monter qn à l'échelle** (cf. VII/28)
    le tromper, le faire marcher
    jmdn. bewußt täuschen, irreführen
    jmdn. an der Nase herumführen *(ugs.)*; **jmdn. auf den Arm nehmen** *(ugs.)*
26. **faire voir/montrer la lune en plein midi à qn**
    abuser de sa crédulité, le tromper
    jmds. Leichtgläubigkeit mißbrauchen, jmdn. anführen; (im Scherz) irreführen, täuschen und veralbern
    jmdn. zum Narren haben/halten

27. **rouler qn dans la farine**[7] *(fam.)*
    le tromper, le duper
    jmdn. übervorteilen, betrügen; jmdn. einwickeln (salopp)
    jmdn. übers Ohr hauen *(ugs.)*
28. **poser un lapin à qn**[8]
    ne pas venir à un rendez-vous fixé et laisser attendre l'autre au lieu fixé
    eine Verabredung nicht einhalten und jmdn. vergeblich warten lassen;
    jmdn. sitzenlassen; **jmdn. versetzen** *(ugs.)*
29. **faire patte de velours**[9]
    cacher un dessein de nuire sous une douceur affectée
    hinter einem freundlichen Wesen böse Absichten verbergen
    ein Wolf im Schafspelz sein
30. **faire des gorges**[10] **chaudes de qc. (qn)**
    s'en moquer bruyamment et de façon méchante
    über etwas (jmdn.) schadenfroh lachen; sich offen über etwas (jmdn.)
    lustig machen
31. **mettre qn en boîte** *(fam.)*
    se moquer de lui en abusant de sa crédulité
    jmds. Leichtgläubigkeit mißbrauchen, um ihn zu verulken
    jmdn. auf die Schippe nehmen *(salopp)*; **jmdn. zum Narren haben/halten**
32. **se payer la tête de qn** *(fam.)*
    se moquer de lui
    jmdn. necken, foppen
    jmdn. zum besten halten/haben; jmdn. für dumm verkaufen *(ugs.)*

Antipathie, hostilité

33. **nous n'avons pas gardé les cochons ensemble**
    se dit à qn pour garder les distances, pour décourager les familiarités
    sagt man, um undistanziertes Verhalten, Zudringlichkeiten zurückzuweisen
    wo haben wir denn schon zusammen Schweine gehütet?
34. **être comme l'eau et le feu**
    se dit de deux personnes de caractères opposés, qui ne s'entendent pas
    du tout
    sich überhaupt nicht vertragen
    wie Feuer und Wasser sein; wie Hund und Katze leben *(ugs.)*
35. **être aimable comme une porte de prison** *(iron.)*
    se dit de qn de très peu aimable, très peu accueillant
    sehr unfreundlich, mürrisch sein

36. **prendre qn en grippe**[11]
 avoir envers cette personne une antipathie soudaine <s'emploie surtout au passé>
 jmdn. plötzlich nicht mehr leiden können, unsympathisch finden
 jmdn. plötzlich nicht mehr ausstehen können

37. **battre froid à qn**[12]
 être froid et désagréable avec lui
 jmdn. mit Gleichgültigkeit oder Nichtachtung begegnen; jmdn. abweisen; jmdn. bewußt nicht beachten
 jmdm. die kalte Schulter zeigen *(ugs.)*; **jmdn. links liegen lassen** *(ugs.)*

38. **faire grise mine à qn** (cf. XVIII/29)
 se montrer froid avec lui; accueillir qn avec froideur
 jmdn. unfreundlich empfangen

39. **se regarder en chiens de faïence**[13]
 ~ fixement, avec hostilité, sans se parler; se défier du regard
 sich feindselig anstarren; sich mit herausfordernden Blicken messen

40. **ne pas être en odeur de sainteté auprès de qn**[14]
 être mal vu de lui, ne pas être beaucoup apprécié par lui
 bei jmdm. in schlechtem Ansehen, Ruf stehen
 bei jmdm. schlecht angeschrieben sein *(ugs.)*

41. **ne pas pouvoir voir qn en peinture**
 ne pas pouvoir le supporter
 jmdn. nicht leiden können; jmdn. unsympathisch, unausstehlich, widerwärtig finden und nichts mit ihm zu tun haben wollen
 jmdn. nicht ausstehen können; jmdn. nicht riechen können *(salopp emotional)*

42. **ne plus pouvoir se voir**
 ~ se supporter
 aus Überdruß jmdn. nicht mehr im geringsten mögen
 jmdn. nicht mehr sehen können *(ugs.)*

43. **avoir/garder une dent contre qn**[15]
 lui en vouloir, lui garder rancune
 gegen jmdn. Groll hegen *(geh.)*
 einen Pik auf jmdn. haben

44. **garder un chien de sa chienne contre/à qn**
 lui en vouloir et préparer sa vengeance, analogue au mal subi
 sich an jmdm. rächen wollen; jmdn. auf die gleiche üble Art vergelten
 jmdm. etwas in/mit gleicher Münze heimzahlen

45. **avoir qn dans le nez** *(fam.)*
 avoir pour lui de l'antipathie, de l'hostilité
 jmdn. nicht leiden können; jmdn. unsympathisch finden
 jmdn. gefressen haben *(ugs.)*; **jmdn. nicht riechen können** *(salopp emotional)*; **jmdn. nicht grün sein** *(ugs.)*

46. avoir/prendre qn dans le/son collimateur[16] *(fam.)*
le surveiller étroitement et avec hostilité en se préparant à l'attaquer
jmdn. scharf und feindselig beobachten, weil man ihn angreifen will
jmdn. aufs Korn nehmen *(ugs.)*

47. se mettre qn à dos
s'en faire un ennemi
jmdn. gegen sich aufbringen

48. traiter qn comme un chien
le ~ très mal
jmdn. schändlich, nichtswürdig, übel behandeln
mit jmdm. Schindluder treiben *(ugs.)*

Notes

1 Allusion à la fable de La Fontaine: *Le Coche et la Mouche*. Pendant que les chevaux tiraient le coche, une mouche les harcelait et, quand ils arrivèrent en haut de la côte, elle s'attribua le mérite de leurs efforts.

2 À rapprocher de: *c'est là que gît le lièvre* 'là est le point essentiel d'une affaire complexe'.

3 Le sel (attique) désigne par métaphore une plaisanterie fine, un mot spirituel. Ici, il fait allusion à une personne qui veut toujours intervenir par un bon mot, une remarque dans une conversation, même si celle-ci ne la regarde pas.

4 Allusion à la courroie mal placée qui nous blesse dans le dos quand on porte un fardeau.

5 *haricot (m. pop.):* 'tête'.

6 *bateau (m.):* par confusion entre les formes homonymiques de *bateau* 'instrument du bateleur'(dt.= *Gaukler; Taschenspieler*) et 'moyen de transport'. À l'origine, il s'agissait bien du premier sens qui a, peu à peu, disparu. *Monter* y a le même sens que dans *monter un coup*.

7 *farine (f.):* aux XVIIIe et XIXe siècles, ce mot avait le sens de 'argument trompeur'. La locution a été renforcée par le verbe *rouler* qui, déjà à lui seul, signifie 'duper, tromper'.

8 Probablement par croisement entre les deux sens argotiques de *lapin*: a) 'personne qui se sauve sans payer les faveurs d'une prostituée'; b) 'histoire fausse' et le vieux verbe *poser* 'faire attendre qn'.

9 Allusion aux pattes et aux griffes du chat.

10 *gorge chaude (f.):* en termes de chasse, ce sont les animaux vivants ou récemment tués (rats, petits rongeurs) qu'on donne aux faucons. *Faire gorge chaude* c'était d'abord, en parlant du faucon, 'attraper, avaler avidement sa proie'; d'où nous avons, par extension, le sens actuel de 'se réjouir aux dépens de qn ou de qc.'.

11 *grippe (f.):* en ancien français signifiait 'querelle'.

12 Malgré l'emploi vieilli du verbe dans ce sens ('être froid, montrer de la froideur'), la locution reste très vivante.

13 Allusion aux bibelots que l'on place l'un en face de l'autre sur une table ou une étagère ou encore aux dogues de faïence qui ornaient certaines cheminées.
14 Certains saints défunts auraient répandu une odeur suave – d'où, par métaphore, le sens de 'impression favorable produite sur autrui' – qui les auraient distingués des autres cadavres.
15 La locution complète était *avoir une dent de lait contre qn* et signifiait 'conserver le souvenir d'un affront, alors qu'on aurait dû le perdre comme une dent de lait'.
16 *collimateur (m.):* lunette militaire qui oriente la vue dans une direction précise.

CHAPITRE XIV

Les rapports humains – 3

Mépris, médisance

1. **vouer qn aux gémonies**[1] *(litt.)*
   l'accabler publiquement de mépris
   sehr schlecht in der Öffentlichkeit über jmdn. reden; jmdn. mit Schmähreden überhäufen
   Kübel voll/von Schmutz über jmdn. ausgießen *(ugs.)*
2. **traiter qn par-dessous/par-dessus la jambe**[2]
   le ~ avec mépris, comme une personne peu importante, n'avoir aucun respect à son égard
   jmdn. in überheblicher, herablassender Weise behandeln
   jmdn. von oben herab behandeln
3. **avoir une langue de vipère**
   se dit d'une personne très médisante <surtout en parlant des femmes>
   jmd., der ständig und gern lästert
   ein Lästermaul haben/sein *(salopp)*; **eine Lästerzunge haben/sein** *(ugs.)*; **eine böse Zunge haben**
4. **mettre/traîner qn plus bas que terre**
   le traiter avec mépris, dire du mal de lui
   jmdn. sehr schlecht, entwürdigend behandeln; jmdn. schlecht machen
   jmdn. mit Dreck/Schmutz bewerfen; jmdn. wie (den letzten) Dreck behandeln *(salopp)*
5. **traîner qn dans la boue**
   salir sa réputation en disant du mal de lui
   jmdn. verunglimpfen; jmdn. in übler Weise verleumden
   jmdn. durch den Dreck/Schmutz ziehen; jmdn. in den Dreck/Schmutz treten/ziehen

6. **dire pis que pendre de qn³**
   ~ beaucoup de mal de lui
   nur Schlechtes über jmdn. sagen; jmdn. gründlich schlecht machen
   keinen guten Faden an jmdm. lassen *(ugs.)*; **kein gutes Haar an jmdm. lassen** *(ugs.)*
7. **casser du sucre sur le dos de qn** *(fam.)*
   dire du mal de lui en son absence <*Arrêtez de lui casser du sucre sur le dos*>
   über einen Abwesenden schlecht und gehässig reden, indem man besonders dessen (angebliche) Fehler und Schwächen hervorhebt und schonungslos beredet
   über jmdn. herziehen *(ugs.)*; **jmdn. durchhecheln** *(ugs. abwertend)*

Reproche, réprimande, insulte

8. **crier haro⁴ sur qn** *(litt.)*
   critiquer qn publiquement pour provoquer l'indignation générale
   jmdn. öffentlich kritisieren, um allgemeine Entrüstung hervorzurufen; sich über jmdn. laut entrüsten
9. **chanter pouilles [puj]⁵ à qn** *(litt.)*
   lui faire des reproches injurieux
   jmdn. mit beleidigenden Vorwürfen überhäufen; jmdn. beschimpfen
10. **rompre en visière⁶ à/avec qn** *(litt.)*
    l'attaquer, le contredire violemment
    jmdn. offen und rückhaltlos etwas (Unangenehmes) sagen
    jmdm. etwas ins Gesicht sagen
11. **jeter la pierre à qn**
    le blâmer
    jmdn. angreifen, tadeln; jmdn. wegen seines Verhaltens verurteilen; abschätzig über jmdn. urteilen
    sich zum Richter über jmdn. aufwerfen; den Stab über jmdn. brechen *(geh.)*
12. a) **jeter une pierre dans le jardin de qn**; b) **c'est une pierre dans mon jardin**
    l'attaquer en paroles indirectement, de façon cachée
    a)/b) jmdn. indirekt angreifen; versteckte, spitze Bemerkungen, boshafte Anspielungen machen
    b) **das ist auf mich gemünzt; dieser Hieb gilt mir**
13. **faire une scène à qn**
    lui faire de violents reproches
    jmdm. heftige Vorwürfe machen
    jmdm. eine Szene machen

14. **déchirer qn à belles dents**[7]
    le critiquer violemment
    a) jmdn. heftig kritisieren; nur Schlechtes über jmdn. sagen
    kein gutes Haar an jmdm. lassen *(ugs.)*
    b) (im Hinblick auf eine künstlerische o.ä. Leistung) jmdm. eine vernichtende Kritik zuteil werden lassen
    jmdn. in der Luft zerreißen *(salopp)*
15. **tirer à boulets rouges sur qn**[8]
    l'attaquer violemment, en paroles ou par écrit
    jmdn. heftig, schonungslos angreifen
    gegen jmdn. vom Leder ziehen; jmdn. aufs Korn nehmen *(ugs.)*
16. **avoir la dent dure**
    être très sévère dans ses critiques ou ses réponses
    sehr streng, schroff in seiner Kritik oder seinen Antworten sein
17. **descendre qn en flammes**[9] *(fam.)*
    le critiquer violemment
    jmdn. scharf kritisieren; jmdn. heftig tadeln
    jmdn. in Grund und Boden kritisieren/verdammen
18. **laver la tête à qn** *(fam.)*
    le réprimander violemment
    jmdn. scharf zurechtweisen
    jmdm. den Kopf waschen *(ugs.)*; **jmdm. die Leviten lesen** *(ugs.)*
19. **passer un savon à qn** *(fam.)*
    le réprimander vertement
    jmdn. scharf zurechtweisen
    jmdm. den Kopf waschen *(ugs.)*; **jmdm. die Leviten lesen** *(ugs.)*; **jmdm. eine Zigarre verpassen** *(ugs.)*
20. **secouer les puces à qn** *(fam.)*
    le réprimander fortement
    jmdn. scharf zurechtweisen, tadeln
    jmdm. den Kopf waschen *(ugs.)*; **jmdm. die Hammelbeine langziehen** *(ugs.)*
21. a) **sonner les cloches à qn** *(fam.)*
    le réprimander vertement
    jmdn. scharf zurechtweisen, tadeln
    jmdm. den Marsch blasen *(salopp)*; **jmdm. aufs Dach steigen** *(ugs.)*; **jmdm. eins aufs Dach geben** *(ugs.)*
    b) **se faire sonner les cloches** *(fam.)*
    se faire réprimander fortement
    scharf getadelt werden
    eins aufs Dach bekommen *(ugs.)*; **einen Rüffel bekommen** *(ugs.)*
22. **donner des noms d'oiseaux à qn**
    l'insulter
    jmdn. beschimpfen; mit Schimpfnamen überhäufen

23. **engueuler qn comme du poisson[10] pourri** *(pop.)*
    l'injurier, lui parler avec brutalité et même grossièreté
    jmdn. grob und in scharfer Form tadeln
    jmdn. zur Minna machen *(ugs.)*; **jmdn. zur Schnecke machen** *(ugs.)*; **jmdn. zur Sau machen** *(derb)*
24. **envoyer qn au diable/à tous les diables/aux cinq cents diables**
    le renvoyer avec colère ou impatience
    jmdn. davonjagen
    jmdn. zum Teufel jagen/schicken *(salopp)*
25. **envoyer qn sur les roses[11]** *(fam.)*
    le renvoyer avec colère ou impatience
    a) jmdn. davonjagen
    jmdn. zum Teufel jagen/schicken *(salopp)*
    b) jmdn. abblitzen lassen
    jmdm. einen Korb geben
26. **aller se faire cuire un œuf** *(pop.)*
    <le plus souvent sous la forme: *va te faire/allez vous faire cuire un œuf* "va-t'en et débrouille-toi"> se faire brutalement éconduire
    mit jmdm. nichts mehr zu tun haben wollen; von jmdm. in Ruhe gelassen werden wollen
    der kann mich/du kannst mich gern haben! *(ugs. iron.)*; **der kann/du kannst mir im Mondschein begegnen** *(salopp)*
27. **lâche-moi les baskets** [baskɛt][12] *(fam.)*
    va-t'en et laisse-moi tranquille <utilisé seulement à l'impératif>
    jmdn. in Ruhe lassen
    rutsch mir den Buckel runter! *(salopp scherzh.)*

| Dispute, querelle |

28. **être à couteaux tirés (avec qn)**
    ~ en très mauvais termes
    mit jmdm. im Streit liegen; mit jmdm. verfeindet sein
    mit jmdm. auf (dem) Kriegsfuß stehen *(scherzh.)*; **(mit) jmdm. spinnefeind sein** *(ugs.)*
29. **chercher noise (à qn)**
    chercher querelle à qn; trouver un prétexte pour se disputer avec lui
    mit jmdm. (vorsätzlich) Streit suchen, anfangen
    einen Streit vom Zaun brechen
30. **chercher des poux à qn/dans la tête de qn** (cf. VIII/23)
    lui chercher querelle pour des raisons sans importance ou fausses
    wegen Nichtigkeiten Streit mit jmdm. suchen
31. **avoir maille à partir avec qn[13]**
    ~ avec lui une dispute, une divergence d'opinion ou un conflit d'intérêt
    mit jmdm. Streit haben

32. **être/s'entendre/vivre comme chien et chat**
    se disputer tout le temps
    sich nicht vertragen und in ständigem Streit miteinander leben
    wie Hund und Katze leben/sein *(ugs.)*
33. **le torchon brûle (entre eux)**[14] (cf. XII/45)
    se dit quand deux amis (ou le mari et la femme) se disputent
    es hat Streit gegeben und es herrscht noch eine gereizte Stimmung
    <bei Familienstreitigkeiten> **bei jmdm. hängt der Haussegen schief**
    (ugs. scherzh.)
34. **se manger/se bouffer le nez** *(pop.)*
    se disputer violemment
    sich heftig streiten
    sich in der Wolle haben/liegen *(ugs.)*
35. **jeter/mettre de l'huile sur le feu**
    envenimer une querelle
    eine Erregung, einen Streit noch steigern; etwas noch schlimmer machen
    Öl ins Feuer gießen

Coups

36. **en venir aux mains**
    en arriver à se battre
    einander tätlich angreifen; handgreiflich werden
    (miteinander) handgemein werden
37. **se prendre aux cheveux**
    se quereller, se battre
    sich streiten; sich schlagen
    sich in den Haaren liegen *(ugs.)*
38. **se crêper le chignon** *(fam.)*
    se battre <se dit surtout des femmes>
    sich streiten, sich schlagen
    sich in den Haaren liegen *(ugs.)*
39. **passer qn à tabac**[15] *(fam.)*
    rouer de coups qn qui ne peut se défendre
    jmdn., der sich nicht wehren kann, durchprügeln, verprügeln, zusammenschlagen
40. **tanner le cuir à qn** *(fam.)*
    le battre
    jmdn. verprügeln
    jmdm. das Fell gerben/versohlen *(salopp)*
41. **tomber/sauter sur le râble**[16] **à qn** *(fam.)*
    a) l'attaquer par derrière, le battre; b) lui faire des reproches

a) jmdn. plötzlich angreifen; jmdn. hinterrücks angreifen;
b) jmdm. Vorwürfe machen

42. faire une conduite de Grenoble à qn[17] *(vieilli)*
le chasser, le malmener
jmdn. davonjagen; jmdn. hart anfassen, schlecht behandeln

43. rentrer dans le chou[18] **à qn** *(pop.)*
se jeter sur lui pour le frapper
jmdn. plötzlich angreifen; sich auf jmdn. stürzen, um ihn zu schlagen

44. voler dans les plumes de qn *(fam.)*
se jeter sur lui pour le frapper
sich auf jmdn. werfen, stürzen; über jmdn. herfallen

Notes

1 *gémonies (f. pl. arch.):* escalier du mont Capitolin à Rome où on exposait les cadavres des condamnés avant de les jeter dans le Tibre.
2 Peut-être par allusion aux joueurs de boule ou de paume qui, pour mieux montrer leur supériorité face à leur adversaire, lançaient la boule ou la balle en la faisant passer par-dessous leur jambe.
3 Plus de mal qu'il n'en faut pour faire pendre quelqu'un.
4 *haro (m.arch.):* mot du droit médiéval; c'était un cri par lequel on appelait les gens à la rescousse de la justice pour maîtriser un malfaiteur.
5 *pouilles (f. pl. arch.):* 'injures, reproches'.
6 *visière (f.):* 'partie mobile du casque du chevalier'; au sens propre la locution signifiait 'rompre sa lance dans la visière du casque de son rival'.
7 Par allusion aux grandes (belles) dents des animaux carnivores.
8 Au sens propre c'était tirer sur l'ennemi avec des boulets (dt.= Kanonenkugel) rougis au feu pour allumer des incendies. Métaphoriquement, *rouge* exprime la colère, la fureur.
9 Métaphore issue de la langue de l'aviation de guerre.
10 Peut-être par allusion aux disputes des marchands de poisson.
11 Allusion aux épines de rose.
12 *baskets (m. pl.):* forme abrégée pour *chaussures de basket(ball),* type de chaussure très répandu.
13 *Partir* est un verbe devenu archaïque signifiant 'diviser, partager'. La *maille* était sous les Capétiens la plus petite monnaie qu'on ne pouvait plus partager. Ceci pouvait donner lieu à des disputes quand chacun avait droit à la moitié de la pièce.
14 cf. chapitre XII., note 12.
15 *tabac (m.):* en argot 'bataille, coups'.
16 *râble (m. fam.):* partie du dos qui correspond aux reins.
17 Allusion aux manifestations de 1787 à Grenoble contre un contrôleur général des Finances très impopulaire, Terray.
18 *chou (m.):* en argot 'la tête'.

Chapitre XV

Les rapports humains – 4

> Réconciliation, modération, compromis

1. **fumer le calumet de la paix (avec qn)**
   se réconcilier
   sich (mit jmdm.) versöhnen
   (mit jmdm.) die Friedenspfeife rauchen *(ugs. scherzh.)*
2. a) **passer l'éponge sur qc.**
   l'oublier volontairement, le pardonner
   über eine unangenehme Sache nicht mehr sprechen; etwas vergessen, verzeihen
   über etwas Gras wachsen lassen *(ugs.)*
   b) **passons l'éponge!**
   reden wir nicht mehr darüber!
   Schwamm drüber! *(ugs.)*
3. **mettre de l'eau dans son vin**
   modérer son comportement; réduire ses exigences, faire des concessions
   geringere Forderungen, Ansprüche stellen; Zugeständnisse machen; Abstriche machen
   einige/ein paar Pflöcke zurückstecken
4. **mettre un bémol** *(fam.)*
   devenir moins agressif, radoucir son ton, ses manières
   umgänglicher werden; freundlicher werden in seinem Ton, in seinen Umgangsformen
5. **ménager la chèvre et le chou**[1]
   ~ les deux partis auxquels on a affaire; ne pas prendre parti
   es mit keiner von zwei Parteien verderben wollen; es allen (Leuten) recht machen wollen
6. **couper la poire en deux**
   tomber d'accord en faisant des concessions mutuelles
   einander auf halbem Wege entgegenkommen; einen Kompromiß schließen
7. **hurler avec les loups**
   faire comme ceux avec qui l'on se trouve, se conformer à leurs opinions
   sich aus Opportunismus und wider besseres Wissen dem Reden oder Tun anderer anschließen
   mit den Wölfen heulen *(ugs.)*

8. **faire la part du feu**[2]
   abandonner ce qui ne peut être sauvé pour préserver le reste
   ein notwendiges Opfer bringen, um den Rest, das andere, das übrige zu retten

> Influence, pouvoir

9. **avoir voix au chapitre**[3]
   être consulté, avoir le droit d'exprimer une opinion
   bei einer Entscheidung mitzubestimmen haben; ein Mitspracherecht haben
   Sitz und Stimme haben
10. **tenir le haut du pavé**[4]
    être le premier dans un domaine, avoir le pouvoir, les privilèges
    eine große, wichtige Rolle spielen; eine wichtige Stellung einnehmen; tonangebend sein
    die erste Geige spielen *(ugs.)*
11. **avoir le bras long**
    ~ de l'influence, des relations haut placées
    großen, weitreichenden Einfluß haben
    einen langen Arm haben
12. **faire la pluie et le beau temps**
    avoir un grand pouvoir, une grande influence
    einen großen Einfluß haben, ausüben
13. **avoir la haute main sur qc.**
    commander, diriger dans une affaire
    in einer Angelegenheit entscheidenden Einfluß haben; maßgebend sein; eine Stellung innehaben, auf Grund derer man Anordnungen, Entscheidungen treffen, anderen Vorschriften machen kann
    bei einer Angelegenheit das Heft in der Hand haben/behalten *(geh.)*; **bei etwas das Sagen haben** *(ugs.)*
14. **tenir la queue de la poêle** [pwal]
    être dans une situation où l'on décide, commande et tire profit
    die Macht haben; Herr der Lage sein, bleiben
    das Heft in der Hand haben/behalten *(geh.)*; **das Sagen haben** *(ugs.)*
15. **jouer comme un chat avec une souris avec qn**
    lui faire sentir son pouvoir
    einen schwächeren Gegner seine Macht fühlen lassen; jmdn. hinhalten und über eine (letztlich doch für ihn negativ ausfallende) Entscheidung im unklaren lassen
    Katz und Maus mit jmdm. spielen *(ugs.)*

16. **avoir barre sur qn**
    ~ sur lui une forte influence, l'avoir à sa merci
    a) großen Einfluß auf jmdn. haben; jmdm. gegenüber im Vorteil sein
    jmdm. gegenüber die Oberhand haben
    b) jmdn. lenken können; jmds. völlig sicher sein
    jmdn. in der Hand haben
17. **mener qn à la baguette/au doigt et à l'œil**
    le ~ de façon dure, autoritaire
    jmdn. streng beaufsichtigen; jmdn. unter der, seiner Fuchtel haben
    jmdn. an der Kandare haben/halten
18. **mener qn par le bout du nez**
    avoir une influence absolue sur lui; le mener à sa guise; lui faire faire ce qu'on veut
    jmdn. herumkommandieren
19. **presser qn comme un citron**
    l'exploiter, tirer le plus de profit possible de lui
    jmdn. schamlos ausbeuten
    jmdn. auspressen/ausquetschen wie eine Zitrone *(ugs.)*
20. **mettre qn au pas**
    l'obliger à respecter la discipline
    jmdn. dazu bringen, daß er sich einordnet und Anordnungen nachkommt, Disziplin und Ordnung hält
    jmdn. auf Vordermann bringen *(ugs.)*
21. **mettre qn au pied du mur**[5] (cf. X/37)
    le ~ devant ses responsabilités en lui enlevant toute échappatoire, l'obliger à prendre parti
    jmdn. dazu zwingen, sich zu äußern, zu handeln oder Partei zu ergreifen
    jmdn. zwingen, Farbe zu bekennen
22. **damer le pion à qn**[6]
    l'emporter sur un rival, le surpasser
    jmdn. überflügeln, übertreffen; jmdn. in seinen Leistungen weit übertreffen
    jmdm. den Rang ablaufen; jmdn. in den Schatten stellen
23. **mettre le couteau sur/sous la gorge à qn** (cf. X/22)
    l'obliger à faire qc. sans lui laisser d'autres possibilités d'action
    jmdn. durch Drohungen so unter Druck setzen, daß er gezwungen ist zu tun, was von ihm verlangt wird
    jmdm. das Messer an die Kehle setzen *(ugs.)*; **jmdm. die Pistole auf die Brust setzen** *(ugs.)*
24. **faire rentrer ses <invar.> mots dans la gorge à qn**
    l'obliger par la violence à désavouer ses propos, à se rétracter
    jmdn. zwingen, seine Worte zurückzunehmen

25. **forcer la main à qn**
l'obliger à faire qc., le contraindre
jmdn. zu einer bestimmten Handlung zwingen
26. **faire baisser le ton à qn**
le forcer à parler avec moins d'arrogance, moins de prétention
jmdn. dazu zwingen, einen weniger frechen, arroganten Ton anzuschlagen
jmdm. einen Dämpfer aufsetzen
27. **donner le feu vert à qn**
lui permettre de faire qc.
jmdm. die Erlaubnis geben, etwas in Angriff zu nehmen
jmdm. grünes Licht geben

Résistance; obéissance

---

28. **tenir tête à qn**
lui résister, s'opposer avec fermeté à la volonté de qn
sich jmdm. energisch widersetzen
jmdm. die Stirn bieten; jmdm. die Spitze bieten *(veraltend)*;
jmdm. Paroli bieten *(bildungsspr.)*
29. **être têtu comme une mule/un âne** *(fam.)*
~ très têtu, entêté
eigensinnig, starrsinnig sein; dickköpfig sein; einen Dickkopf haben
störrisch wie ein Maulesel/Esel sein *(ugs.)*
30. **tenir la dragée haute à qn**[7]
a) lui résister longtemps avant de céder, lui faire payer cher ce qu'il demande
jmdn. hinhalten, warten lassen
jmdn. zappeln lassen *(ugs.)*
b) tenir tête à qn
sich jmdm. widersetzen
jmdm. die Stirn bieten
31. **baisser pavillon**[8] **(devant qn)**
céder, reconnaître la supériorité de l'autre
(vor jmdm.) nachgeben; (jmdm.) eingestehen, daß man der Verlierer ist
sich geschlagen geben (jmdm. gegenüber); klein beigeben; (vor jmdm.) die Flagge streichen; die Waffen strecken *(geh.)*
32. **être souple comme un gant**
avoir un caractère docile, accommodant
nachgiebig, gefügig sein
weich wie Butter sein *(ugs.)*; **butterweich sein** *(ugs.)*

33. **filer⁹ doux (avec qn)** *(fam.)*
se montrer obéissant, céder par peur
(jmdm.) aus Angst nachgeben, kleinlaut nachgeben; sich (jmdm.) fügen
klein beigeben
34. **obéir au doigt et à l'œil**
~ au moindre signe, fidèlement
auf einen Wink hin gehorchen; sofort gehorchen; aufs Wort gehorchen
35. **faire les quatre volontés de qn** *(fam.)*
obéir à tous ses caprices
sich nach jmds. Launen richten
nach jmds. Pfeife tanzen
36. **être/naviguer dans les eaux de qn¹⁰**
le suivre, partager ses vues, ses opinions
von jmdm. stark beeinflußt sein; jmds. Gedanken, Anschauungen kritiklos übernehmen
in jmds. Fahrwasser schwimmen/segeln *(ugs.)*

Reconnaissance; ingratitude

37. **devoir une fière/belle chandelle à qn¹¹**
lui ~ une grande reconnaissance pour un service rendu
jmdm. zu großem Dank verpflichtet sein
38. **réchauffer un serpent dans son sein**
avantager un ingrat qui se retournera contre son bienfaiteur
jmdm. vertrauen und Gutes erweisen und dafür Undank ernten
eine Schlange am Busen nähren *(geh.)*
39. **cracher dans la soupe** *(fam.)*
mépriser ce dont on tire avantage; être ingrat en critiquant ce qu'on a aimé ou ce dont on a profité
undankbar sein und das verachten, wovon man profitiert hat

Louange; flatterie; servilité

40. **porter qn au pinacle¹²**
faire un très grand éloge de qn
jmdn. übertreiben, übermäßig, überschwänglich loben
jmdn. über den grünen Klee loben *(ugs.)*; **ein Loblied auf jmdn. anstimmen/singen**
41. **porter qn aux nues**
l'admirer, le louer avec enthousiasme
jmdn. übertreiben, übermäßig, überschwenglich loben
jmdn. über den grünen Klee loben *(ugs.)*; **jmdn. in den Himmel heben** *(ugs.)*

42. donner des coups d'encensoir à qn *(fam.)*
le flatter exagérément
jmdn. übertrieben loben; jmdn. über Gebühr, maßlos verherrlichen
jmdn. beweihräuchern *(ugs. abwertend)*; **jmdm. Weihrauch streuen** *(geh.)*; jmdn. in den höchsten Tönen loben

43. a) faire du plat[13] **à qn** *(fam.)*
le flatter bassement
jmdm. unterwürfig schmeicheln; jmdn./jmdm. lobhudeln
b) faire du plat à une femme
lui faire des compliments de manière insistante et généralement déplaisante pour la séduire
einer Frau in auffallender Weise schöntun, schmeicheln; eine Frau anmachen

44. a) lécher les bottes/les pieds de qn *(fam.)*
b) lécher le cul [ky] de qn *(vulg.)*
le flatter bassement, obséquieusement
sich in würdeloser Form unterwürfig und schmeichlerisch einem anderen gegenüber zeigen
a) jmdm. die Stiefel lecken
b) jmdm. in den Hintern kriechen/*(seltener:)***jmdm. den Hintern lecken** *(derb)*; **jmdm. in den Arsch kriechen** *(derb)*

45. passer de la pommade à qn *(fam.)*
le flatter hypocritement, grossièrement
jmdm. schmeicheln, schöntun, um ihn günstig für sich zu stimmen
jmdm. um den Bart gehen, streichen; **jmdm. Honig um den Mund/ums Maul/um den Bart schmieren** *(ugs.)*

46. être/se mettre à plat ventre devant qn
se montrer servile
sich unterwürfig und demütig jmdm. gegenüber verhalten; vor jmdm. einen Fußfall tun
vor jmdm. im Staub(e) kriechen *(geh. veraltet)*; **sich vor jmdm. in den Staub werfen** *(geh. veraltet)*; **vor jmdm. einen/seinen Kotau machen** *(bildungsspr.)*

47. a) manier la brosse à reluire[14] *(fam.)*
b) passer la brosse à reluire (à qn) *(fam.)*
lui être servilement dévoué; le flatter exagérément et par intérêt
jmdm. schmeicheln, schöntun um eigener Vorteile willen; sich bei jmdm. einschmeicheln
a) ein Speichellecker sein *(abwertend)*
b) jmdm. um den Bart gehen/streichen; jmdm. Honig um den Mund/ums Maul/um den Bart schmieren *(ugs.)*; **sich bei jmdm. lieb Kind machen** *(ugs.)*

Notes

1 Probablement par allusion au petit jeu qui pose le problème de savoir comment transporter isolément loup, chèvre et chou d'une rive à l'autre sans qu'aucun ne soit mangé.
2 Au sens propre: 'laisser le feu ravager une zone pour pouvoir le combattre'.
3 Il s'agit à l'origine d'avoir le droit de vote aux délibérations d'un chapitre ('assemblée de moines ou de chanoines').
4 *haut du pavé (m.):* il s'agit de la partie du pavé (de la rue) qui est le plus près des maisons et qui était surélevée par rapport au milieu de la chaussée où coulaient souvent des eaux sales. Le haut du pavé était réservé aux gens importants et riches.
5 cf. chapitre X., note 7.
6 Aux échecs et aux dames, le pion qui atteint la dernière rangée est dit *damé*, c'est-à-dire il devient dame. Celui qui dame le premier pion a de grandes chances de remporter la victoire.
7 Allusion à la dragée qu'on tend à un chien et qu'on ne lui donne qu'après qu'il a obéi à certains commandements.
8 *pavillon (m.):* il s'agit du drapeau des navires que l'on baissait ou bien pour rendre hommage à un navire étranger plus fort ou bien pour signifier l'abandon du combat.
9 *filer:* il s'agit d'un sens vieilli du verbe: 'mener les choses ou se comporter de manière constante'.
10 Les *eaux* d'un navire sont son sillage.
11 Allusion à la chandelle que l'on fait brûler devant la statue du saint grâce à l'aide duquel on croit avoir obtenu une faveur. *Fier* a ici le vieux sens de 'beau, grand'.
12 *pinacle (m.):* c'était la partie la plus élevée du temple de Jérusalem d'où, selon l'Évangile selon Saint Matthieu (4, 1-7), Satan voulait que Jésus se jetât. Le mot a pris plus tard en architecture le sens de 'sommet'. Au sens figuré il signifie 'situation élevée, haut degré d'honneurs, de faveurs'.
13 *plat (m.):* emploi substantival de l'adjectif *plat,-e* au sens de 'partie plate' et, par extension, 'banalité, belles paroles, bavardage'.
14 Allusion à une personne qui adopte la position du serviteur qui fait briller les chaussures de son maître à l'aide d'une brosse.

Chapitre XVI
Les paroles

Silence

1. **un ange passe/a passé**[1]
   se dit quand la conversation est interrompue par un silence gêné et prolongé
   sagt man, wenn die Unterhaltung plötzlich verstummt und peinliches Schweigen eintritt
   ein Engel geht/fliegt durchs Zimmer

2. **entendre une mouche voler**
   le silence est absolu <toujours au conditionnel: *On entendrait/on aurait entendu une mouche voler.*>
   es ist, war so still, daß nicht das geringste zu hören ist, war
   es ist/war so still, daß man eine Stecknadel fallen hören könnte/konnte

3. **avaler sa langue**
   se dit de qn qui garde le silence alors que d'ordinaire il parle beaucoup <employé le plus souvent au passé composé: *Tu as avalé ta langue?*>
   zu etwas beharrlich schweigen; sich nicht äußern; nicht Stellung nehmen; sich ausschweigen
   hast du die Sprache verloren? *(ugs.)*

4. **être muet comme une carpe**
   se dit de qn qui ne parle pas, qui n'intervient pas dans une conversation
   kein Wort sprechen; sich schweigend verhalten
   stumm wie ein Fisch sein

5. **avoir un mot sur le bout de la langue**
   ~ du mal à retrouver un mot
   jmdm. fällt ein Wort beinahe, aber doch nicht wirklich wieder ein
   jmdm. liegt/schwebt*(geh.)***ein Wort auf der Zunge**

6. **tourner sept fois sa langue dans sa bouche (avant de parler)**
   réfléchir, hésiter longuement avant de parler <utilisé surtout sous la forme d'un conseil donné: *Tournez/il faut tourner sept fois votre/sa langue dans votre/sa bouche avant de répondre à cette question.*>
   in seinen Äußerungen sehr vorsichtig sein; sich jedes Wort zweimal überlegen, bevor man es ausspricht
   seine Zunge hüten/im Zaum halten/zügeln

7. **avoir un bœuf sur la langue**[2]
   se taire, garder un silence obstiné; avoir qc. qui empêche ou retient de parler
   nichts sagen; eisern schweigen

8. **rabattre/rabaisser le caquet[3] à qn**
l'obliger à se taire, à modérer ses prétentions par une remarque qui le ridiculise
jmdn. durch eine spöttische Bemerkung zum Schweigen bringen
jmdm. den Mund stopfen *(ugs.)*
9. **clouer le bec à qn** *(fam.)*
le faire taire
jmdn. zum Schweigen bringen
jmdm. den Schnabel stopfen *(ugs.)*
10. **river son** *(invar.)* **clou à qn[4]** *(fam.)*
le faire taire par une critique, une réponse bien placée
jmdn. mit einer spöttischen, kritischen Bemerkung zum Schweigen bringen
jmdm. den Mund*(ugs.)***/das Maul***(derb)***stopfen**

| Conversation |

11. **(dire, demander... qc.) à brûle-pourpoint[5]**
~ brusquement, sans préparation <avec un verbe de déclaration>
direkt, ohne Umschweife (etwas fragen, sagen)
12. **parler dans sa barbe**
~ à voix très basse et de manière indistincte
etwas unverständlich vor sich hin sagen, sprechen
etwas in seinen Bart (hinein)brummen/murmeln *(ugs.)*
13. **faire des messes basses[6]**
parler au milieu d'un groupe à voix basse avec qn sans vouloir être entendu des autres
in flüsterndem Ton (und darauf bedacht, daß das Gesagte kein dritter mithört) zu jmdn. hingewendet sprechen; miteinander tuscheln
14. **mettre (une question) sur le tapis**
proposer d'examiner, de discuter un sujet, une question
ein bestimmtes Thema anschneiden
etwas aufs Tapet bringen *(ugs.)*; **die Sprache auf etwas bringen/ etwas zur Sprache bringen**
15. **être sur le tapis**
~ l'objet de la conversation <Snc.>
Gesprächsthema sein; erwähnt, besprochen werden
zur Sprache kommen; aufs Tapet kommen *(ugs.)*
16. **faire du bruit dans Landerneau/le Landerneau** *(+adj.)*[7] *(iron.)*
se dit d'une nouvelle, d'une affaire peu importante qui fait beaucoup parler les membres du groupe concerné <Snc.>
innerhalb einer Gruppe von Betroffenen gibt es viel Gerede um eine geringfügige Sache
viel Lärm um nichts

17. **parler de la pluie et du beau temps**
    ~ de choses insignifiantes, dire des banalités
    von gleichgültigen, nebensächlichen, belanglosen Dingen sprechen; über dieses und jenes sprechen
    über Gott und die Welt reden
18. **discuter le bout de gras** *(fam.)*
    converser de choses et d'autres
    von gleichgültigen, nebensächlichen, belanglosen Dingen reden; über dieses und jenes sprechen
    über Gott und die Welt reden
19. **tailler une bavette**[8] *(fam.)*
    bavarder
    plaudern
    einen (kleinen) Schwatz halten *(fam.)*
20. **avoir la parole facile**
    parler avec facilité et élégance, avoir le don de la parole
    redegewandt, sprachgewandt, wortgewandt sein
    die Gabe der Rede besitzen *(geh.)*
21. **ne pas avoir sa langue dans sa poche**
    parler, répliquer avec facilité
    schlagfertig sein
    nicht auf den Mund gefallen sein *(ugs.)*
22. **avoir la langue bien pendue**
    être bavard et bien disant
    redegewandt, sprachgewandt, wortgewandt sein
    ein flinkes Mundwerk besitzen *(ugs.)*
23. **répondre/s'en tirer par une pirouette/des pirouettes** (cf. XI/29)
    éviter un sujet embarrassant par une plaisanterie ou une réponse à côté du sujet
    einer ernsten Frage mit Scherzen ausweichen; die Antwort auf eine Frage mit Scherzen umgehen
24. **être bavard comme une pie**
    parler tout le temps
    viel und gern reden; redselig sein *(oft abwertend)*; geschwätzig sein *(abwertend)*
    ein Waschweib sein *(salopp abwertend)*
25. **tenir le crachoir**[9] *(fam.)*
    parler longtemps et sans arrêt
    sehr viel, unaufhörlich reden
    wie ein Wasserfall reden *(ugs.)*; **ohne Punkt und Komma reden** *(ugs.)*; **reden wie ein Buch** *(ugs.)*
26. **tenir le crachoir à qn** *(fam.)*
    l'écouter parler sans pouvoir placer un mot
    jmdm., der unentwegt redet, zuhören müssen, ohne selber zu Wort zu kommen

27. **changer de disque** *(fam.)*
    parler d'autre chose, cesser de répéter la même chose <souvent sous la forme: *Tu devrais/tu ne pourrais pas changer de disque?*>
    von etwas anderem sprechen; das Thema wechseln
    eine neue/andere Platte auflegen *(ugs.)*
28. **parler/répéter qc. comme un perroquet**
    ~ sans comprendre
    etwas, was ein anderer gesagt hat, genauso wiedergeben; etwas nachplappern *(ugs. oft abwertend)*
    etwas wie ein Papagei nachplappern *(ugs.)*
29. **passer/sauter du coq à l'âne**[10]
    ~ brusquement et sans motif d'un sujet à l'autre
    plötzlich auf ein anderes Thema überspringen
30. **parler à bâtons rompus**[11]
    ~ de manière peu suivie, en changeant souvent de sujet
    ungezwungen, ohne festen Plan, wie es die Laune des Augenblicks eingibt, reden; zwanglos plaudern
31. **de fil en aiguille** [egчij][12]
    se dit quand, dans la conversation, on passe d'un sujet à un autre; de propos en propos
    in einem Gespräch von einem Thema auf ein anderes kommen
32. **couper la parole à qn**
    l'interrompre
    jmdn. in der Rede unterbrechen
    jmdm. ins Wort/in die Rede fallen
33. **rompre les chiens**[13]
    mettre fin à une conversation gênante
    ein unangenehmes Gespräch abbrechen
34. **parler français comme une vache espagnole**[14]
    mal parler français
    Französisch radebrechen; ein miserables, schauerliches, schauderhaftes Französisch sprechen
35. **parler petit nègre**[15]
    ~ un français incorrect
    schlechtes, kaum verständliches Französisch sprechen; gebrochen Französisch sprechen
36. **parler une langue de bois**
    utiliser un langage figé, notamment celui de la propagande politique, quelle que soit la situation
    eine erstarrte Funktionärssprache, Verwaltungssprache sprechen; sich einer formelhaften Redeweise von Funktionären, Verwaltungsbeamten bedienen

Grossièreté

37. jurer comme un charretier [ʃaRtje]
~ très grossièrement
unflätig fluchen
fluchen wie ein Landsknecht/Dragoner/Fuhrmann

38. dire/tenir des propos à faire rougir un singe
dire des choses grossières, obscènes
anzügliche, obszöne Geschichten erzählen; Zoten erzählen
Zoten reißen *(ugs.)*; **lose Reden führen** *(noch scherzh.)*

39. en dire de(s) vertes[16] **et de(s) pas mûres** *(fam.)*
dire des choses scandaleuses, choquantes par leur grossièreté
derbe, obszöne Geschichten, Witze erzählen; Zoten erzählen
Zoten reißen *(ugs.)*

Cri

40. crier comme un putois/un sourd
~ très fort
sehr laut brüllen, schreien
brüllen/schreien wie am Spieß *(ugs.)*

41. crier à tue-tête
~ très fort
mit aller Kraft schreien
aus Leibeskräften schreien

42. crier comme si on l'écorchait
~ fort; se plaindre sans grand sujet; crier pour rien du tout
(aus Angst vor etwas) sehr laut brüllen, schreien
brüllen/schreien wie am Spieß *(ugs.)*; **schreien wie eine gestochene Sau** *(vulg.)*

Notes

1 Selon la mythologie gréco-latine, il était interdit de parler en la présence d'Hermès et de Mercure (son équivalent latin), dieux de la parole et de l'éloquence. Quand, dans une société quelqu'un se tait, il se fait donc le silence qui était demandé autrefois par les habitudes religieuses de l'Antiquité au moment de l'apparition supposée d'Hermès parmi les humains. Mais Hermès était aussi le messager des dieux. Comme, dans la religion chrétienne, les messagers de Dieu sont les anges, il est logique que, dans la locution, le nom d'Hermès ait été remplacé dans les langues européennes par le mot *ange* qui, lui-même d'ailleurs, signifiait en grec 'messager' (*angelos*).

2 Image tirée du grec et du latin. Le bœuf mis sur la langue était la pièce de

monnaie, marquée d'un bœuf, qui payait le silence. Le bétail a d'ailleurs été souvent mis en relation avec l'argent dans la langue. Cf. latin PECUS 'bétail' et PECUNIA 'richesse que constitue le bétail', d'où 'argent'.

3 *caquet (m.):* c'est le cri de la poule au moment où elle pond; le mot a pris le sens de 'bavardage, vantardise'.
4 La locution – cf. aussi *clouer le bec* – signifiait d'abord 'immobiliser, fixer qn en le clouant sur place' d'où, par extension, 'lui imposer le silence en immobilisant sa bouche'.
5 *à brûle-pourpoint (adv.):* à l'origine c'était *tirer à brûle-pourpoint* 'tirer sur qn de si près que la balle brûle son habit (son pourpoint)'. Pour pouvoir le faire, il fallait surprendre son ennemi. De là l'idée de soudaineté.
6 Comme le prêtre qui, au cours d'une messe basse (dt.= *stille Messe*) (opposée à grand-messe (dt.= *Hochamt*)), récite certaines prières à voix basse. La locution *Pas de messe(s) basse(s) (sans curé)* constitue une invitation familière que l'on adresse à des personnes qui s'entretiennent à voix basse en aparté (dt.= *abseits von den andern*), pour les inviter à se taire ou à parler à voix haute.
7 *Landerneau:* petite ville du Finistère en Bretagne. La locution a été popularisée par une réplique d'une comédie d'A. Duval (Les Héritiers, 1789) qui se passe dans cette ville. À l'annonce d'un rebondissement inattendu de l'intrigue, l'un des personnages s'écrie: "Oh! le bon tour! je ne dirai rien, mais cela fera du bruit dans Landerneau".
8 *bavette (f.):* de *bave*. L'assimilation de la salive à la parole est fréquente.
9 Un autre exemple de l'assimilation de la parole à la salive.
10 La locution serait une invention de Clément Marot, poète français (1496-1544), qui a intitulé ainsi l'une de ses épîtres.
11 D'origine militaire et musicale. Au sens concret, une batterie de tambour à bâtons rompus était exécutée avec des coups non réguliers, interrompus.
12 Par allusion au travail de la couturière qui, après avoir enfilé un fil, coud avec l'aiguille.
13 À l'origine c'est un terme de chasse qui signifiait 'arrêter les chiens pour les empêcher de suivre le gibier'.
14 Il s'agirait d'une déformation de *Basques espagnols (vasco, vasca en espagnol);* ceux-ci, autrefois, travaillaient très nombreux en France comme valets et parlaient beaucoup moins bien le français que les Basques français.
15 D'origine colonialiste. Beaucoup de noirs des anciennes colonies parlaient un français primitif sans conjugaison.
16 Attention! *Vert* a ici le sens de 'gaillard, grivois' et *pas mûre* ne fait que le renforcer.

Chapitre XVII

L'homme et son intellect

École, études

1. **user ses fonds de culotte sur les bancs de l'école**
   aller à l'école
   zur Schule gehen
   die Schulbank drücken *(ugs.)*
2. **faire l'école buissonnière**[1]
   flâner, se promener au lieu d'aller en classe et (par extension) ne pas aller travailler
   an etwas planmäßig Stattfindendem, besonders am Unterricht o.ä. nicht teilnehmen, weil man gerade keine Lust dazu hat
   die Schule schwänzen *(ugs.)*; **der Arbeit fernbleiben; blaumachen** *(ugs.)*
3. **sécher un cours** *(arg. scol.)*
   ne pas aller en classe, volontairement
   unentschuldigt und ohne triftigen Grund eine Unterrichtsstunde nicht besuchen;
   den Unterricht schwänzen *(ugs.)*
4. **poser une colle (à qn)** *(arg. scol.)*
   ~ une question difficile
   eine schwierige, knifflige Frage stellen
5. **progresser à pas de géant**
   faire des progrès spectaculaires dans l'apprentissage de qc.
   gewaltige Lernfortschritte machen
   <beim Lernen> **mit Riesenschritten vorangehen**

Mémoire; réflexion; compréhension; savoir

6. **avoir une mémoire d'éléphant**
   ne jamais oublier <surtout un tort que nous a fait qn>
   ein sehr gutes Gedächtnis haben für etwas, was einem einmal angetan worden ist
   ein Elefantengedächtnis haben *(ugs.)*
7. **avoir une mémoire de lièvre**[2]
   ~ une mémoire courte, peu fidèle
   ein schlechtes Gedächtnis haben; sehr vergesslich sein
   ein Gedächtnis wie ein Sieb haben *(ugs.)*

8. **avoir un/des trou(s) de mémoire**
   ~ des oublis, des absences de mémoire
   sich plötzlich nicht mehr an etwas erinnern können
   einen Filmriß haben *(ugs.)*
9. **entrer par une oreille et sortir par l'autre à qn** (cf. XIX/8)
   <avec un Snc., sous la forme: *Cela lui entre par une oreille et lui sort par l'autre.*> oublier qc. tout de suite, ne pas faire attention à ce qu'on dit
   <von Ermahnungen, Erklärungen u.ä.> nicht richtig aufgenommen, sofort wieder vergessen werden
   zum einen Ohr herein- und zum anderen wieder hinausgehen *(ugs.)*
10. **avoir la tête/la mémoire comme une passoire**
    oublier facilement tout, avoir peu de mémoire
    sehr vergeßlich sein
    ein Gedächtnis wie ein Sieb haben *(ugs.)*
11. **avoir l'esprit de l'escalier**
    penser trop tard, par manque de vivacité d'esprit, à ce qu'on aurait dû dire
    nicht schlagfertig sein
12. **se creuser la tête/le cerveau/la cervelle**[3]
    faire un effort de réflexion, de mémoire
    (sehr) angestrengt über etwas nachdenken, ohne zu einem Ergebnis zu kommen, ohne eine Lösung zu finden o.ä.
    sich das Hirn zermartern; sich den Kopf zerbrechen *(ugs.)*
13. **éclairer la lanterne de qn**[4]
    lui donner des explications pour qu'il comprenne
    jmdn. über eine Sache aufklären
14. **prouver qc. par a + b** [paRaplysbe]
    le ~ de façon rigoureuse, exacte
    etwas klar und deutlich, einwandfrei, unwiderlegbar beweisen
    etwas klipp und klar beweisen *(ugs.)*
15. **avoir de l'avance à l'allumage**[5] *(fam.)*
    comprendre, apprendre avec rapidité
    etwas schnell begreifen, lernen, verstehen
16. **faire tilt** [tilt][6]
    <surtout au passé composé et avec un Snc.: *Cela a fait tilt.*>
    je viens, il vient brusquement de comprendre
    etwas endlich verstehen, begreifen
    bei jmdm. fällt der Groschen *(ugs.)*; **bei ihm ist der Groschen gefallen** *(ugs.)*
17. **découvrir le pot aux roses** [potoRoz][7]
    ~ , comprendre le secret d'une affaire

hinter ein Geheimnis kommen; dahinterkommen *(ugs.)*; etwas aufdecken
einer Sache auf die Spur kommen
18. **être au parfum** *(fam.)*
~ informé, au courant d'une chose plus ou moins secrète ou cachée des autres
über etwas, was nicht allgemein bekannt ist, informiert sein; eingeweiht sein
19. **savoir qc. sur le bout du doigt**
le ~ très bien, à fond
etwas hervorragend beherrschen, können
etwas aus dem Effeff beherrschen/können *(ugs.)*
20. **connaître comme sa poche**
a) <en parlant de choses> connaitre à fond, dans les détails;
etwas sehr genau kennen
<einen Ort o.ä.> **wie seine Westentasche kennen** *(ugs.);* **etwas in- und auswendig kennen** *(ugs.)*
b) <en parlant de personnes> connaître au point de pouvoir prévoir ses réactions
jmdn. gründlich kennen
jmdn. in- und auswendig kennen *(ugs.)*

| Ignorance; manque d'intelligence; bêtise |

21. **ne savoir ni a ni b**
ne pas savoir lire; être complètement ignorant; n'avoir aucune instruction
weder lesen noch schreiben können, über keine Schulbildung verfügen
22. **c'est de l'algèbre/du chinois/de l'hébreu (pour qn)** (cf. X/4)
c'est une chose incompréhensible ou difficile à comprendre
etwas ist für jmdn. unverständlich oder schwer zu verstehen
etwas ist jmdm./für jmdn. ein Buch mit sieben Siegeln; für jmdn./jmdm. böhmische Dörfer sein; etwas ist für jmdn. chinesisch
23. **y perdre son latin**
ne plus rien comprendre à qc.
trotz aller Bemühungen von einer Sache nichts verstehen
mit etwas nicht zu Rande kommen *(ugs.)*
24. **perdre les pédales** *(fam.)* (cf. XIX/27)
ne plus comprendre un raisonnement; s'embarrasser dans ses explications; s'affoler
Gedankengängen, Diskussionen nicht folgen können: sich bei seinen Erklärungen verheddern
ins Schwimmen kommen/geraten *(ugs.)*

25. **donner sa langue au chat**[8]
 avouer être incapable de trouver une solution à un problème, à une question et la demander
 ein Problem, Rätsel, eine Frage nicht lösen können; das Raten aufgeben
 passen müssen *(ugs.)*
26. **s'y entendre comme à ramer des choux** *(rare)*
 ne rien y entendre, y comprendre
 überhaupt nichts von etwas verstehen; keine Ahnung von etwas haben
 keinen (blassen) Dunst von etwas haben *(ugs.)*; **keinen (blassen)/ nicht den geringsten/leisesten Schimmer von etwas haben** *(ugs.)*
27. **avoir du retard à l'allumage** *(fam.)*
 comprendre difficilement ou trop tard
 keine schnelle Auffassungsgabe besitzen; langsam schalten
 ein Spätzünder sein *(ugs. scherz.)*; **eine lange Leitung haben** *(ugs.)*; **schwer von Begriff sein** *(ugs. abwertend)*
28. **être bouché à l'émeri** [εmRi][9] *(fam.)*
 ~ borné, absolument incapable de comprendre qc.
 unfähig sein, etwas zu begreifen; beschränkt, dumm sein
 Stroh im Kopf haben *(fam.)*
29. **ne pas avoir inventé la poudre/le fil** [fil][10] **à couper le beurre/l'eau chaude** *(fam.)*
 être peu intelligent
 nicht besonders klug oder einfallsreich sein; keine sehr hohe Intelligenz besitzen
 das Pulver (auch) nicht (gerade) erfunden haben *(ugs.)*; **die Weisheit (auch) nicht mit Löffeln gefressen/gegessen haben** *(ugs. oft iron.)*
30. **parler de qc. comme un aveugle des couleurs**
 en ~ sans connaissance ni expérience personnelle
 ohne Sachkenntnis von etwas reden, über etwas urteilen
 von etwas reden wie der Blinde von der Farbe
31. **raisonner comme une pantoufle** *(fam.)*
 ~ de manière stupide, très mal
 dummes Zeug, Unsinn reden
32. **être bête comme une oie/ses pieds**
 ~ très bête, sot
 sehr dumm sein; strohdumm, stockdumm sein
 aus Dummsbach/Dummsdorf sein *(salopp)*; **dümmer sein als die Polizei erlaubt** *(ugs. scherzh.)*
33. **être bête à manger du foin**
 ~ complètement stupide
 sehr dumm sein; strohdumm, stockdumm sein

dumm wie Bohnenstroh sein *(ugs.)*; Stroh im Kopf haben *(ugs.)*; ein Strohkopf/Hohlkopf sein *(ugs.)*
34. **être là comme une vache qui regarde passer un train** *(fam.)*
se dit de qn qui regarde avec un air abruti, passif
dumm, blöde glotzen

Raisonnement incohérent

35. **n'avoir ni rime ni raison**
se dit de qc. qui n'a aucune cohérence, aucun sens <Snc.>
nicht gut durchdacht sein
weder Hand noch Fuß haben
36. **n'avoir ni queue ni tête**
se dit de qc. qui est confus, incompréhensible <Snc.>
unsinnig sein; nicht gut durchdacht sein
weder Hand noch Fuß haben
37. **cela ne tient pas debout**
se dit d'un raisonnement, d'une explication qui ne s'appuie sur rien de solide <Snc.>
etwas läßt sich nicht aufrechterhalten
sich nicht halten lassen; nicht zu halten sein
38. **c'est (un peu) tiré par les cheveux** *(fam.)*
se dit d'une explication bien artificielle, qui manque de solidité <Snc.>
etwas anführen, was nicht oder nur sehr entfernt zur Sache gehört; Begründungen von sehr weit herholen
etwas ist an/bei den Haaren herbeigezogen *(ugs.)*

Débilité mentale; folie

39. **avoir une case en moins/de vide/il lui manque une case**[11] *(fam.)*
être un peu fou
nicht recht bei Verstand sein
bei jmdm. ist eine Schraube locker/lose *(salopp)*; **nicht alle Tassen im Schrank/Spind haben** *(ugs.)*
40. **avoir un (petit) grain**[12] *(fam.)*
être légèrement fou
nicht recht bei Verstand sein; seltsame Ideen haben
einen Vogel haben *(salopp)*; **einen leichten Stich/Klaps haben** *(salopp)*
41. **avoir une araignée au plafond** *(fam.)*
être un peu fou
nicht ganz bei Verstand sein; etwas verrückt sein

nicht ganz richtig im Kopf/im Oberstübchen sein *(ugs.)*; einen Dachschaden haben *(salopp)*
42. **travailler du chapeau**[13] *(fam.)*
être un peu fou
nicht recht bei Verstand sein
nicht (ganz/recht) bei Trost/Troste sein *(ugs.)*
43. **être fou à lier**
~ complètement fou
völlig verrückt sein;
reif fürs Irrenhaus sein *(ugs.)*

Notes

1 Probablement par allusion au temps des guerres de religion pour désigner des écoles clandestines de certaines doctrines (le Luthéranisme par exemple) dont l'enseignement se faisait d'abord dans les bois, les campagnes.
2 Peut-être de l'habitude qu'a le lièvre de revenir aux endroits où il a été chassé.
3 L'esprit est identifié à la terre qu'il faut creuser pour trouver un métal rare ou un objet de valeur.
4 Métaphore classique qui met en rapport la lumière et la compréhension intellectuelle.
5 Métaphore venue de la technique automobile qui associe la compréhension intellectuelle au contact électrique.
6 *tilt (m.):* mot d'origine anglaise désignant le déclic qui, aux jeux électroniques, signale la fin d'une partie ou son interruption à cause d'une faute.
7 La locution est d'origine très obscure. *Rose* pourrait être le symbole de la discrétion. L'influence de la locution latine *sub rosa* 'en secret' n'est pas impossible non plus.
8 D'origine obscure. L'hypothèse suivante est vraisemblable. *Donner sa langue* serait 'jeter l'organe de la parole devenu inutile puisqu'on ne peut pas répondre à une question'; et le confier au *chat* peut-être parce que c'est un animal ayant la réputation d'être savant.
9 Se dit de quelqu'un d'hermétiquement fermé à toute réflexion comme une bouteille rendue parfaitement étanche par un bouchon poli à l'émeri (dt.= *Schmirgel*).
10 Le procédé qui consiste à couper le beurre avec un fil d'acier est ici considéré comme la plus élémentaire des techniques.
11 Allusion à la division symbolique du cerveau en cases.
12 *grain (m.):* ancienne unité de poids utilisée en orfèvrerie, en pharmacie. Il signifie ici métaphoriquement 'très petite quantité' (de folie).
13 La locution utilise des significations anciennes de *travailler* 'fermenter ou se déformer', et *chapeau* est utilisé, par métonymie, pour 'tête'.

Chapitre XVIII

Les états d'âme – 1

Satisfaction, bonne humeur

1. **être (heureux) comme un poisson dans l'eau**
   ~ très heureux
   sich wohlfühlen
   munter sein wie ein Fisch im Wasser *(ugs.)*
2. **boire du (petit) lait**[1]
   écouter avec un grand plaisir les compliments, les flatteries qu'on vous adresse
   <Lob, Komplimente, Schmeicheleien> sehr gerne hören; sichtlich genießen
3. **être (couché) sur des roses/sur un lit de roses**
   vivre dans un confort parfait, dans les plaisirs
   es gut und leicht haben im Leben; in guten Verhältnissen leben
   auf Rosen gebettet sein *(geh.)*
4. **être de bon poil** *(fam.)*
   ~ de bonne humeur
   gut gelaunt sein
5. **être bien dans sa peau/ses baskets** [basket][2]
   ~ à l'aise, décontracté[3]
   zufrieden sein mit seiner Lage, Situation, mit den Gegebenheiten, Lebensumständen
   sich in seiner Haut wohlfühlen *(ugs.)*

Joie; rires

6. **être aux anges**
   ~ ravi, ~ très heureux
   entzückt sein; selig, überglücklich sein
   im sieb(en)ten Himmel sein *(ugs.)*
7. **être au septième ciel**[4]
   éprouver une grande joie, être ravi
   über die Maßen glücklich sein
   im sieb(en)ten Himmel sein *(ugs.)*; **sich wie im sieb(en)ten Himmel fühlen** *(ugs.)*
8. **être gai comme un pinson**
   ~ très gai
   sehr lustig, heiter, ausgelassen sein; sehr vergnügt sein; quietschver-

gnügt sein *(ugs. emotional)* ; kreuzfidel sein *(ugs.)*; quietschfidel sein *(ugs. emotional)*

9. **rire aux anges**
   avoir un air béat et heureux, sans s'adresser en particulier à qn
   a) ~ ou sourire sans cause apparente <se dit avant tout d'un bébé qui dort>
   b) <en parlant d'adultes> ~ pour rien, d'un air niais
   a) <Baby, Kleinkind> im Schlaf lächeln
   b) <Erwachsene> grundlos lachen; dümmlich und einfältig grinsen

10. **rire dans sa barbe/sous cape**
    ~ en cachette, sans le montrer <souvent par malice>; se réjouir malicieusement à part soi
    voll heimlicher Schadenfreude oder Genugtuung sein
    sich ins Fäustchen lachen

11. **éclater de rire**
    se mettre à rire brusquement et bruyamment
    laut auflachen; in Lachen ausbrechen

12. **rire à gorge déployée⁵/aux éclats⁶**
    ~ très fort, bruyamment
    laut, schallend lachen; lauthals lachen
    aus vollem Hals(e) lachen

13. **rire à ventre déboutonné** *(fam. et vieilli)*
    ~ sans se gêner, de toutes ses forces
    lauthals lachen; in ein schallendes, brüllendes Gelächter ausbrechen

14. **rire comme un bossu/une baleine⁷** *(fam.)*
    ~ fort, beaucoup
    sehr viel lachen
    sich *(Dativ)* einen Ast lachen *(salopp)*; **sich *(Dativ)* die Hucke vollachen** *(ugs.)*

15. **se tenir les côtes** *(fam.)*
    rire très fort
    sehr lachen müssen; sehr heftig lachen; sich vor Lachen die Seiten halten
    sich *(Dativ)* vor Lachen den Bauch/die Seiten halten *(ugs.)*

16. **s'en payer une tranche** *(fam.)***/se payer une tranche de bon temps** *(fam.)*
    s'amuser énormément pendant une partie de sa vie
    es sich gut gehen lassen

Mauvaise humeur; sentiment de malaise; mécontentement

---

17. **ne pas être à prendre avec des pincettes⁸** (cf. II/19)
    se dit de qn qui est de très mauvaise humeur et inabordable

sehr schlecht gelaunt sein und abweisend sein
nicht zu genießen sein *(ugs.)*; **ungenießbar sein** *(ugs.)*
18. **s'être levé du pied gauche**
 être de mauvaise humeur
 schlechter Laune sein; miserabel, schlecht aufgelegt, gelaunt sein
 mit dem linken Bein/Fuß zuerst aufgestanden sein *(ugs.)*
19. **être de mauvais poil** *(fam.)*
 ~ de mauvaise humeur
 schlechte Laune haben; schlechter Laune sein; schlecht, miserabel gelaunt, aufgelegt sein
 jmdm. ist eine Laus über die Leber gelaufen *(ugs.)*
20. **être mal dans sa peau**
 ~ mal à l'aise, mécontent de soi
 mit seiner Lage, Situation, mit den Gegebenheiten, Lebensumständen nicht zufrieden sein
 sich in seiner Haut nicht wohl fühlen *(ugs.)*
21. **ne pas être dans son assiette**[9] *(fam.)*
 être mal à l'aise; ne pas être physiquement ou moralement dans son état normal
 nicht gesund, leistungsfähig sein; sich nicht wohl fühlen; nicht in Form sein
 nicht auf der Höhe sein *(ugs.)*
22. **être/marcher à côté de ses pompes**[10] *(fam.)* (cf. XIX/9)
 ne pas être dans son état normal, rêver, être inattentif
 sich nicht in seinem normalen Zustand befinden; der Wirklichkeit entrückt sein; verträumt und unaufmerksam sein
23. **faire une maladie/une jaunisse de qc.** *(fam.)*
 être très contrarié, ennuyé par qc. de fâcheux <*Il en fait une maladie.*>
 sich über etwas sehr ärgern
 sich krank ärgern; sich gelb und grün ärgern *(ugs.)*

| Mélancolie, tristesse; pleurs |

24. **avoir des idées noires**
 une vue pessimiste des choses; être triste, mélancolique
 pessimistische Ansichten vertreten; trüben Gedanken nachhängen; melancholisch sein
25. **avoir le moral à zéro** *(fam.)*
 être très déprimé
 deprimiert, niedergeschlagen sein
 einen seelischen Tiefpunkt haben
26. **broyer**[11] **du noir** *(fam.)*
 avoir des idées sombres, être mélancolique

betrübt sein und seinem Kummer nachhängen; sich düstere Gedanken machen
Trübsal blasen *(ugs.)*; **Grillen fangen** *(veraltend)*

27. **faire un long nez/un drôle de nez**
se montrer déçu
enttäuscht, unangenehm überrascht dreinblicken
ein langes Gesicht machen

28. **faire/avoir une tête/une mine d'enterrement/une tête de six pieds de long**
avoir un visage triste, sombre
ein trauriges Gesicht machen; mürrisch, verdrießlich dreinblicken
eine Leichenbittermiene machen/aufsetzen/zur Schau tragen; ein Gesicht machen wie sieben Tage Regenwetter

29. **faire grise mine à qn** (cf. XIII/38)
avoir l'air triste, déconfit; accueillir qn avec froideur, mauvaise humeur
ein finsteres Gesicht machen; jmdn. unfreundlich empfangen

30. **avoir une figure de croque-mort**
~ un air triste, sinistre
eine traurige, düstere Miene aufsetzen
eine Leichenbittermiene machen/aufsetzen/zur Schau tragen

31. **être comme une âme en peine**
~ triste, inconsolable
tiefbetrübt, untröstlich sein; todtraurig sein *(emotional verstärkend)*

32. **être triste comme un bonnet de nuit**[12]
~ très triste
ein mürrischer, sauertöpfischer Mensch sein
ein Trauerkloß sein *(ugs. scherzh.)*

33. **être malheureux comme les pierres**
~ très malheureux
sehr unglücklich sein; todunglücklich sein *(emotional verstärkend)*;
sehr niedergeschlagen sein
dastehen/aussehen wie ein Häufchen Unglück *(ugs.)*

34. **être sérieux comme un pape**
~ très sérieux
sehr ernst sein; todernst sein *(emotional verstärkend)*

35. **pleurer à chaudes larmes**
~ abondamment
sehr heftig weinen; in Tränen aufgelöst sein; in Tränen zerfließen
Rotz und Wasser heulen *(salopp)*

36. **pleurer comme une Madeleine**[13]
~ abondamment
sehr heftig weinen; in Tränen aufgelöst sein; in Tränen zerfließen
sich die Augen ausweinen/aus dem Kopf weinen

37. pleurer comme une vache/un veau *(fam.)*
~ abondamment
laut und heftig weinen
wie ein Schloßhund heulen *(ugs.)*

| Lassitude |

38. s'ennuyer/s'embêter à cent sous de l'heure *(fam.)*
~ au plus haut point
sich sehr, schrecklich, zu Tode langweilen
39. en avoir par-dessus la tête/les oreilles *(fam.)*
en avoir assez, en être excédé
einer Sache überdrüssig sein; es satt haben
die Nase voll haben *(ugs.)*; **den Kanal voll haben** *(salopp)*
40. en avoir plein les bottes/le dos *(fam.)*
en avoir assez
einer Sache überdrüssig sein; es satt haben
die Nase voll haben *(ugs.)*; **den Kanal voll haben** *(salopp)*
41. en avoir marre/ras le bol [Ralbɔl][14] *(fam.)* <+ geste>
en avoir assez
einer Sache überdrüssig sein; es satt haben
die Nase voll haben *(ugs.)*; **den Kanal voll haben** *(salopp)*; **die Schnauze voll haben** *(salopp)*
42. être ennuyeux comme la pluie
se dit comme commentaire de qc. ou de qn de très ennuyeux, lassant
überaus langweilig, todlangweilig sein *(emotional verstärkend)*
zum Sterben langweilig sein *(emotional)*

Notes

1 Par comparaison avec la satisfaction qu'éprouve l'enfant en têtant.
2 cf. chapitre XIV., note 12.
3 *décontracté,-e:* détendu, qui marque de la désinvolture.
4 Dans la religion judéo-chrétienne, l'univers est formé de plusieurs sphères dont la plus élevée est la septième où se trouvent Dieu, les anges et les âmes des bienheureux. Cf. aussi: *être aux anges.*
5 *déployé,-e:* le mot est ici un synonyme de 'plein'. Le choix de ce participe passé est assez bizarre car il n'existe pas de locution du type: déployer sa gorge.
6 *éclat (m.):* le mot a ici la valeur de 'manifestation soudaine et vive' (du verbe *éclater*).
7 Allusion à l'ouverture impressionnante de la bouche de cet animal. En ce qui concerne les *bossus*, ils ont la réputation d'être des personnes gaies.
8 On ne pourrait pas traiter avec cette personne même en ayant pris des précautions (des pincettes).

9. *assiette (f.):* il s'agit du sens propre et ancien du mot: 'la position, la manière d'être posé, assis' (cf. la bonne assiette d'un cavalier sur la selle), d'où le sens figuré de 'disposition, état d'esprit'.
10. *pompe (f.):* en argot 'chaussure'.
11. L'origine de la locution est sans doute à chercher dans l'argot des peintres ou des chimistes (écraser les matières colorantes), mais le sens figuré du verbe (*être broyé* 'être écrasé') a pu motiver aussi la locution.
12. La comparaison est probablement une abréviation de: *triste comme un bonnet de nuit sans coiffe,* le premier ayant été porté par les hommes, le second par leurs compagnes. La disparition de celles-ci (les coiffes) représente métaphoriquement le fait de rester seul, la tristesse.
13. *Madeleine:* la pécheresse repentie qui inonda de ses pleurs les pieds du Christ (Évangile selon Saint Luc, 7,36).
14. *marre (adv.):* d'origine discutée; soit de *se marrir* 's'affliger, s'ennuyer', soit de l'espagnol *marearse* 'avoir la nausée', soit encore de *marre* 'la part d'un butin' en argot.

Chapitre XIX

Les états d'âme – 2

| Tranquillité |

1. **se tenir/rester coi/coite** [kwa, kwat][1] *(litt.)*
rester complètement tranquille et silencieux par crainte, prudence, perplexité
sich aus Furcht, Klugheit, Verlegenheit ruhig verhalten
2. **être tranquille comme Baptiste** [batist][2]
se dit de qn qui ne s'inquiète jamais
durch nichts zu erschüttern, aus der Ruhe zu bringen sein
die Ruhe weghaben *(ugs.)*
3. **dormir sur ses deux oreilles** (cf. V/37)
ne pas s'inquiéter, être sûr de son sort <implique toujours l'idée de dormir>
ganz beruhigt sein; ganz ohne Sorge sein

| Rêverie, inattention |

4. **avoir la tête en l'air**
être distrait, ne pas faire attention à ce que l'on fait
zerstreut, gedankenlos sein; mit seinen Gedanken (immer, ganz)

woanders sein; seine Gedanken (immer, ganz) woanders haben
ein zerstreuter Professor sein *(ugs. scherzh.)*
5. **n'écouter que d'une oreille**
écouter distraitement
ohne rechte Aufmerksamkeit zuhören
nur mit halbem Ohr zuhören/hinhören
6. **bayer aux corneilles**[3]
perdre son temps à regarder stupidement en l'air, rêvasser
gaffend herumstehen
ein Loch/Löcher in die Luft gucken *(ugs.)*
7. **être dans la lune/les nuages**
rêver, être distrait, oublier la réalité
zerstreut sein; die Wirklichkeit vergessen; mit seinen Gedanken
(immer, ganz) woanders sein
in höheren Regionen schweben *(scherzh.)*; **in den Wolken schweben** *(geh.)*
8. **entrer par une oreille et sortir par l'autre à qn** (cf. XVII/9)
<avec un Snc., le plus souvent sous la forme: *Cela lui entre par une oreille et lui sort par l'autre.*> ne pas faire attention à ce qu'on dit;
oublier qc. tout de suite
(von Ermahnungen, Erklärungen u.ä.) nicht richtig aufgenommen
werden, sofort wieder vergessen werden
zum einen Ohr herein- und zum anderen Ohr wieder hinausgehen
(ugs.)
9. **être/marcher à côté de ses pompes**[4] *(fam.)* (cf. XVIII/22)
être inattentif, rêver
unaufmerksam sein; träumen
mit offenen Augen schlafen *(ugs.)*
10. **ne pas avoir les yeux en face des trous** *(fam.)*
ne pas voir ce qui est devant soi; ne pas y voir clair <pour avoir trop
bu, être mal réveillé>
etwas aus Unaufmerksamkeit, Verschlafenheit nicht sehen

| Surprise, étonnement |

11. **couper bras et jambes à qn**
<avec un Snc., le plus souvent sous la forme: *Cela lui coupe bras et jambes.*> surprendre, stupéfier qn; le paralyser d'étonnement
jmdn. vor Überraschung völlig lähmen
wie vor den Kopf geschlagen sein *(ugs.)*
12. **les bras lui en tombent**
se dit de qn qui est très surpris par qc.
völlig überrascht, sprachlos sein; es kaum fassen können
etwas verschlägt jmdm. die Sprache

13. **en boucher un coin à qn⁵** *(fam.)*
 l'étonner énormément, le laisser stupéfait <*Il/Cela m'en bouche un coin.*>
 jmdn. sehr verblüffen; vor Überraschung, vor Staunen sprachlos sein
 jmdm. bleibt die Spucke weg *(ugs.)*
14. **être (surpris) comme une poule qui a trouvé un couteau/qui a couvé des œufs [ø] de cane**
 ~ très étonné, embarrassé
 sehr überrascht, erstaunt, ratlos sein
 dastehen wie die Kuh vorm neuen Tor/vorm Scheunentor *(salopp)*; **dastehen wie der Ochs vorm Berg** *(salopp)*
15. **tomber de la lune/des nues**
 être très surpris par qc. d'imprévu
 sehr überrascht sein
 aus allen Wolken fallen *(ugs.)*
16. **avoir le souffle coupé (par qc.)**
 être très étonné <au point d'en perdre la respiration>
 sehr erstaunt sein; sprachlos sein
 etwas verschlägt jmdm. den Atem; jmdm. bleibt die Luft weg *(ugs.)*

Impatience; inquiétude; souci; nervosité

17. **ronger son frein**
 maîtriser difficilement son impatience (sa colère, son dépit)
 nur mühsam seine Ungeduld (seine Wut, seinen Ärger) beherrschen; seinen Ärger verbeißen
18. **être sur des charbons ardents** ou *(fam.)* **le gril** [gRi (l)]
 ~ très impatient ou très inquiet
 sehr ungeduldig oder sehr unruhig sein; voller Unruhe sein
 (wie) auf (glühenden) Kohlen sitzen
19. **être aux cent coups**
 ~ très inquiet
 sehr unruhig sein; vor Unruhe, vor Aufregung außer sich sein
 in tausend Ängsten schweben
20. **se mettre martel⁶ en tête**
 se faire du souci <souvent au négatif impératif: *ne te mets pas martel en tête.*>
 sich Sorgen machen
 <in der Negation>: **sich** *(Dativ)* **über, wegen etwas keine grauen Haare wachsen lassen** *(ugs.)*; **sich** *(Dativ)* **über etwas/wegen etwas keine Kopfschmerzen machen** *(ugs.)*

21. **se faire de la bile/du mauvais sang/des cheveux (blancs)** *(fam.)*
 ~ du souci, s'inquiéter
 sich Sorgen, Kummer machen
22. **se ronger les sangs** *(fam.)*
 se faire du souci, s'inquiéter
 sich Sorgen, Kummer machen; vor Sorgen umkommen
23. **avoir les nerfs à fleur de peau** ou *(fam.)* **en boule**
 être très nerveux, irritable
 äußerst reizbar, nervös sein; völlig mit den Nerven fertig, herunter~, am Ende sein *(ugs.)*

Affolement; colère

24. **être dans tous ses états**
 ~ affolé
 ganz aufgeregt sein; in heller Aufregung sein
 (ganz) aus dem Häuschen sein *(ugs.)*
25. **être hors de/sortir de ses gonds**
 perdre le contrôle de soi, être furieux
 die Selbstbeherrschung, Fassung verlieren; wütend werden; aus einem bestimmten Grund, sich nicht zu fassen wissen
 außer Rand und Band geraten/sein *(ugs.)*
26. **perdre la tête/le nord** ou *(fam.)* **la boussole**
 être affolé, ne plus savoir que faire
 die Übersicht, die Ruhe, die Fassung verlieren
 den Kopf verlieren
27. **perdre les pédales** *(fam.)* (cf. XVII/24)
 ne plus comprendre un raisonnement, s'embarrasser dans ses explications; s'affoler
 Gedankengängen nicht folgen können; unfähig sein, einen klaren Gedanken zu fassen, sinnvoll zu handeln
 kopflos werden; <bei Erklärungen usw.> ins Schwimmen kommen/geraten *(ugs.)*
28. **être soupe au lait/monter comme une soupe au lait**[7]
 se mettre facilement en colère et se calmer aussi vite
 schnell, leicht aufbrausen
 ein Hitzkopf sein; vor Zorn überkochen *(ugs.)*
29. **se mettre en colère pour un oui ou pour un non**
 ~ facilement en colère sans raison sérieuse
 sich wegen einer lächerlichen Kleinigkeit, einer Lappalie aufregen; bei der geringsten Kleinigkeit in Wut geraten

30. **la moutarde lui monte au nez**[8]
    se dit de qn qui commence à se mettre en colère
    wütend, zornig werden; die Wut kriegen
    jmdm. steigt/kommt die Galle hoch/läuft die Galle über; jmdm. schwillt der Kamm *(ugs.)*
31. **monter sur ses grands chevaux**[9]
    se mettre en colère, s'indigner et parler avec autorité, prétention
    sich ereifern, aufbrausen; wütend werden
32. **se fâcher tout rouge/voir rouge**
    se mettre violemment en colère
    sehr ärgerlich, wütend werden; sich sehr ärgern
    auf achtzig kommen *(ugs.)*; **sich schwarz/sich grün und blau/sich gelb und grün ärgern** *(ugs.)*; **rot sehen**
33. **prendre la mouche**[10] *(fam.)*
    se mettre brusquement en colère
    aufbrausen, hochgehen; hitzköpfig sein
    jmdm. platzt der Kragen *(salopp)*; **in Harnisch geraten/** (seltener:) **kommen**
34. **avoir la tête près du bonnet**[11] *(fam.)*
    se mettre facilement en colère, à propos de tout
    leicht aufbrausen; hitzköpfig sein
    an die Decke gehen *(ugs.)*; **aus der Haut fahren** *(ugs.)*
35. **se mettre en boule**[12] *(fam.)*
    se mettre en colère
    wütend, zornig werden
    aus der Haut fahren *(ugs.)*; **auf die Palme gehen** *(ugs.)*; **in Harnisch geraten/**(seltener:) **kommen**
36. **quelle mouche le pique?**
    pourquoi se met-il en colère brusquement et sans raison apparente?
    was ist denn mit ihm los?; was ist bloß in ihn gefahren
    was ist ihm in die Krone gefahren?

Peur

37. **avoir du sang de navet**[13] *(fam.)*
    manquer d'énergie ou de courage
    energielos, willensschwach sein
    keinen Mumm in den Knochen haben; kein Rückgrat haben; ein Waschlappen sein *(ugs. abwertend)*; **ein Schlappschwanz sein** *(salopp abwertend)*
38. **avoir une peur bleue**
    ~ une très grande peur
    eine schreckliche Angst haben
    eine Heidenangst haben *(ugs. emotional verstärkend)*

39. **on le ferait rentrer dans un trou de souris**
    se dit de qn qui a très peur
    sehr ängstlich sein; sich leicht erschrecken und verwirren lassen
    er läßt sich leicht ins Bockshorn jagen *(ugs.)*
40. **avoir la chair de poule (de qc.)** (cf. XXIII/13)
    se dit de qn dont la peau réagit à une sensation de froid et, par extension: avoir peur
    etwas läßt jmdn. vor Angst, Entsetzen schaudern
    eine Gänsehaut bekommen/kriegen *(ugs.)*; **jmdm. läuft eine Gänsehaut über den Rücken** *(ugs.)*
41. **donner la chair de poule (à qn)**
    inspirer la peur
    etwas läßt jmdn. vor Angst, Entsetzen schaudern
    etwas verursacht jmdm. eine Gänsehaut *(ugs.)*
42. **faire dresser les cheveux sur la tête (à qn)**
    inspirer la peur <*Cela vous fait dresser les cheveux sur la tête*>
    jmdn. im höchsten Maß erschrecken, Angst einjagen; haarsträubend sein
    da stehen einem die Haare zu Berge *(ugs.)*; **da sträuben sich einem die Haare** *(ugs.)*
43. **trembler dans sa culotte** *(fam.)*
    avoir très peur
    große Angst haben
44. **trembler comme une feuille**
    ~ de peur
    vor Angst zittern
    zittern wie Espenlaub *(ugs.)*

Notes

1 *coi, coite (arch.):* ce mot, apparenté à *quiétude, inquiétude,* n'est plus utilisé que dans cette locution.
2 *Baptiste:* prénom souvent donné au niais dans les comédies. Il restait passif sous les coups qui lui étaient donnés, pour la plus grande joie de l'assistance.
3 Allusion au chasseur qui regarde la bouche ouverte un oiseau sans intérêt pour lui. Le verbe *bayer* n'existe plus que dans cette locution.
4 cf. chapitre XVIII., note 10.
5 Il s'agirait de la bouche (le *coin* remplace la bouche entière) qui reste ouverte quand on est très surpris.
6 *martel (m.):* forme vieillie pour *marteau.*
7 Le lait bouilli qui déborde représente la colère, puis, par métonymie, l'individu en colère.

8 Comme quelqu'un qui respire de la moutarde et qui est sur le point d'éternuer à cause de l'odeur irritante de celle-ci.
9 Se disait au Moyen Âge des seigneurs qui montaient sur leurs chevaux de bataille (les grands chevaux de belle race et de haute taille) et se préparaient à partir pour une bataille.
10 Allusion aux piqûres d'insectes (p.ex. des taons (dt.= *Bremse*)) dont sont victimes les animaux, en particulier les chevaux, les vaches qui y réagissent en s'agitant.
11 D'origine obscure. Peut-être par allusion au bonnet des fous. Il n'est pas exclu que les deux termes concrets (*tête, bonnet*) représentent deux notions abstraites. De même que la tête est près du bonnet, l'esprit, la décision est proche de sa manifestation extérieure. D'où le sens 'sitôt l'idée, la colère apparue, sitôt l'action correspondante'.
12 Allusion aux animaux qui se ramassent sur eux-mêmes quand ils sont en danger ou en colère (hérisson, chat). Cf. aussi: *avoir les nerfs en boule*.
13 L'image du liquide blanchâtre du navet suggère l'anémie et métaphoriquement la lâcheté, la peur.

Chapitre XX

L'homme et les déplacements

Immobilité, attente

1. **ne remuer ni pied ni patte**
   être immobile, ne plus bouger
   sich nicht mehr rühren; keinen Schritt gehen
2. **être planté comme une borne/un piquet**
   rester debout et immobile alors que les circonstances commandent de faire qc.
   untätig dastehen
3. **prendre racine**
   ne pas bouger, rester longtemps debout au même endroit; rester trop longtemps en visite chez qn
   sich nicht mehr bewegen, rühren; sich zu lange irgendwo aufhalten
4. **croquer le marmot**[1] *(vieilli)*
   attendre longtemps en se morfondant
   lange und ungeduldig warten
   sich *(Dativ)* **die Beine in den Leib/Bauch stehen** *(ugs.)*

5. **faire le pied de grue**
   attendre longtemps, debout, au même endroit
   lange stehen und auf etwas warten müssen
   sich *(Dativ)* die Beine in den Leib/Bauch stehen *(ugs.)*
6. **faire les cent pas**
   attendre en allant et venant dans un lieu déterminé
   auf und ab gehen
7. **faire le poireau** *(fam.)*
   attendre longtemps
   lange warten
   sich (Dativ) die Beine in den Leib/Bauch stehen *(ugs.)*
8. **faire tapisserie**[2]
   se dit d'une femme qui n'est pas invitée à danser au cours d'un bal
   Mädchen, das beim Tanzen nicht oder nur sehr selten aufgefordert wird
   ein Mauerblümchen sein *(ugs.)*

| Façons de marcher |

9. **battre le pavé**
   marcher sans but, errer dans les rues
   ohne ein bestimmtes Ziel durch die Straßen gehen; umherirren; umherschlendern; durch die Straßen flanieren
   Pflaster treten *(ugs.)*
10. **traîner ses guêtres** *(fam.)*
    aller sans but, vagabonder
    ohne bestimmtes Ziel durch die Straßen gehen; sich herumtreiben; umherschlendern
11. **tourner comme un ours [uRs] en cage** *(fam.)*
    aller et venir sans arrêt par inaction ou impatience
    <wie ein gefangenes Tier im Käfig> hin und her gehen
12. **prendre le chemin des écoliers**[3]
    aller par le plus long chemin, qui permet de flâner
    den längsten Weg nehmen, um flanieren oder etwas besichtigen zu können
13. **marcher sur des œufs [ø]** *(fam.)*
    ~ avec précaution ou maladroitement
    a) behutsam, die Füße vorsichtig aufsetzend gehen
    wie auf Eiern gehen *(ugs.)*
    b) unsicheren Schrittes gehen
14. **aller/marcher à pas de loup**
    ~ de façon discrète, de manière à n'être pas entendu
    sich leise, lautlos, unhörbar, still und heimlich fortbewegen
    auf leisen Sohlen/auf Zehenspitzen gehen

15. aller/marcher à la queue leu leu[4]/à la/en file indienne[5]; en rang d'oignons [ɔɲɔ̃]
    aller très rapprochés les uns derrière les autres; ~ rangés en file, sur une seule ligne
    einer nach dem anderen, einer hinter dem anderen gehen; in einer Reihe gehen
    im Gänsemarsch gehen
16. aller/marcher comme un escargot/une tortue
    ~ très lentement
    sehr langsam vorankommen
    im Schneckentempo vorankommen *(ugs.)*
17. aller comme le vent/passer comme un éclair
    ~ très rapidement
    sehr schnell (vorbei)laufen
    (vorbei)laufen wie ein Blitz/wie ein geölter Blitz *(ugs.)*; **(vorbei)laufen wie der Wind/ein Wirbelwind**
18. aller/courir ventre à terre/à bride abattue[6]/à toutes jambes
    ~ le plus vite possible
    laufen so schnell man kann; sehr schnell laufen
    in gestrecktem Galopp laufen/rasen *(ugs.)*
19. courir comme un lapin/un zèbre/comme si on avait le diable à ses trousses[7]
    ~ très vite
    sehr schnell laufen, sausen, flitzen
    flink wie ein Wiesel sein; rennen, rasen wie ein Irrer *(ugs.)*
20. allonger le compas [kɔ̃pa][8] *(fam.)*
    marcher vivement, faire de grands pas
    schnell und mit großen Schritten gehen; tüchtig ausgreifen
    im Sturmschritt daherkommen/zu etwas/zu jmdm. eilen; mit Siebenmeilenstiefeln gehen *(ugs. scherzh.)*
21. passer en coup de vent
    ~ très rapidement <après des verbes de mouvement>
    sehr schnell vorbeilaufen
    vorbeisausen wie ein Wirbelwind
22. arriver/entrer comme un ouragan
    ~ brusquement, très vivement
    angestürmt, angebraust kommen
    wie ein Wirbelwind daherkommen

Départ, fuite; voyage

23. **avoir le pied à l'étrier** (cf. XI/27)
    être sur le point de partir
    im Aufbruch begriffen sein; fertig, bereit zum Aufbruch sein
    gestiefelt und gespornt *(ugs. scherzh.)*
24. **ficher[9] le camp** *(fam.)*
    s'en aller, partir
    sich davonmachen, verschwinden
    Leine ziehen *(ugs.)*; **sich aus dem Staub(e) machen** *(ugs.)*
25. **plier bagage**
    partir, s'enfuir rapidement
    schnell abreisen, aufbrechen
26. **prendre ses cliques[10] et ses claques** *(fam.)*
    s'en aller brusquement en emportant tout ce que l'on a
    sich mit all seiner Habe absetzen
    mit Sack und Pack abhauen
27. **partir la queue basse/la queue entre les jambes**
    ~ avec une allure de vaincu
    nach einer Zurechtweisung o.ä. nichts mehr zu sagen wissen und betroffen weggehen
    wie ein begossener Pudel abziehen *(salopp)*; **mit hängendem/ eingezogenem Schwanz abziehen** *(salopp)*
28. **prendre ses jambes à son cou**
    partir à toute vitesse
    ganz schnell weglaufen
    die Beine unter die Arme nehmen *(ugs.)*
29. **partir comme une flèche**
    ~ à toute vitesse
    schnell davonlaufen, davoneilen
    wie ein Pfeil losschießen
30. **partir sans tambour ni trompette[11]**
    ~ en secret, sans bruit, sans attirer l'attention
    ohne viel Aufhebens, unbemerkt, unbeachtet aufbrechen, weggehen, verschwinden
    bei Nacht und Nebel verschwinden; **sang- und klanglos verschwinden** *(ugs.)*
31. **filer à l'anglaise[12]**
    partir sans dire au revoir et sans être aperçu
    heimlich weggehen, ohne sich zu verabschieden
    sich (auf) französisch empfehlen/verabschieden/verdrücken; (auf) französisch Abschied nehmen *(ugs.)*

32. **partir/s'en aller sur la pointe des pieds**
 ~ discrètement, sans vouloir déranger personne
 ganz leise und nur mit der Fußspitze auftretend weggehen
 auf Zehenspitzen weggehen/wegschleichen
33. **mettre la clé sous le paillasson/la porte**
 déménager en quittant discrètement et définitivement un logement notamment sans payer; fermer sa maison et disparaître furtivement
 heimlich und ohne zu zahlen ausziehen; unbemerkt verschwinden
 sang- und klanglos verschwinden *(ugs.)*
34. **prendre la poudre d'escampette[13]/la clé des champs**
 s'enfuir, filer
 sich eilig, schnell entfernen; eilig weglaufen
 sich aus dem Staub(e) machen *(ugs.)*; **Reißaus nehmen** *(ugs.)*; **die Kurve kratzen** *(salopp)*
35. **déménager à la cloche de bois[14]**
 partir en secret, sans payer la chambre, le loyer
 heimlich und ohne eine ausstehende Rechnung zu bezahlen ausziehen
 bei Nacht und Nebel ausziehen
36. **jouer la fille[15] de l'air** *(fam.)*
 s'enfuir; être insaisissable, impossible à joindre
 sich unauffällig entfernen;
 sich dünnmachen/dünnemachen *(ugs.)*
37. **rouler sa bosse**
 beaucoup voyager, changer souvent d'endroit <utilisé surtout au passé composé: *Il a beaucoup roulé sa bosse.*>
 viel reisen; viel, weit herumkommen; sich in der Welt umschauen
 ständig auf Achse sein *(ugs.)*; **sich (Dativ) den Wind um die Nase/ Ohren wehen lassen** *(ugs.)*

Notes

1 *marmot (m.):* petite figure grotesque ornementale servant de heurtoir (dt.= *Türklopfer*) avec lequel le visiteur frappait (vieux sens de *croquer*) impatiemment la porte pour pouvoir entrer dans la maison.
2 Ces femmes sont réduites à un rôle décoratif. Leur immobilité les assimilait autrefois aux personnages d'une tapisserie faisant décor dans une salle.
3 Allusion aux écoliers qui ne veulent pas aller en classe ou qui y arrivent en faisant des détours.
4 *leu (m.):* ancienne forme pour *loup*. La construction garde aussi des traces de l'ancien français et pourrait être expliquée comme: *le loup à la queue du loup.*
5 Allusion à la marche des Indiens sur le sentier de la guerre.
6 On arrête le cheval en tirant sur la bride, on le laisse aller en la laissant longue, lâche, abattue.

7 *trousses (f. pl. arch.):* culotte courte et relevée.
8 L'ouverture des jambes pendant la marche est comparée à celle des branches du compas.
9 *ficher:* il a remplacé le verbe de la locution vieillie *prendre son camp* 'ramasser son matériel, plier sa tente'.
10 *cliques (f. pl.): cliques* et *claques* sont de vieux mots désignant des chaussures qui ont été interprétés plus tard – peut-être sous l'influence de *bric à brac* – comme: 'tout le bazar, tout ce qu'on a'. L'imitation par les mots *clic, clac* du bruit des pas rapides a pu jouer aussi dans la formation de la locution.
11 D'origine militaire. Les opérations militaires étaient normalement accompagnées du tambour et de la trompette, sauf s'il s'agissait d'une retraite honteuse et secrète.
12 Les Anglais disent la même chose: *to take French leave* 'prendre la fuite française'. L'origine de la locution doit être dans les multiples guerres qui ont opposé la France et l'Angleterre et qui ont fait de nombreux prisonniers des deux côtés. Or, ceux-ci échappaient régulièrement, et le plus discrètement possible, à la surveillance de leurs gardes, anglais ou français.
13 *escampette (f.):* ce mot, employé aujourd'hui seulement dans cette locution, est un diminutif de l'ancien *escampe* 'fuite'. La poudre peut être celle qui explose et fait fuir, mais il pourrait s'agir aussi de la poussière soulevée par une course rapide.
14 Allusion au silence du départ – une cloche de bois ne fait aucun bruit – pendant lequel on s'efforce d'étouffer les bruits.
15 La locution viendrait d'une opérette du milieu du XIXe siècle où une sylphide (une fille de l'air) disparaît en s'évaporant.

Chapitre XXI

L'homme et l'économie – 1

Dettes; payement

1. **devoir à Dieu et au diable** *(vieilli)*
   ~ à tout le monde
   überall Schulden haben
2. **être endetté jusqu'à la gauche**[1]
   ~ fort endetté
   völlig verschuldet sein; sehr viele Schulden haben
   bis zum Hals/über den Hals in Schulden stecken *(ugs.)*; **mehr Schulden als Haare auf dem Kopf haben** *(ugs.)*; **tief/bis über die/ beide Ohren in Schulden stecken** *(ugs.)*

3. **payer rubis [Rybi] sur l'ongle**[2]
 ~ comptant et jusqu'au dernier sou ce qu'on doit
 bar, vollständig, bis auf den letzten Rest bezahlen
 bis auf den letzten Heller/auf Heller und Pfennig bezahlen *(ugs.)*
4. **boucher un trou** *(vieilli)*
 régler une dette parmi d'autres
 eine Schuld bezahlen; ein Loch in der Kasse stopfen
5. **payer qn en monnaie de singe**[3] (cf. VII/16)
 ~ par de belles paroles, des promesses creuses, au lieu de rembourser une dette
 jmdn. mit leeren Versprechungen hinhalten, mit leeren Worten abspeisen, anstatt zu zahlen
6. **se saigner aux quatre veines**[4] **pour qn**
 dépenser tout ce qu'on peut pour autrui, en se privant soi-même
 große finanzielle Opfer für jmdn. bringen; sein Letztes hergeben
7. **cracher au bassinet**[5]
 payer, donner de l'argent à contrecœur
 widerwillig Geld herausrücken
8. **graisser la patte à qn**[6] *(fam.)*
 lui donner de l'argent pour obtenir quelque avantage
 jmdn. bestechen; jmdn. schmieren *(salopp abwertend)*
 jmdm. die Hände schmieren/versilbern *(ugs.)*

> Prix

9. **coûter les yeux de la tête**[7]
 ~ très cher, être hors de prix <Snc.>
 sehr viel Geld kosten
 ein Vermögen kosten; ein Heidengeld kosten *(ugs. emotional verstärkend)*
10. **coûter trois fois rien**
 être très bon marché <Snc.>
 (fast, halb) geschenkt sein; sehr billig sein; spottbillig sein *(ugs.)*
 etwas für ein Spottgeld bekommen *(ugs.)*; **etwas für einen Spottpreis erwerben/bekommen** *(ugs.)*
11. **acheter qc. pour une bouchée de pain**[8]
 ~ pour un prix insignifiant
 etwas sehr billig, für einen unbedeutenden Betrag kaufen
 etwas für einen Appel/Apfel und ein Ei kaufen *(ugs.)*; **etwas für/um ein Butterbrot kaufen** *(ugs.)*; **etwas für einen Pappenstiel kaufen** *(ugs.)*

12. **ce n'est pas le Pérou**[9]
    ce n'est pas une somme énorme, une grande richesse <sert fréquemment à présenter une appréciation positive: "c'est un gain modeste mais sûr">
    das ist keine große Summe; das ist nicht viel
13. **c'est aux frais de la princesse** *(fam.)*
    cela ne coûte rien à qn personnellement, c'est aux frais du gouvernement, de l'Etat, d'une entreprise
    etwas geht auf Kosten der Regierung, der Firma, des Staates etc.
14. **à l'œil**[10] *(fam.)* gratuitement, pour rien <surtout avec les verbes avoir, entrer, voyager>
    umsonst; ohne etwas zu bezahlen

Épargne; avarice

---

15. **économiser sou à/par sou**
    ~ par petites sommes
    kleinste Beträge sparen; Pfennig für Pfennig sparen
16. **joindre les deux bouts** (cf. XII/4)
    équilibrer son budget, passer de la fin du mois au début du suivant sans manquer d'argent <s'emploie surtout en phrase négative: *Il n'arrive pas/il a du mal à joindre les deux bouts.*>
    mit seinem Einkommen, Geld gerade eben noch auskommen
    über die Runden kommen *(ugs.)*
17. **faire des économies de bouts de chandelles**[11]
    ~ des économies insignifiantes qui n'apportent pas d'avantages réels
    an lächerlichen Kleinigkeiten sparen, die nur wenig einbringen
    am falschen Ende sparen
18. **se serrer la ceinture** *(fam.)*
    dépenser le moins possible en se privant éventuellement même de nourriture
    sich in seinen Bedürfnissen einschränken
    den Gürtel enger schnallen *(ugs.)*
19. **garder une poire pour la soif** (cf. VIII/10)
    économiser pour les besoins à venir
    Geld in vorsorgender Absicht beiseite legen, sparen
    etwas auf die hohe Kante legen *(ugs.)*; **sich** *(Dativ)* **einen Notgroschen zurücklegen**
20. **être avare comme un Auvergnat**[12] *(rare)*
    ~ très avare
    sehr geizig sein; ein Geizhals, Geizkragen sein *(ugs. abwertend)*
21. **tondre un œuf**
    être très avare <souvent au conditionnel>
    sehr geizig sein; ein Geizhals, Geizkragen sein *(ugs. abwertend)*

22. **avoir les doigts crochus** *(fam.)*
être avare, avide, rapace
geizig, habgierig sein; immer alles nehmen, was man bekommen kann
vom Stamme Nimm sein *(ugs. scherzh.)*
23. **ne pas attacher son/ses chien(s) avec des saucisses** *(fam.)*
être très avare
sehr sparsam, geizig sein; ein Pfennigfuchser sein *(ugs.)*
jeden Pfennig (dreimal) umdrehen *(ugs.)*; **auf den Pfennig sehen** *(ugs.)*

> Dépense; gaspillage

24. **jeter l'argent par les fenêtres**
dépenser en gaspillant
sehr verschwenderisch sein
sein Geld (mit beiden Händen) auf die Straße werfen/zum Fenster hinauswerfen/zum Schornstein hinausjagen *(ugs.)*
25. **l'argent lui fond dans les mains**
il est incapable d'économiser
das Geld nicht zusammenhalten können
jmdm. rinnt das Geld durch die Finger
26. **manger son blé en herbe** (cf. VI/37)
dépenser d'avance son revenu; gaspiller son avoir
sein Kapital, Geld ausgeben, bevor es Erträge abwirft; sein Einkommen im voraus ausgeben
27. **couper l'arbre pour avoir le fruit** (cf. VI/38)
détruire une source de richesses, de profits, pour un gain immédiat
törichterweise zugunsten eines augenblicklichen Vorteils auf künftige, größere Gewinne verzichten
28. **tuer la poule aux œufs [ø] d'or**[13] (cf. VI/39)
détruire par avidité ou impatience la source de profits importants à venir
törichter- oder unvorsichtigerweise sich selbst die Grundlage seines Wohlstandes entziehen
das Huhn, das goldene Eier legt, schlachten

Notes

1 D'origine militaire. La *gauche* désigne l'extrêmité de la ligne des rangs, en partant de la droite.
2 *Boire rubis sur l'ongle* signifiait autrefois 'vider son verre de vin rouge (de couleur rubis) jusqu'à la toute dernière goutte qui tient sur l'ongle sans

s'écouler'. De là le sens de 'finir son verre jusqu'à la dernière goutte', d'où, par métaphore et par changement de verbe (boire → vider son verre → vider sa bourse → payer), le sens actuel de 'payer comptant et jusqu'au dernier sou' (dernière goutte → dernier sou).
3 cf. chapitre VII., note 8.
4 Il s'agit des veines des quatre membres.
5 *bassinet (m.):* c'est le récipient de la quête (dt.= *Geldsammlung; (Kirchen-) Kollekte*). *Cracher* est pris au sens de 'émettre, donner sa salive' et, par métaphore, son argent.
6 La *graisse* symbolise la corruption, le gain illicite, le profit (cf. *faire ses choux gras*, XXII-27). *Patte* signifie ici 'main'.
7 Les yeux représentent 'ce qui est le plus cher au monde'; cf. aussi: *tenir à qc. comme à la prunelle de ses yeux.*
8 *bouchée de pain (f.):* équivalence métaphorique entre 'minimum de nourriture' et 'prix insignifiant'.
9 *le Pérou:* dans la mythologie du premier colonialisme espagnol, c'était la terre de l'or, de la richesse.
10 À l'origine: 'à crédit, sans payer' (proprement: sur la vue, la bonne mine).
11 La locution viendrait de l'habitude de refondre ou de revendre aux fabricants de cire les bouts de chandelles non utilisables.
12 Les paysans d'Auvergne avaient, peut-être à cause des conditions de vie dures du Massif Central, la réputation d'être très avares.
13 cf. chapitre VI., note 10.

Chapitre XXII

L'homme et l'économie – 2

Pauvreté, misère

1. **être sans le sou/ne pas avoir le sou**
   ~ sans argent
   kein Geld haben; mittellos sein; keinen Pfennig haben
   keinen (roten, lumpigen) Heller haben *(ugs.)*
2. **ne pas avoir un sou vaillant**[1]
   être pauvre, sans argent
   kein Geld haben; mittellos sein; keinen Pfennig haben
   keinen (roten, lumpigen) Heller haben *(ugs.)*
3. **n'avoir ni sou ni maille**[2]
   être sans aucun argent
   kein Geld haben; mittellos sein; keinen Pfennig haben
   keinen (roten, lumpigen) Heller haben *(ugs.)*

4. **avoir du mal à joindre les deux bouts** (cf. XXI/16)
   ~ du mal à équilibrer son budget, ne pas avoir d'argent vers la fin du mois
   Schwierigkeiten haben, mit seinem Geld auszukommen
   Schwierigkeiten haben, über die Runden zu kommen *(ugs.)*
5. **tirer le diable par la queue**[3]
   vivre sans cesse dans la misère, avec des ressources insuffisantes
   kein ausreichendes Einkommen haben; sich sehr einschränken müssen, Not leiden
   am Hungertuch nagen *(ugs. scherzh.)*
6. **tirer la langue** (cf. X/26)
   être dans le besoin, dans une grande nécessité financière
   bedürftig sein; in großer finanzieller Notlage sein
   aus dem letzten Loch pfeifen *(salopp)*
7. **manger de la vache enragée**[4]
   être obligé de vivre dans la pauvreté, la misère
   ein entbehrungsreiches Leben führen müssen; viel entbehren müssen; sich kümmerlich durchschlagen
   am Hungertuch nagen *(ugs. scherzh.)*
8. **être pauvre comme Job [ʒɔb]**[5]
   ~ très pauvre
   sehr arm sein; sehr ärmlich, elend leben
   ein armer Schlucker/Teufel sein *(ugs.)*; **wie ein Hund leben** *(ugs.)*
9. **être gueux [gø] comme un rat d'église** *(vieilli)*
   ~ très pauvre
   sehr arm sein
   arm wie eine Kirchenmaus sein *(ugs. scherzh.)*
10. **être fauché comme les blés** *(fam.)*
    ~ sans argent
    kein Geld mehr haben
    abgebrannt sein *(ugs.)*; **blank sein** *(ugs.)*
11. **être à sec**[6] *(fam.)*
    ne pas avoir d'argent
    kein Geld mehr haben; aus finanziellen Gründen in Verlegenheit sein
    auf dem trock(e)nen sitzen *(ugs.)*
12. **être sur le sable**[7] *(fam.)*
    être sans argent; être sans travail
    mittellos sein; ohne Arbeit sein
    auf dem trock(e)nen sitzen *(ugs.)*
13. **être à la côte**[8] *(fam.)*
    ~ sans argent, vivre dans la misère
    kein Geld haben; sich kümmerlich durchschlagen

Richesse; profit

14. **faire bouillir la marmite**[9] (cf. V/5)
    assurer la subsistance d'une famille
    für den Unterhalt seiner Familie sorgen; die Familie ernähren
    für die Familie die Brötchen verdienen *(ugs.)*
15. **mettre du beurre dans les épinards**[10]
    améliorer sa situation financière <le plus souvent avec un Snc.: *Cela met du beurre dans les épinards.*>
    die finanzielle Lage verbessern; die Finanzen aufbessern
16. **faire son beurre** *(fam.)*
    gagner beaucoup d'argent, s'enrichir d'une façon plus ou moins honnête
    sich (auf Kosten anderer) großen Gewinn verschaffen
    seine Schäfchen ins trockene bringen *(ugs. oft abwertend)*
17. **faire sa pelote** *(fam.)*
    s'enrichir progressivement, par de petits profits d'une façon plus ou moins honnête
    sich allmählich bereichern auf mehr oder weniger ehrliche Weise
    seine Schäfchen ins trockene bringen *(ugs. oft abwertend)*
18. **être riche comme Crésus** [kRezys][11]
    ~ très riche
    sehr reich, steinreich sein
    reich wie Krösus sein; ein Krösus sein *(oft scherz.)*
19. **avoir du foin dans ses bottes**[12]
    être riche
    sehr reich, gutsituiert, wohlhabend sein
    Geld wie Heu haben *(ugs.)*
20. **remuer l'argent à la pelle**
    être très riche
    sehr reich, gutsituiert, wohlhabend sein
    im Geld schwimmen *(ugs.)*
21. **rouler sur l'or**[13]
    être très riche
    sehr reich, gutsituiert, wohlhabend sein
    im Geld schwimmen *(ugs.)*
22. **être (tout) cousu d'or**[14]
    être très riche
    sehr reich, gutsituiert, wohlhabend sein
    im Geld schwimmen *(ugs.)*; **Geld wie Heu haben** *(ugs.)*
23. **être plein aux as** [as][15] *(pop.)*
    avoir beaucoup d'argent
    sehr reich, gutsituiert, wohlhabend sein
    im Geld schwimmen *(ugs.)*; **Geld wie Dreck haben** *(salopp)*

24. vivre sur un grand pied
~ dans le luxe; mener un grand train de vie
großzügig, verschwenderisch leben
auf großem Fuß(e) leben

25. mener la vie à grandes guides[16] *(litt.)*
être riche et vivre en dépensant beaucoup
flott, sorglos prassend, verschwenderisch leben
in Saus und Braus leben

26. être/vivre comme un coq en pâte[17]
avoir une vie facile, confortable, être bien traité, choyé
im Überfluß leben, verwöhnt werden; von vorn und hinten bedient werden
leben wie die Made im Speck *(ugs.)*; **leben wie Gott in Frankreich** *(ugs.)*

27. faire ses choux gras de qc.[18] *(fam.)*
tirer profit d'une affaire avantageuse <aussi p.ext.: tourner qc. à son avantage>
bei einem Geschäft einen bestimmten Gewinn machen; aus etwas Vorteil ziehen
einen/seinen Schnitt bei etwas machen *(ugs.)*; **bei etwas seinen Reibach machen** *(ugs.)*; **bei etwas den Rahm abschöpfen** *(ugs.)*

28. avoir sa part du gâteau *(fam.)*
partager le profit d'une affaire
am Gewinn beteiligt sein

Notes

1 *vaillant:* participe présent du verbe *valoir*. Mot à mot: ne pas avoir un sou qui vaille, qui ait une valeur.
2 *maille (f. arch.):* plus encore que le sou, vingtième du franc, elle représentait autrefois la plus petite monnaie qui était indivisible et valait la moitié d'un denier (cf. *avoir maille à partir avec qn,* XIV-31).
3 La croyance populaire disait d'une bourse vide qu'elle contenait le diable. C'est que les anciennes monnaies portaient au revers une croix qui était réputée être la seule image qui pût chasser le diable, lequel pouvait loger à son aise dans une bourse vide de monnaies capables de lui présenter ce signe redouté. Or, les anciennes bourses étaient fermées par un lacet qui servait aussi à les suspendre à la ceinture ou à les porter à la main. Ce lacet qu'on tire pourrait symboliser la queue du diable qui loge dans la bourse quand elle est vide.
4 Allusion à l'état de misère, de faim dans lequel on mange même de la viande de bêtes malades et tuées par raison d'hygiène.
5 *Job:* patriarche biblique qui perdit ses enfants et toute sa richesse en un jour. Son histoire fait l'objet d'un des livres de la Bible (Ancien Testament).

6 La sécheresse symbolise la pénurie, la misère.
7 Métaphore maritime du bateau en difficulté, échoué sur le sable.
8 Image du naufragé.
9 La locution remonte à une époque où les gens faisaient cuire leurs aliments dans une marmite. Par métaphore, celle-ci symbolise les moyens financiers nécessaires à l'existence quotidienne.
10 *épinard (m.):* c'était un plat de pauvres. Y mettre du beurre, c'est améliorer le goût et la valeur nutritive du plat. Mais pour acheter du beurre, il faut trouver un supplément de ressources.
11 *Crésus:* roi de Lydie en Asie Mineure (VIe siècle av. J.-C.) célèbre par sa fabuleuse richesse due aux sables aurifères du fleuve Pactole qui traversait son pays. Pour l'origine de cet or dans le Pactole, voir la légende sur Midas et Dionysos.
12 Avoir du foin, dont l'abondance était déjà à lui seul un signe de richesse, et des bottes (non pas des sabots!) fourrées de foin, voilà une double raison pour être considéré comme riche parmi les paysans.
13 Allusion à l'opération financière *rouler l'or, l'argent* 'le passer d'une main à l'autre', dont le résultat est souvent l'enrichissement.
14 Autrefois les voyageurs faisaient coudre des pièces d'or dans la doublure (dt.= *Futter*) de leurs vêtements.
15 Aux jeux de cartes, celui qui a les as (qui est rempli d'as) a les moyens de gagner.
16 Métaphore hippique. Les grandes guides (dt.= *Zügel*) étaient celles qui permettaient de diriger les chevaux de tête d'un attelage. Au sens propre, *conduire à grandes guides* c'était 'aller à grande vitesse'.
17 Allusion au coq qu'on faisait cuire enroulé dans de la pâte chaude pour en faire un pâté.
18 Du chou cuit à l'eau, c'est encore un plat de pauvres (cf. note 10). Il faut un peu de lard ou de graisse pour l'améliorer. Signe que tout va bien dans les finances.

Chapitre XXIII

L'homme et l'univers – 1

> Météorologie

1. il pleut à seaux[1]
~ très fort
es regnet heftig
es gießt/schüttet (wie) aus Kübeln *(ugs.)*; **es gießt wie aus Eimern** *(ugs.)*

2. **il pleut des cordes**[2] *(fam.)*
 ~ abondamment
 es regnet anhaltend und stark
 es regnet Bindfäden *(ugs.)*
3. **il pleut/il tombe des hallebardes** ['albaRd][3] *(fam.)*
 ~ très fort
 es regnet heftig
 es regnet/gießt in Strömen
4. **il pleut comme vache qui pisse** *(pop.)*
 ~ fort et abondamment
 es regnet stark und heftig
 es schifft *(salopp)*; **es pißt** *(salopp)*
5. **il tombe comme à Gravelotte**[4]
 il pleut très violemment
 es regnet heftig und stark
 es regnet Schusterjungen *(berlin. salopp)*
6. **être mouillé/trempé jusqu'aux os** [o]
 ~ complètement trempé par la pluie, la mer, etc., malgré les vêtements
 durch und durch naß sein; völlig durchnäßt sein; durchnäßt sein bis auf die Haut
 naß bis auf die Knochen sein; keinen trockenen Faden (mehr) am Leib haben *(ugs.)*
7. **être trempé comme une soupe/un canard** *(fam.)*
 ~ très mouillé
 völlig durchnäßt sein; durch und durch naß sein
 pudelnaß sein *(ugs.)*; **klatschnaß/patschnaß sein** *(ugs. emotional)*
8. **il fait un brouillard à couper au couteau**
 ~ un brouillard très épais
 es herrscht undurchdringlicher, dichter Nebel
 draußen ist/das ist eine richtige Waschküche *(ugs.)*
9. **il fait un vent à décorner**[5] **les bœufs** [bø] *(fam.)*
 ~ un vent très violent
 es stürmt fürchterlich, entsetzlich
10. **il fait un soleil de plomb** [plõ]
 ~ un soleil accablant, écrasant
 es herrscht bleierne, drückende Hitze
11. **il fait un froid de canard/de loup**[6]
 ~ un froid particulièrement vif, rigoureux
 sehr kalt, unangenehm kalt sein; saukalt sein *(ugs. emotional verstärkend)*
 es herrscht eine Hundekälte *(ugs.)*

12. **il gèle à pierre fendre**[7]
    ~ très fort, il fait très froid
    es herrscht strenger, klirrender Frost
    es friert Stein und Bein *(ugs.)*
13. **avoir la chair de poule** (cf. XIX/40)
    frissonner de froid
    vor Kälte schaudern
    eine Gänsehaut bekommen; jmdm. läuft eine Gänsehaut über den Rücken *(ugs.)*
14. **claquer des dents**
    avoir très froid
    frieren; vor Kälte mit den Zähnen klappern
15. **il fait un temps à ne pas mettre un chien dehors/il fait un temps de chien**
    se dit d'un très mauvais temps
    es herrscht sehr schlechtes Wetter; es herrscht ein Hundewetter
    bei diesem Wetter/bei einem solchen Wetter jagt man (doch) keinen Hund vor die Tür/hinaus

Notes

1 Mot à mot: de quoi remplir des seaux.
2 Mot à mot: les gouttes de pluie tombent si serrées qu'elles forment une corde.
3 Probablement sous l'influence de son synonyme *lance* (une autre arme d'autrefois munie d'un fer pointu) qui avait en argot le sens de 'eau, eau de pluie' (cf. *lancequiner* 'pleuvoir' en argot).
4 Allusion à une bataille sanglante de la guerre de 1870 entre les Français et les Allemands, qui s'est déroulée à Gravelotte, commune de la Moselle près de Metz. Évidemment c'étaient des balles, des obus qui tombaient, d'où, par métaphore, l'association avec la pluie abondante.
5 *décorner:* ôter les cornes.
6 Allusion à la période de froid propice à la chasse au canard sauvage ou à celle qui fait apparaître dans les villages les loups affamés.
7 À remarquer la construction archaïque de la locution: *geler à pierre fendre* au lieu de geler à fendre <une> pierre.

Chapitre XXIV

L'homme et l'univers – 2

> Calendrier

1. **au (premier) chant du coq**
   très tôt le matin, à l'aube
   sehr früh am Morgen; schon bei Tagesanbruch; in der Morgendämmerung
   beim ersten/mit dem ersten Hahnenschrei, in aller Herrgottsfrühe
2. **dès potron-minet**[1] *(fam.)*
   dès l'aube, dès le petit jour
   seit Tagesanbruch; seit dem Morgengrauen
3. **entre chien et loup**[2]
   moment de la journée entre le coucher du soleil et la nuit noire
   in der Abenddämmerung
4. **à une heure sans nom**
   très tard dans la nuit
   sehr spät in der Nacht
5. **sur le coup de deux (trois...) heures**
   exactement à deux (trois...) heures
   genau, pünktlich um zwei (drei...) Uhr
   Schlag zwei (drei...) Uhr
6. **un de ces quatre matins; un de ces quatre** *(fam.)*
   prochainement, sans date précise
   demnächst, bald, in nächster Zeit
7. **renvoyer/remettre qc. aux calendes grecques**[3]
   ~ à plus tard, à une date qui ne sera jamais fixée
   etwas auf später verschieben, ohne den Termin genauer anzugeben
   etwas ad calendas graecas verschieben *(geh.)*
8. **la semaine des quatre jeudis** *(fam.)*
   (ne ...) jamais
   nie, niemals
   am Nimmerleinstag *(ugs. scherzh.)*; **wenn Ostern und Pfingsten/Weihnachten zusammenfallen/auf einen Tag fallen** *(ugs.)*
9. **tous les trente-six du mois**
   à peu près jamais, très rarement
   fast niemals, sehr selten
   alle Jubeljahre (ein)mal *(ugs. scherzh.)*

10. **quand les poules auront des dents** *(fam.)*
    (ne ...) jamais
    nie, niemals
    wenn Ostern und Pfingsten/Weihnachten zusammenfallen/auf einen Tag fallen *(ugs.)*
11. **à la Saint-Glinglin**[4] *(fam.)*
    (ne ...) jamais
    nie, niemals
    am Nimmerleinstag *(ugs. scherzh.)*; **wenn Ostern und Pfingsten/ Weihnachten zusammenfallen/auf einen Tag fallen** *(ugs.)*
12. **il y a/depuis belle lurette**[5] *(fam.)*
    il y a/depuis longtemps
    vor, seit sehr langer Zeit
    zu/seit Olims Zeiten *(bildungsspr. scherzh.)*
13. **il y a/cela fait un bail** [baj][6]**/ une paye** [pɛj][7] **(qu'on ne s'est pas vu)** *(fam.)*
    il y a longtemps qu'on ne s'est pas vu
    schon sehr lange her sein; das ist schon eine Ewigkeit her; (sich) seit einer Ewigkeit, eine Ewigkeit nicht mehr (gesehen haben)
14. **ne pas faire long feu**[8]
    ne pas durer longtemps, être vite terminé <Snc.>
    nicht sehr lange dauern; schnell erledigt sein
15. **être long comme un jour sans pain**
    ~ très long, interminable <en parlant d'une durée, d'une personne ou d'un objet>
    sehr lang sein; endlos lang sein
    kein Ende nehmen wollen

Notes

1 Mot à mot: au moment où le chat *(le minet)* se lève et montre son derrière, son postérieur, son *potron* (mot vieilli).
2 C'est-à-dire au moment où il commence à faire noir et où on ne peut plus distinguer le chien du loup.
3 Les calendes grecques n'existaient pas. C'est seulement à Rome et non en Grèce qu'on distinguait dans le mois les *calendes* (le premier jour de chaque mois), les *nones* (le neuvième jour avant les ides) et les *ides* (le 15 en mars, mai, juillet, octobre et le 13 les autres mois). Aux calendes, le premier jour du mois, il fallait payer ses dettes.
4 *Saint-Glinglin*: il n'existe pas de saint de ce nom et il ne peut donc avoir sa fête dans le calendrier.
5 *lurette (f.)*: uniquement dans cette locution. *Lurette* est une déformation de *heure, heurette* qui signifie dialectalement 'petite heure'. À remarquer que la

terminaison diminutive *-ette* n'est plus vivante, car le mot désigne aujourd'hui une longue durée.
6 Le contrat de louage est généralement long (6 ans, 9 ans et même 99 ans).
7 La période entre deux payements de salaire paraît en général interminable.
8 Allusion au feu qui s'éteint dès qu'on ne l'entretient plus.

Chapitre XXV

L'homme et l'univers – 3

Identité; différence

1. **se ressembler comme deux gouttes d'eau** (cf. I/1)
se dit quand la ressemblance entre deux êtres ou deux choses est parfaite
sich sehr ähnlich sein; einander zum Verwechseln ähnlich sein
sich/einander gleichen wie ein Ei dem anderen
2. **c'est blanc bonnet et bonnet blanc**
se dit de deux choses identiques, différentes seulement en apparence; cela revient au même
das ist völlig gleich, einerlei; das macht keinen Unterschied
das ist Jacke wie Hose *(ugs.)*; **das ist gehupft wie gesprungen** *(ugs.)*
3. **c'est du pareil au même** *(fam.)*
c'est la même chose
das ist völlig gleich, einerlei; das macht keinen Unterschied
das ist Jacke wie Hose *(ugs.)*; **das ist gehupft wie gesprungen** *(ugs.)*
4. **c'est le jour et la nuit**
se dit de deux choses ou de deux personnes très différentes
es besteht ein sehr großer Unterschied zwischen zwei Personen oder Dingen; zwei Dinge oder Personen sind grundverschieden
das ist ein himmelweiter Unterschied; das ist ein Unterschied wie Tag und Nacht
5. **c'est une autre paire de manches**[1]
c'est tout à fait différent et spécialement plus difficile <Snc.>
das ist etwas ganz anderes und vor allem etwas Schwierigeres
6. **ni chair ni poisson**
se dit a) d'une chose ou b) d'une personne sans caractère ferme; indécis
a) nichts Rechtes, Entschiedenes sein; nur eine halbe Sache sein
weder Fisch noch Fleisch sein *(ugs.)*
b) schwankend sein; keinen festen Willen haben; unentschlossen sein

7. **mi-figue, mi-raisin** *(fam.)*
se dit d'une chose qui n'est ni tout à fait agréable, bonne, etc., ni tout à fait le contraire ou de qn à la fois mécontent et satisfait
eine Mischung zweier Gegensätze (Spaß und Ernst; freiwillig und gezwungen; freundlich und unfreundlich) darstellend; **durchwachsen sein** *(ugs. scherz.)*

8. **mettre (tout) dans le même sac/le même panier**
ne pas faire de différence, juger de la même façon <en général peu positive>
alles, alle gleich (schlecht) behandeln, ohne die bestehenden Unterschiede zu berücksichtigen
alles/alle über einen Kamm scheren; alles/alle in einen Topf werfen *(ugs.)*; **alles über einen Leisten schlagen** *(ugs.)*

9. **mélanger les torchons et les serviettes**[2]
confondre des gens de conditions sociales différentes ou des choses de qualité inégale <le plus souvent sous la forme: *Il ne faut pas mélanger les torchons et les serviettes.*>
soziale Unterschiede nicht (genügend) beachten; alles gleich behandeln und dabei wichtige Unterschiede nicht beachten

Facilité; simplicité

10. **c'est comme l'œuf de (Christophe) Colomb** [kɔlõ][3] **(il fallait y penser!)**
se dit d'une solution simple et facile à réaliser, mais dont la découverte exige de l'ingéniosité
eine überraschend einfache Lösung sein
das Ei des Kolumbus sein

11. **c'est simple comme bonjour**
~ très simple
sehr leicht, ganz einfach sein; völlig mühelos sein; kinderleicht sein
ein Kinderspiel sein

12. **c'est clair comme le jour/deux et deux font quatre/de l'eau de roche**
c'est d'une clarté parfaite, c'est évident
das ist ganz klar und eindeutig; das versteht sich von selbst; das ist sonnenklar *(ugs.)*
das ist klar wie Kloßbrühe *(ugs.)*; **das ist klar wie dicke Tinte**

13. **c'est visible comme le nez au milieu du visage**
c'est évident
ganz offenkundig, nicht zu übersehen sein
(klar) auf der Hand liegen *(ugs.)*

14. **c'est réglé comme du papier à musique**
    se dit d'une affaire réglée d'avance, dont la fin est prévisible et qui ne pose pas de problème
    etwas ist genau geregelt und bis ins kleinste Detail geplant
15. **passer comme une lettre à la poste** *(fam.)*
    se dit de qc. qui est admis sans difficulté, sans qu'on y fasse obstacle <Snc.>
    etwas geht glatt, reibungslos; <Antrag, Gesuch, Reform usw.> ohne Schwierigkeiten durchgehen
16. **se vendre comme des petits pains**
    ~ facilement <Snc.>
    etwas läßt sich besonders gut und schnell verkaufen
    etwas geht weg wie warme Semmeln
17. **aller/marcher comme sur des roulettes**
    ~ sans difficultés <Snc.>
    etwas gelingt völlig reibungslos, ohne Stockungen, Schwierigkeiten und in flüssigem Tempo
    wie am Schnürchen klappen *(ugs.)*; **wie geschmiert laufen** *(ugs.)*
18. **ce n'est pas sorcier/diabolique** *(fam.)*
    ce n'est pas difficile à faire, à comprendre
    das ist ganz einfach; das ist kein Kunststück *(ugs.)*
    das ist (doch) keine Hexerei
19. **ce n'est pas la mer à boire**
    cela ne présente pas de grosses difficultés
    das ist halb so schlimm; es wird schon gehen; das ist gar nicht so schwierig
20. **c'est bête comme chou**[4] *(fam.)*
    se dit d'un problème, d'une difficulté faciles à comprendre, à résoudre
    sehr leicht, ganz einfach sein; völlig mühelos sein; kinderleicht sein
    ein Kinderspiel sein
21. **c'est du gâteau/de la tarte** *(fam.)*
    c'est très facile à faire <s'emploie souvent aussi à la forme négative>
    sehr leicht sein, ganz einfach sein; kinderleicht sein
    ein Kinderspiel sein
22. **c'est du billard** [bijaR][5] *(fam.)*
    c'est très facile, cela va tout seul, cela ne pose pas de problèmes
    sehr leicht sein, ganz einfach sein; kinderleicht sein
    ein Kinderspiel sein
23. **baigner dans l'huile**[6] *(fam.)*
    se dérouler sans difficulté, ne poser aucun problème <Snc.>
    etwas gelingt völlig reibungslos, ohne Stockungen, Schwierigkeiten
    etwas geht/läuft wie geölt/geschmiert *(ugs.)*; **wie am Schnürchen klappen** *(ugs.)*

> Qualité

24. **valoir son pesant[7] d'or**
 avoir une grande valeur
 etwas ist überaus kostbar, unbezahlbar; jmd. ist unersetzbar
 etwas/jmd. ist nicht mit Gold zu bezahlen/aufzuwiegen
25. **c'est au poil[8]** *(fam.)*
 c'est très bien, parfait
 das ist ausgezeichnet, hervorragend; **das ist prima** *(ugs.)*
26. **c'est aux petits oignons** [ɔɲɔ̃][9] *(fam.)*
 c'est parfait, très bien <se dit à propos d'une action préparée et exécutée avec soin>
 das ist ausgezeichnet, fabelhaft, großartig; **das ist tipp-topp** *(ugs.)*
27. **ce n'est pas piqué des vers/des hannetons** ['antɔ̃][10] *(fam.)*
 c'est remarquable, ce n'est pas banal <Snc.>
 von äußerst beeindruckender Art sein; nichts zu wünschen übrig lassen
 nicht von schlechten Eltern sein *(ugs.)*
28. **c'est de la bouillie pour les chats**[11]
 c'est un travail mal fait qui n'a pas beaucoup de valeur
 etwas stellt eine unsachgemäße, fehlerhafte, schlecht ausgeführte Arbeit dar
 Murks sein *(salopp abwertend)*
29. **il n'y a pas de quoi fouetter un chat**
 la faute, l'affaire est insignifiante, ne mérite pas de punition
 unwichtig, unwesentlich sein
 das ist nicht der Rede wert
30. **a) c'est b) ce n'est pas de la petite bière**[12] *(fam.)*
 a) ce n'est pas b) c'est une chose importante, de valeur
 a) unwichtig, bedeutungslos sein; b) wichtig, von Bedeutung sein
31. **ça ne casse**[13] **pas trois pattes à un canard/ça ne casse pas les vitres** *(fam.)*
 ce n'est pas extraordinaire, cela n'a rien de remarquable
 nichts Besonderes sein; mittelmäßig sein; nur eine schwache Leistung o.ä. gezeigt haben
 nicht (sehr) berauschend sein *(ugs.)*; **keine Meisterleistung sein**
32. **ça ne vaut pas un clou** *(fam.)*
 cela ne vaut rien, c'est sans valeur
 nichts taugen; nichts wert sein
 nicht die Bohne wert sein *(ugs.)*; **keinen/nicht einen (roten, lumpigen, blutigen) Heller wert sein** *(ugs.)*; **keinen/nicht einen Pfifferling wert sein** *(ugs.)*

33. (un peintre/une idée, etc.) à la gomme[14]/à la noix[15] (de coco) *(fam.)*
se dit de ce qui, personne ou chose, n'a pas de valeur, n'est pas sérieux
(Person) unfähig sein; (Sache; Abstraktum) wertlos sein

Notes

1 La locution viendrait d'un milieu artisanal ou commerçant et aurait d'abord signifié 'c'est un article différent (p. ex. une paire de manches) plus difficile, plus compliqué qu'il faut fabriquer'. Selon une autre hypothèse, il s'agirait des manches qu'on pouvait changer autrefois sans changer l'habit. Or, des manches nouvelles fixées à un même habit pouvaient le rendre complètement différent.

2 Allusion à la hiérarchie sociale où le torchon représentait le monde des domestiques, la serviette celui des bourgeois.

3 L'expression aurait pour origine une réponse de Colomb en forme de parabole. À ses détracteurs qui prétendaient que rien n'était plus simple que de découvrir l'Amérique, Colomb, prenant un œuf dans sa main, leur proposa de le faire tenir sur sa pointe. Comme aucun n'y parvenait, il sectionna légèrement l'extrémité de l'œuf pour le rendre stable et le faire tenir debout. Devant les remarques ironiques sur la facilité de l'opération, Colomb aurait souligné qu'il ne s'agissait que d'en avoir l'idée et de la mener à bien.

4 Peut-être par allusion à une tête forte (assimilée à un grand chou), mais qui pense peu.

5 Association au roulement facile des billes sur la surface complètement plane du billard.

6 Métaphore venue du domaine de la mécanique. On pensera aux rouages d'un moteur bien lubrifiés, fonctionnant sans problème.

7 *pesant (m.)* du verbe *peser*. L'origine de la locution est obscure. Il pourrait s'agir de son *poids* d'or (de la personne en question) ou encore du *besant* d'or (dont *pesant* serait une déformation), monnaie byzantine répandue en France à l'époque des croisades.

8 L'idée de perfection, de supériorité vient de l'ancienne locution *avoir le poil à qn* 'le surpasser'.

9 Par analogie à un plat finement mijoté (dt.= *bei schwacher Hitze kochen lassen*) aux petits oignons.

10 Allusion au meuble, au tissu, au livre endommagé par les insectes. D'où l'expression de la bonne qualité par la forme négative.

11 C'est une bouillie ratée, gâchée qui n'est bonne que pour faire du *chas* 'espèce de colle'. Le mot *chas* ayant vieilli, il y a eu confusion entre *chas* et *chat* et la locution a été comprise plus tard comme une nourriture de peu de qualité faite pour un animal.

12 Au sens propre on distingue la *double bière*, la *bière forte* et la *petite bière*. Cette dernière est la moins alcoolisée (elle est brassée avec le grain qui a servi à la bière) et par conséquent la moins chère.

13 *casser:* le verbe a ici le sens métaphorique de 'avoir un effet retentissant'.

14 *à la gomme (adv.):* de *gommeux (vx)* 'jeune homme élégant à l'excès, prétentieux, ridicule'.

15 La noix symbolise l'absence de valeur.

DEUXIÈME PARTIE

Exploitation pédagogique (= E)

EXERCICES DE CONTRÔLE I–V

① Choisissez dans la colonne de droite l'article, l'adjectif possessif ou la préposition qui convient pour compléter les locutions suivantes. Expliquez ensuite celles-ci.

a) il mange la soupe _____ la tête de son ami

b) elle a _____ chien

c) il s'habille _____ pied _____ cap

d) il est tiré _____ quatre épingles

e) il jette _____ gourme

f) il sucre _____ fraises

g) il reprend _____ poil de la bête

h) il file _____ mauvais coton

i) il a dévissé _____ billard

j) il tourne _____ l'œil

k) il n'a rien à se mettre _____ la dent

l) il a l'estomac _____ les talons

m) il boit _____ suisse

n) il s'en jette un _____ la cravate

o) il mange _____ le pouce

p) il gagne _____ biftek

q) il a un poil _____ la main

r) il est sur _____ genoux

s) il dort _____ ses deux oreilles

t) il fait _____ grasse matinée

À
DANS
DE
DERRIÈRE
DU
EN
LA
LES
UN
SA
SON
SOUS
SUR

② Complétez les locutions suivantes à l'aide de l'élément qui convient, tiré soit de la liste A (chiffres), soit de la liste B (noms d'animaux). Expliquez-les ensuite.

	A	B
a) il a des yeux de _____		
b) il est d'une pâte à vivre jusqu'à _____ ans		AUTRUCHE
c) il a une faim de _____		CHAT
d) il fait le _____		CHEVAL
e) il a une fièvre de _____	4	CHIEN
f) il s'est mis sur son _____	15	COQ
g) il a un estomac d'_____	31	GUÊPE
h) elle a du _____	100	LÉZARD
i) il fait une toilette de _____		LOUP
j) il a des jambes de _____		LYNX
k) il a un appétit d'_____		MOUCHE
l) elle a une taille de _____		OISEAU
m) il tue les _____s à _____ pas		
n) il a d'autres _____s à fouetter		
o) il est tiré à _____ épingles		

③ Même exercice que le précédent avec les noms propres (liste A) et les parties du corps (liste B).

A **B**

a) il n'a que la _____ et les _____
b) il rougit jusqu'à la racine des _____ x
c) il a des _____ derrière la _____
d) il est dans les bras de _____
e) il est vieux comme _____
f) elle n'a rien à se mettre sur le _____
g) il/elle est en costume d'_____ / d'_____
h) il a un œil à _____ et l'autre à _____
i) il a bon _____ bon _____
j) il a du plomb dans l' _____
k) il travaille pour le roi de _____
l) il mange à belles _____s
m) il a des yeux d'_____
n) il mange sur le _____
o) il a un verre dans le _____
p) il a l'_____ dans les _____s
q) il a mal aux _____x
r) il met la _____ à la pâte
s) il a les _____s en coton
t) il est sur les _____x/les _____s

A
ADAM
ARGUS
ÈVE
MATHU-
　SALEM
MORPHÉE
PARIS
PONTOISE
PRUSSE

B
AILE
CHEVEU
DENT
DOS
ESTOMAC
GENOU
JAMBE
MAIN
NEZ
ŒIL
OS
PEAU
PIED
POUCE
TALON
TÊTE
YEUX

④ À chaque locution faites correspondre sa définition développée.

LOCUTIONS	DÉFINITIONS DÉVELOPPÉES
a) il a une mine de papier mâché	A) il est agité d'un tremblement nerveux ; il est gâteux
b) il se tourne les pouces	B) il se déshabille
c) il reprend le collier	C) il prend un repas sans façons
d) il jette sa gourme	D) il a très mauvaise mine
e) il tire au flanc	E) il boite légèrement
f) il reprend du poil de la bête	F) il recherche toutes les occasions pour éviter de travailler
g) il casse la croûte	G) il se remet au travail
h) il fait un travail de Romain	H) il fait ses premières folies de jeunesse
i) il sucre les fraises	I) il mourra jeune
j) il se met à poil	J) il reste sans rien faire
k) il ne fera pas de vieux os	K) il fait un travail long et difficile, supposant un effort gigantesque
l) il a une patte folle	L) il se remet, reprend des forces

⑤ Pour chacune des locutions suivantes, trois définitions sont proposées. Cherchez celle qui est correcte.

a) il a les portugaises ensablées
    A) il a les yeux pleins de sable
    B) il est sourd
    C) il a les cheveux blonds

b) il a du vent dans les voiles
    A) il avance rapidement au bord d'un bateau à voiles
    B) il n'a plus faim parce qu'il a bien mangé
    C) il est un peu ivre

c) il s'est mis sur son trente et un
    A) il fête ses trente-et-un ans
    B) il a fait un bon repas
    C) il a mis ses plus beaux habits

d) elle s'est ravalé la façade
    A) elle a fait nettoyer la façade de sa maison
    B) elle s'est maquillée pour cacher les traces de l'âge
    C) elle s'est déguisée pour un bal masqué

e) il est tombé dans les pommes
- A) il est tombé du pommier et s'est retrouvé parmi les pommes
- B) il a perdu connaissance
- C) il a perdu son travail

f) il a passé l'arme à gauche
- A) il a rendu les honneurs à un officier
- B) il s'est mis au repos
- C) il est mort

(6) Pour chacune des définitions développées suivantes, trois locutions sont proposées. Cherchez celle qui est correcte.

a) avoir des jambes maigres et longues
- A) avoir une patte folle
- B) avoir des jambes Louis XV
- C) avoir des jambes comme des allumettes

b) boire un verre d'alcool entre deux plats
- A) boire en suisse
- B) boire cul sec
- C) faire le trou normand

c) avoir une mauvaise santé, qui suscite des inquiétudes
- A) filer un mauvais coton
- B) reprendre du poil de la bête
- C) brûler la chandelle par les deux bouts

d) assurer la subsistance d'une famille
- A) gagner son bifteck
- B) mettre la main à la pâte
- C) faire bouillir la marmite

e) ne pas dormir la nuit
- A) faire la grasse matinée
- B) passer une nuit blanche
- C) faire le tour du cadran

⑦ Donnez pour chacune des locutions suivantes sa définition développée et le concept-clé qui lui correspond.

LOCUTIONS	DÉFINITIONS DÉVELOPPÉES	CONCEPTS-CLÉS
Ex. il boit en suisse	il boit seul, sans inviter ses amis	/BOISSON/
a) il a une tête à claques	_____	/_____/
b) il mange les pissenlits par la racine	_____	/_____/
c) il est à poil	_____	/_____/
d) il s'est mis en grand tralala	_____	/_____/
e) on n'aurait pas donné un liard de sa peau	_____	/_____/
f) il a la dent	_____	/_____/
g) il est dans les vignes du Seigneur	_____	/_____/
h) il sue sang et eau	_____	/_____/
i) il tire au flanc	_____	/_____/
j) il a du sable dans les yeux	_____	/_____/

⑧ À l'aide du mot-clé donné, trouvez la locution correspondant à la définition développée.

DÉFINITIONS DÉVELOPPÉES	MOTS-CLÉS	LOCUTIONS
Ex. il a un visage irritant	/claque/	il a une tête à claques
a) il est fort et musclé	/armoire/	
b) elle est très jolie	/croquer/	
c) il est très soigné	/boîte/	
d) il a bon appétit	/fourchette/	
e) il a une bonne santé, résiste aux maladies	/fer/	
f) il vide son verre d'un seul trait	/cul/	
g) il se sent brusquement très fatigué	/bambou/	
h) il survit à ce qui serait pour les autres une cause de mort	/âme/	
i) il a la bouche sèche et la tête lourde le lendemain d'une ripaille	/gueule/	
j) il fait un petit somme	/roupillon/	

⑨ Trouvez la locution correspondant au concept-clé et au mot-clé donnés.

CONCEPTS-CLÉS	MOTS-CLÉS	LOCUTIONS
Ex. /PARESSE/	/poil/	il a un poil dans la main
a) /VIGILANCE/	/œil/	
b) /ÉVANOUISSEMENT/	/pomme/	
c) /MALADIE/	/lit/	
d) /MORT/	/pipe/	
e) /TRAVAIL/	/pain/	
f) /PARESSE/	/ampoule/	
g) /FATIGUE/	/rouleau/	

⑩ Complétez les comparaisons suivantes en choisissant l'élément qui convient, tiré soit de la liste A (noms d'animaux), soit de la liste B (noms propres). Expliquez-les ensuite.

	A	B
a) il est laid comme un ____	BŒUF	ADONIS
b) il est fort comme un ____ / un ____	BOURRIQUE	HÉRODE
c) cela lui va comme un tablier à une ____	COCHON	MATHUSALEM
d) il est soûl comme une ____ / un ____	COULEUVRE	POLONAIS
e) il est beau comme un ____	ÉCREVISSE	PONT-NEUF
f) il est vieux comme ____/____	LOIR	TURC
g) il est nu comme un ____	MARMOTTE	
h) il est paresseux comme une ____ /un ____	POU	
i) il dort comme un ____/une ____	SINGE	
j) il est velu comme un ____	TAUPE	
k) il est rouge comme une ____	VACHE	
l) il est myope comme une ____	VER	
m) il est sale comme un ____		
n) il se porte comme le ____		

⑪ Complétez les comparaisons ci-dessous à l'aide de l'élément qui convient, tiré soit de la liste A (adjectifs), soit de la liste B (verbes que vous utilisez à une forme personnelle). Expliquez-les ensuite.

	A	B
a) ____ comme deux gouttes d'eau	CHAUVE	ALLER
b) ____ comme l'as de pique	FICELÉ	AVOIR
c) ____ comme un ogre/quatre	JOLI	BOIRE
d) ____ comme une vieille pomme	MAIGRE	ÊTRE
e) ____ comme un trou/une éponge	PLATE	MANGER
f) ____ comme un gant	RIDÉ	SE RESSEMBLER
g) ____ comme un sabot/un pied	SOURD	TRAVAILLER
h) ____ comme un cœur		
i) ____ comme une planche à pain		
j) ____ les cheveux comme des baguettes		
k) ____ comme un nègre/un galérien		
l) ____ comme un cautère sur une jambe de bois		
m) ____ comme un clou		
n) ____ comme un pot		
o) ____ comme un œuf		

⑫ Remplacez, dans les textes suivants, les définitions développées en italique par les locutions auxquelles elles renvoient et dont le mot-clé est donné entre barres obliques. Faites, s'il y a lieu, les modifications nécessaires pour que le texte soit grammaticalement correct.

A) Mes grands-parents habitent à la campagne. Je ne les ai pas vus depuis un an. La dernière fois qu'on est allé les voir avec mes parents,

a) ils étaient encore *très alertes et en excellente santé* /pied/ _____

_____. Cette fois-ci,

j'ai trouvé qu'ils *b) avaient vieilli brusquement* /vieux/ _____

_____. Mais même *c) s'ils semblent* actuellement *connaître des difficultés de santé* /coton/ _____

_____, j'espère *d) qu'ils se rétabliront* bientôt *et retrouveront leur dynamisme* /poil/ _____

_____; en effet *e) ils résistent toujours à ce qui serait pour les autres une cause de mort* /âme/ _____

_____.

B) M. Durand : – Chérie, dépêche-toi un peu. Les invités sont certainement déjà tous arrivés chez les Dubois. Tout le monde nous attend et tu n'es pas encore habillée !
Mme Durand : – Oui, mais qu'est-ce que tu veux ? Tu sais très bien que ce n'est pas évident pour une femme, quand elle veut être belle.

Elle doit d'abord *a) se maquiller* /beauté/ _____.

Et puis : *b) je n'ai rien à mettre pour m'habiller* /dos/ _____

_____. Je ne peux quand même pas

y aller *c) toute nue* /appareil/ _____.
M. Durand : – Tu exagères vraiment. Ton armoire est pleine de belles robes. Je ne te plains pas, parce que, quand tu es avec tes amies, vous n'arrêtez pas de discuter de toilettes féminines.

⑬ Cherchez les locutions qui sont visualisées par les dessins évocateurs suivants. Aidez-vous du mot-clé donné entre barres obliques, puis expliquez les locutions ainsi obtenues.

DESSINS ÉVOCATEURS

a)

/soupe/

b)

/chandelle/

c)

/plat/

d)

/tête/

⑭ Cherchez les locutions allemandes qui sont visualisées par les dessins évocateurs suivants. Donnez leurs équivalents français, qui leur correspondent souvent presque mot à mot.

DESSINS ÉVOCATEURS

a)

b)

Les locutions par les jeux et les devinettes

⑮ Caractérisez respectivement le poids, la tête, le visage, les yeux, les oreilles et les jambes de cette personne. Pour la description utilisez des locutions.

a) POIDS _____

b) TÊTE _____

c) VISAGE _____

d) YEUX _____

e) OREILLES _____

f) JAMBES _____

⑯ Reconstituez les comparaisons en complétant chacun des éléments de la première colonne par celui de la deuxième colonne qui convient. Après reconstruction correcte, les lettres en caractères gras vous donneront le deuxième élément d'une autre comparaison. Laquelle ?

a) il est haut comme   A) un ast**r**e
b) il est propre comme   B) trois po**m**es
c) il est droit comme   C) un cachet d'aspi**r**ine
d) il est blanc comme   D) un **s**ou neuf
e) il est beau comme   E) un **I**

| a = ____   b = ____   c = ____   d = ____   e = ____ |

La nouvelle comparaison est: il est gras comme un _____

⑰ À l'aide de la séquence de définitions et des lettres d'appoint, découvrez la locution dont il est question.

SÉQUENCE DE DÉFINITIONS	LOCUTION
a) quelqu'un a eu du succès dans un travail, une affaire b) il se contente de ce succès c) il ne fait plus des efforts	il s. .e.os. s.. ..s l.ur..rs

⑱ **Charade.** – Trouvez une locution (= mon tout…) qui commence par un verbe à l'infinitif (= mon premier…) et finit par un substantif (= mon second…). Le mot grammatical intermédiaire est donné.

DÉFINITIONS	STRUCTURE
Mon premier est le contraire d'ouvrir. Mon second a une poignée et protège de la pluie. Mon tout signifie : MOURIR.	/V.inf./ /S./ ↓ ↓ _____ son _____

⑲ **Rébus.** – Trouvez une locution qui commence par un verbe du troisième groupe à l'infinitif, en vous aidant des dessins qui évoquent chacun un élément de la locution cherchée. Expliquez-la ensuite.

 les 2 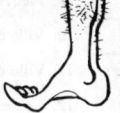 le même

La locution cherchée : _____

⑳ Les locutions suivantes caractérisent toutes les yeux ou la vue. Placez chacune sous le dessin auquel elle correspond.

A) il a l'œil américain
B) il a des yeux de lynx
C) il est myope comme une taupe
D) il a un œil à Paris et l'autre à Pontoise
E) il a un œil qui dit bonjour à l'autre

a) _____ *b)* _____ *c)* _____

21 Remplissez la grille en y inscrivant, sur la ligne correspondante, le nom d'une ville, d'un fleuve, d'une montagne de France. Vous découvrirez dans la colonne encadrée d'un trait gras une locution que vous expliquerez en l'employant dans une situation. Donnez aussi son équivalent allemand.

1. Fleuve côtier des Pyrénées Orientales.
2. Saint-... : Station d'été sur la Côte d'Azur.
3. Fleuve se jetant dans l'Atlantique à Bordeaux.
4. Capitale du champagne.
5. Ancienne capitale du Poitou.
6. Fleuve traversant Paris et se jetant dans la Manche.
7. Ville connue pour ses parapluies.
8. Station balnéaire célèbre pour ses falaises.
9. Fleuve des Alpes françaises.
10. Ville du Finistère en Bretagne.
11. Ville de Normandie célèbre pour sa cathédrale.
12. Ancienne résidence préférée des rois de France.
13. Affluent de la Garonne, traversant le Massif Central.
14. Capitale de la France.
15. Ville des Jeux Olympiques d'hiver de 1968.
16. Ville sur la Loire, délivrée par Jeanne d'Arc.
17. Ville du Roussillon sur la Têt.
18. Fleuve. Ses châteaux sont célèbres.
19. Ville d'un festival du cinéma sur la Côte d'Azur.
20. Massif montagneux du N.-E. de la France.
21. Deuxième ville de France, grand port.
22. Important port commercial en Bretagne.
23. Affluent gauche du Rhin.

La locution cherchée : _____

Son équivalent allemand : _____

Sujets de conversation ou de composition

- Développez les sujets suivants sous forme d'un devoir écrit ou d'un exposé oral. Choisissez des locutions qui se rapportent aux sujets proposés et employez-les à propos.

  a) Faites le portrait physique d'un de vos amis sans utiliser des locutions. Refaites le portrait de la même personne en utilisant cette fois le maximum de locutions.
  b) Quelqu'un établira, à l'aide de locutions, le portrait physique d'une personne imaginaire ou réelle. Les autres devront reconstituer le portrait en utilisant les mots de tous les jours.
  c) Comment sont habillés les invités d'un bal? Et ceux d'une surprise-partie?
  d) Caractérisez un homme qui n'est pas vêtu de façon élégante.
  e) Décrivez un jeune homme qui mène une vie active et qui se porte bien.
  f) L'hiver dernier, votre ami(e) a été gravement malade et a dû être hospitalisé(e). Pendant un certain temps sa vie a été en danger. Quels symptômes avait-il (elle)? Racontez comment sa santé s'est améliorée et comment il (elle) a enfin guéri.
  g) Comparez deux personnes: l'une qui a toujours faim, qui a un grand appétit; l'autre qui ne mange pas beaucoup et fait de petits repas rapides.
  h) Plusieurs de vos amis ou parents ont tendance à trop boire. Racontez quelques épisodes.
  i) Décrivez une personne qui a toujours beaucoup à faire. Comment travaille-t-elle?

EXERCICES DE CONTRÔLE VI–X

① Choisissez dans la colonne de droite l'article, l'adjectif possessif ou la préposition qui convient pour compléter les locutions suivantes. Expliquez ensuite celles-ci.

a) j'en mettrais ____ main ____ feu

b) il n'y va pas ____ le dos de la cuiller

c) il a ____ franc-parler

d) il a retourné ____ veste

e) il cherche des poux ____ la tête de son collègue

f) ils discutent ____ le sexe des anges

g) il a le cœur ____ la main

h) il tire des plans ____ la comète

i) il vide ____ sac

j) je m'en lave ____ mains

k) il court après ____ ombre

l) il est ____ de beaux draps

m) elle jette ____ bonnet ____ les moulins

n) il se bat ____ des moulins à vent

o) il jette le manche ____ la cognée

p) il s'est embarqué ____ biscuit

q) il tombe ____ Charybde ____ Scylla

r) il avale ____ couleuvres

s) il met la charrue ____ les bœufs

| APRÈS |
| AU |
| AVEC |
| CONTRE |
| DANS |
| DE |
| DES |
| DEVANT |
| EN |
| LES |
| MA |
| PAR-DESSUS |
| SA |
| SANS |
| SON |
| SUR |
| UNE |

② Complétez les locutions suivantes à l'aide de l'élément qui convient, tiré soit de la liste A (chiffres), soit de la liste B (noms d'animaux). Expliquez-les ensuite.

	A	B
a) il n'y va pas par ____ chemins		
b) il fait d'une ____ un ____		
c) il cherche midi à ____ heures		
d) il a mangé du ____		
e) il lui dit ses ____ vérités		ÂNE
f) il paye en monnaie de ____		CHAT
g) il se moque du ____ comme du ____	1/3	ÉLÉPHANT
h) il fait les ____ coups	1/4	GIRAFE
i) il nage entre ____ eaux	2	LIÈVRE
j) il prend le ____ par les cornes	4	LION
k) il se pare des plumes du ____	14	LOUP
l) il s'en soucie comme de l'an ____	40	MOUCHE
m) il appelle un ____ un ____	400	PAON
n) c'est là que gît le ____		POISSON
o) il s'est mis en ____ pour le faire		SINGE
p) il s'est jeté dans la gueule du ____		TAUREAU
q) il peigne la ____		
r) mon projet de voyage a fini en queue de ____		
s) il est comme l'____ de Buridan		

③ Même exercice que le précédent avec les noms propres (liste A) et les parties du corps (liste B).

	A	B
a) il se croit sorti de la cuisse de ___		
b) il n'a pas froid aux ___		
c) il a fait une réponse de ___		
d) cela me fait une belle ___		
e) j'en donnerais ma ___ à couper		AILE
f) il bâtit des châteaux en ___	BURIDAN	CHEVEU
g) je m'en bats l' ___	CHARYBDE	COUDE
h) il joue des ___s	ESPAGNE	JAMBE
i) il est comme l'âne de ___	GASCON	LANGUE
j) cette entreprise bat de l'___	GROS-JEAN	MAIN
k) il est ___ comme devant	JUPITER	ŒIL
l) il ne sait pas sur quel ___ danser	NORMAND	PIED
m) il fait des promesses de ___	PIRÉE	TÊTE
n) il coupe les ___x en quatre	SCYLLA	VENTRE
o) il a pris le ___ pour un homme		YEUX
p) il n'y va pas de ___ morte		
q) il a quelque chose dans le ___		
r) il ne sait pas tenir sa ___		
s) il est tombé de ___ en ___		
t) sa vie ne tient qu'à un ___		

④ À chaque locution faites correspondre sa définition développée.

LOCUTIONS	DÉFINITIONS DÉVELOPPÉES
a) il est tout feu tout flamme(s)	A) il obtient deux résultats par la même action
b) il met les points sur les i	B) il est dans une situation difficile, d'où il semble impossible de sortir
c) il se garde une porte de sortie	C) il a subi une chose désagréable sans protester
d) il examine qc. sous toutes les coutures	D) il profite d'une situation confuse, de désordre
e) il demande la lune	E) il subit un échec
f) il remue ciel et terre	F) il est plein d'ardeur
g) il fait d'une pierre deux coups	G) il s'exprime avec précision, sans ambiguïté
h) il mange son blé en herbe	H) il demande l'impossible
i) il se casse le nez	I) il s'est trompé lourdement
j) il est dans le pétrin	J) il dépense d'avance son revenu
k) il pêche en eau trouble	K) il examine qc. minutieusement
l) il a avalé la pilule	L) il garde un moyen de se sortir d'embarras
m) il s'est mis le doigt dans l'œil	M) il utilise tous les moyens pour atteindre qc.

⑤ Pour chacune des locutions suivantes, trois définitions sont proposées. Cherchez celle qui est correcte.

a) il tombe de Charybde en Scylla
   A) il est toujours amoureux, il aime beaucoup les femmes
   B) il fait un voyage dangereux en mer
   C) il échappe à un danger pour tomber dans un autre plus grave

b) il cherche la petite bête
   A) on le dit à propos d'un docteur ou d'une infirmière examinant les enfants pour savoir s'ils n'ont **pas de poux**
   B) se dit de qn qui chasse le petit gibier
   C) se dit de qn qui veut trouver absolument une erreur, une faute, même là où il n'y en a pas

c) il se croit sorti de la cuisse de Jupiter
    A) il se croit capable de boire beaucoup de vin, le fils de Jupiter étant Dionysos
    B) il se croit remarquable, exceptionnel, supérieur aux autres
    C) il se croit courageux

d) il a mordu la poussière
    A) il a été vaincu, il a subi un échec
    B) il est mort
    C) il est tombé

e) il coupe l'arbre pour avoir le fruit
    A) il emploie tous les moyens pour obtenir qc.
    B) il coupe un arbre pour cueillir ses fruits
    C) il détruit par manque de prévoyance une source de profits

⑥ Pour chacune des définitions développées suivantes, trois locutions sont proposées. Cherchez celle qui est correcte.

a) il a une grande énergie, une activité débordante
    A) il a le diable au corps
    B) il ne craint ni Dieu ni diable
    C) il pète le/du feu

b) il se trouve mal à l'aise dans une situation critique, difficile
    A) il mène une vie de bâtons de chaise
    B) il n'en mène pas large
    C) il va son petit bonhomme de chemin

c) il ne veut pas voir le danger
    A) il fait l'autruche
    B) il fait chou blanc
    C) il fait un pas de clerc

d) un projet échoue
    A) il tombe à l'eau
    B) il tombe sur un bec/un os
    C) il tombe dans le panneau

e) il se contredit, il change souvent d'opinion
    A) il dit tantôt blanc, tantôt noir
    B) il dit qc. sans prendre de gants
    C) il en dit de toutes les couleurs

⑦ **Donnez pour chacune des locutions suivantes sa définition développée et le concept-clé qui lui correspond.**

LOCUTIONS	DÉFINITIONS DÉVELOPPÉES	CONCEPTS-CLÉS
Ex. il a la langue trop longue	il est indiscret, il ne sait pas tenir un secret	/INDISCRÉTION/
a) il fait la bombe	_____	/_____/
b) il agit sur un coup de tête	_____	/_____/
c) il joue cartes sur table	_____	/_____/
d) il raconte une histoire à dormir debout	_____	/_____/
e) il fait qc. en un clin d'œil	_____	/_____/
f) il prend des gants	_____	/_____/
g) il tire sur la ficelle	_____	/_____/
h) il porte de l'eau à la rivière	_____	/_____/
i) il prend des vessies pour des lanternes	_____	/_____/
j) il retombe toujours sur ses pieds	_____	/_____/

⑧ **À l'aide du mot-clé donné, trouvez la locution correspondant à la définition développée.**

DÉFINITIONS DÉVELOPPÉES	MOTS-CLÉS	LOCUTIONS
Ex. il n'est pas naïf	/pluie/	il n'est pas né de la dernière pluie
a) il utilise tous les moyens pour atteindre qc.	/flèche/	_____
b) il manque de prévoyance	/nez/	_____
c) il change d'opinion, généralement par opportunisme	/casaque/	_____
d) il est d'une extrême bonté	/pain/	_____

e) il fait connaître franchement ses intentions	/couleur/	_____
f) il rend qn responsable d'un échec	/chapeau/	_____
g) il sait comment s'y prendre, il sait de quoi il s'agit	/musique/	_____
h) il fait de vaines recommandations	/désert/	_____
i) il est dans une grande nécessité surtout financière	/langue/	_____

⑨ Trouvez la locution correspondant au concept-clé et au mot-clé donnés.

CONCEPTS-CLÉS	MOTS-CLÉS	LOCUTIONS
Ex. /IMPRÉVOYANCE/	/biscuit/	s'embarquer sans biscuit
a) /CHANGEMENT D'OPINION/	/fusil/	_____
b) /NAÏVETÉ/	/Noël/	_____
c) /VIGILANCE/	/carreau/	_____
d) /HÉSITATION/	/saint/	_____
e) /RESPONSABILITÉ/	/bonnet/	_____
f) /INDISCRÉTION/	/yeux/	_____
g) /MINUTIE/	/peigne/	_____
h) /INUTILITÉ/	/violon/	_____
i) /PROJET IRRÉALISABLE/	/aiguille/	_____
j) /ÉCHEC/	/boudin/	_____

⑩ Complétez les comparaisons suivantes en choisissant l'élément qui convient, tiré soit de la liste A (noms d'animaux), soit de la liste B (parties du corps ou vêtements). Expliquez-les ensuite.

A   B

a) il vit comme l'_____ sur la branche
b) j'y tiens comme à la prunelle de mes _____
c) il m'a retourné comme un _____
d) c'est comme un cautère sur une _____ de bois
e) il se débrouille comme un _____
f) il change d'opinion comme de _____
g) il se comporte comme un _____ dans un magasin de porcelaine
h) il s'en moque comme de sa première _____
i) il ment comme un arracheur de _____s

A : ÉLÉPHANT, OISEAU

B : CHEMISE, DENT, GANT, JAMBE, PIED, YEUX

⑪ Remplacez, dans les phrases suivantes, les définitions développées en italique par les locutions auxquelles elles renvoient et dont le mot-clé est donné entre barres obliques. Faites, s'il y a lieu, les modifications nécessaires pour que le texte soit grammaticalement correct.

a) Il est énergique, habile et beaucoup plus populaire que ses adversaires le croient. Il rencontre une forte opposition, mais soyez assuré qu'il continuera à appliquer sa politique *malgré tous les obstacles* /vent/ _____.

b) Enfin! Il a eu sa promotion. Il l'a bien méritée, car cela fait un an qu'*il emploie tous les moyens* pour l'obtenir /pied/ _____.

c) Il dit qu'il n'a pas dépensé cet argent, mais qu'il a été dévalisé par des voleurs. En plein jour! Vous voyez bien que *son histoire est trop invraisemblable pour qu'on puisse y croire* /fil/ _____.

158   E VI–X

d) Je ne me suis jamais inquiété de ce que les gens disent ou **pensent** de moi ; *cela me laisse indifférent* /chaud/ _____ .

e) On veut faire de votre classe ce qu'on appelle une classe pilote, pour voir ce que donneront ces nouvelles méthodes. J'avoue que je n'aime pas beaucoup *subir le premier les conséquences d'une expérience* /plâtre/ _____ , surtout dans le **domaine de l'enseignement**.

f) Pour ne pas accepter son invitation, je lui ai dit que nous étions invités chez les Dupont ce soir-là. Les Dupont ? Ils sont en **voyage** – m'a-t-il dit. *J'étais vraiment dans l'embarras* /soulier/ _____ .

g) Les négociations avec les représentants syndicaux se sont déroulées dans des conditions très difficiles. Mais le ministre **du travail** *a su s'en tirer à son avantage* (épingle) _____ _____ : tous les participants ont reconnu son esprit d'ouverture.

⑫ Cherchez les locutions qui sont visualisées par les dessins évocateurs suivants. Aidez-vous des mots-clés donnés entre barres obliques, puis expliquez les locutions ainsi obtenues.

DESSINS ÉVOCATEURS

a)    /feu ; fer/

_____

b) /épée ; eau/

c) /gueule ; loup/

d) /verre ; eau/

e) /mouche/

⑬ Cherchez les locutions allemandes qui sont visualisées par les dessins évocateurs suivants. Donnez leurs équivalents français, qui leur correspondent souvent presque mot à mot.

DESSINS ÉVOCATEURS

a)

b)

c)

Les locutions par les jeux et les devinettes

⑭ **Lesquelles des locutions suivantes correspondent à l'idée exprimée en allemand par le dessin ci-dessous ? Donnez aussi quelques locutions allemandes équivalentes.**

a) il ne voit pas plus loin que le bout de son nez
b) il se prend pour le nombril du monde
c) il se croit le premier moutardier du pape
d) il prend des vessies pour des lanternes
e) il ne se mouche pas du coude
f) on lui donnerait le bon Dieu sans confession
g) il se croit sorti de la cuisse de Jupiter

⑮ **Choisissez la locution qui traduit verbalement l'idée visualisée par le dessin suivant et donnez les équivalents allemands que vous connaissez.**

a) il met les pieds dans le plat
b) il ne sait plus sur quel pied danser
c) il ment comme un arracheur de dents
d) il promet monts et merveilles

⑯ **Charade.** – Trouvez une locution (= mon tout...) qui commence par un verbe à l'infinitif (= mon premier...) et finit par un substantif (= mon second...). Le mot grammatical intermédiaire est donné.

DÉFINITIONS	STRUCTURE
Mon premier signifie prendre par terre.	/V. inf./ /S./
Mon second est la partie d'un costume qu'on enlève quand il fait chaud.	↓ ↓ _____ une _____
Mon tout signifie : ÉCHOUER LOURDEMENT.	_____

⑰ À l'aide de la séquence de définitions et des lettres d'appoint, découvrez la locution dont il est question.

SÉQUENCE DE DÉFINITIONS	LOCUTION
a) qn subit les conséquences d'une action b) les conséquences sont négatives, fâcheuses c) la personne en question n'est pas responsable de cette action	p...r .e. p..s .as..s

⑱ **Rébus.** – Trouvez des locutions qui commencent par un verbe du troisième groupe à l'infinitif, en vous aidant des dessins qui évoquent chacun un élément des locutions cherchées. Expliquez-les ensuite.

a)  la  devant les

La locution cherchée : _____

b)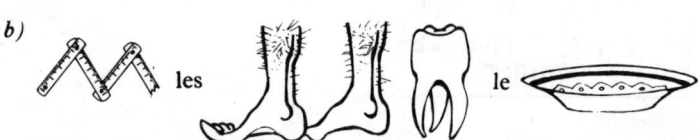

La locution cherchée : _____

⑲ Quelle est la locution à laquelle fait allusion le dessin ci-dessous? Quel est son équivalent allemand?

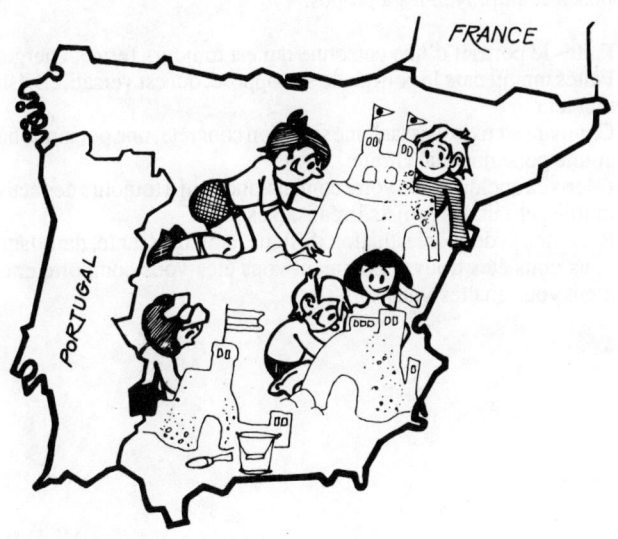

La locution cherchée : _____

Son équivalent allemand : _____

⑳ Les lettres par lesquelles vous pouvez compléter les noms des châteaux de la vallée de la Loire vous donnent dans l'ordre une locution. Expliquez-la et donnez son équivalent allemand.

AMBOIS__, __OURS, CHAMBO__D, ANG__RS, AZAY-LE-RI__EAU, BE__UGENCY, CHI__ON, CANDE__, __OCHES, CH__NONCEAUX, LE __LESSIS-BOURRÉ, USS__, CHAUMON__, O__LÉANS, BLO__S, LA__-GEAIS

La locution cherchée : _____

Son équivalent allemand : _____

Sujets de conversation ou de composition

- Développez les sujets suivants sous forme d'un devoir écrit ou d'un exposé oral. Choisissez des locutions qui se rapportent aux sujets proposés et employez-les à propos.

  a) Faites le portrait d'une personne qui est toujours ferme, énergique.
  b) Faites maintenant le portrait de son opposé, qui est versatile, hésitant, menteur.
  c) Comparez, en choisissant une situation concrète, une personne habile et une personne maladroite.
  d) Décrivez quelqu'un de votre connaissance qui a toujours des activités inutiles et fait des projets irréalisables.
  e) Racontez la dernière situation difficile, embarrassante, dans laquelle vous vous êtes trouvé. Comment vous êtes-vous comporté et comment vous en êtes-vous sorti?

EXERCICES DE CONTRÔLE XI–XV

1 Choisissez dans la colonne de droite l'article, l'adjectif possessif ou la préposition qui convient pour compléter les locutions suivantes. Expliquez ensuite celles-ci.

a) elle lui a tapé _____ l'œil

b) il est _____ les eaux de son chef

c) il a encore mis _____ grain de sel

d) il a soulevé _____ lièvre

e) il pousse _____ la roue

f) il m'a coupé l'herbe _____ les pieds

g) elle monte _____ graine

h) il saisit l'occasion _____ les cheveux

i) il est _____ petits soins pour sa femme

j) il m'a mis le couteau _____ la gorge

k) l'affaire lui est passée _____ le nez

l) il est _____ couteaux tirés avec son directeur

m) il m'a tenu _____ jambe pendant dix minutes

n) ils sont _____ tu et _____ toi

o) il rentre dans _____ coquille

À
AUX
DANS
EN
LA
PAR
SA
SON
SOUS
SUR
UN

② Complétez les locutions suivantes à l'aide de l'élément qui convient, tiré soit de la liste A (noms propres), soit de la liste B (noms d'animaux). Expliquez-les ensuite.

	A	B
a) elle m'a posé un _____		
b) il nettoie les écuries d'_____		
c) il lui a secoué les _____s		
d) il a soulevé un _____		
e) il me cherche des _____x		BOURRIQUE
f) elle coiffe sainte _____		CHÈVRE
g) il fait la _____ du coche		CHIEN
h) il hurle avec les _____s		COCHON
i) ils se regardent en _____s de faïence	ATHÉNIEN	LAPIN
j) il ménage la _____ et le chou	AUGIAS	LIÈVRE
k) c'est ici que les _____s s'atteignirent	CATHERINE	LOUP
l) il a réchauffé un _____ dans son sein	GRENOBLE	MOUCHE
m) il m'a joué un tour de _____		POU
n) nous n'avons pas gardé les _____s ensemble		PUCE
o) elle a vu le _____		SERPENT
p) on lui a fait une conduite de		VIPÈRE
q) elle a une langue de _____		
r) il m'a fait tourner en _____		

③ Même exercice que le précédent uniquement avec les parties du corps.

a) il est toujours sur mon ____

b) il a trouvé chaussure à son ____

c) il jette de la poudre aux ____

d) il m'a tiré une épine du ____

e) il se met tout le monde à ____

f) il a déchiré son chef à belles ____s

g) ils se mangent le ____

h) il n'a pas remué le petit ____ pour moi

i) il a le ____ long

j) il m'a dans le ____

k) il vole de ses propres ____s

l) il le traite par-dessous/dessus la ____

m) il me tire dans les ____s

n) je lui ai lavé la ____

o) cela me fait une belle ____

p) c'est lui qui a la haute ____ sur cette affaire

q) il lèche les ____s de son directeur

r) elles se crêpent le ____

s) il obéit au ____ et à l'____

t) il se met à plat ____ devant ses supérieurs

AILE
BRAS
CHIGNON
DENT
DOIGT
DOS
JAMBE
MAIN
NEZ
ŒIL
PATTE
PIED
TÊTE
VENTRE
YEUX

④ À chaque locution faites correspondre sa définition développée.

LOCUTIONS	DÉFINITIONS DÉVELOPPÉES
a) il me casse les pieds	A) il est trompé par sa femme
b) il fait cavalier seul	B) il le bat
c) il a le pied à l'étrier	C) il ne peut pas le supporter
d) il m'a damé le pion	D) il a laissé passer une occasion
e) il en fait des gorges chaudes	E) il trouve un prétexte pour se disputer avec moi
f) il lui fait du plat	
g) il a gagné le gros lot	F) il l'oublie, le pardonne
h) il a baissé pavillon	G) il agit seul, par ses propres moyens
i) il passe l'éponge sur qc.	
j) il porte des cornes	H) il le flatte bassement
k) il me cherche noise	I) il m'a critiqué violemment
l) il lui tanne le cuir	J) il m'ennuie, me gêne
m) il a raté le coche	K) il l'a emporté sur moi
n) il m'a descendu en flammes	L) il s'en moque méchamment
o) il ne peut pas le voir en peinture	M) il a cédé, a reconnu la supériorité de qn
	N) il a bénéficié d'une chance exceptionnelle
	O) il est bien placé pour réussir dans une carrière professionnelle

⑤ Pour chacune des locutions suivantes, trois définitions sont proposées. Cherchez celle qui est correcte.

a) il a maille à partir avec son ami
    A) il a un différend, une dispute avec lui
    B) il a des difficultés pour partir avec lui en voyage
    C) il a les moyens de partir avec lui en voyage

b) il est marié de la main gauche
    A) il est divorcé
    B) il vit avec une femme sans être marié
    C) il a pour épouse une personne maladroite

c) je suis dans ses petits papiers
    A) je suis influencé, dominé par lui
    B) je lui suis antipathique
    C) je jouis de sa considération, de sa faveur

d) je l'ai dans la peau
        A) je la déteste, je lui suis hostile
        B) elle m'ennuie, me gêne
        C) je suis très amoureux d'elle
e) il m'a tenu la dragée haute
        A) il a une grande influence sur moi
        B) il m'a résisté longtemps avant de céder
        C) il m'a trompé

⑥ Pour chacune des définitions développées suivantes, trois locutions sont proposées. Cherchez celle qui est correcte.

a) il l'aide à avancer, à réussir
        A) il lui tend la perche
        B) il le tire d'un mauvais pas
        C) il lui fait la courte échelle
b) il la regarde amoureusement
        A) il lui fait de l'œil
        B) il lui fait les yeux doux
        C) il fait le joli cœur
c) il se moque de moi
        A) il se paye ma tête
        B) il me roule dans la farine
        C) il me mène en bateau
d) elle dit du mal de son collègue dans son dos
        A) elle crie haro sur son collègue
        B) elle voue son collègue aux gémonies
        C) elle casse du sucre sur le dos de son collègue
e) il l'oblige à respecter la discipline
        A) il le met au pied du mur
        B) il le met au pas
        C) il lui met le couteau sur/sous la gorge

⑦ Donnez pour chacune des locutions suivantes sa définition développée et le concept-clé qui lui correspond.

LOCUTIONS	DÉFINITIONS DÉVELOPPÉES	CONCEPTS-CLÉS
Ex. il me bat froid	il est froid et désagréable avec moi	/HOSTILITÉ/
a) il a tiré le bon numéro	_____	/_____/
b) il apporte de l'eau à mon moulin	_____	/_____/

c) je l'ai à la bonne _____ /_____/
d) il fait du vent _____ /_____/
e) il n'est pas en odeur de sainteté auprès de moi _____ /_____/
f) il l'a traîné dans la boue _____ /_____/
g) elle m'a fait une scène _____ /_____/
h) il met un bémol _____ /_____/
i) il fait la pluie et le beau temps _____ /_____/
j) il lui donne des coups d'encensoir _____ /_____/

⑧ À l'aide du mot-clé donné, trouvez la locution correspondant à la définition développée.

DÉFINITIONS DÉVELOPPÉES	MOTS-CLÉS	LOCUTIONS
Ex. ils en arrivent à se battre	/main/	ils en viennent aux mains
a) il profite toute de suite d'une occasion favorable	/balle/	_____
b) il répond à un service rendu par une action semblable	/ascenseur/	_____
c) il a plusieurs moyens de se tirer d'affaire	/corde/	_____
d) il plaît, surtout physiquement, à une femme	/ticket/	_____
e) il me crée des difficultés	/fil/	_____
f) il est sévère dans ses critiques	/dent/	_____
g) il envenime une querelle	/huile/	_____
h) il court après les femmes	/cotillon/	_____
i) il me permet de faire qc.	/feu/	_____
j) je me suis moqué de lui en abusant de sa crédulité	/boîte/	_____

⑨ Trouvez la locution correspondant au concept-clé et au mot-clé donnés.

CONCEPTS-CLÉS	MOTS-CLÉS	LOCUTIONS
Ex. /CHANCE/	/bol/	il a du bol
a) /AIDE/	/main ; pâte/	___
b) /DÉVOUEMENT/	/feu/	___
c) /GÊNE/	/basques/	___
d) /SOLITUDE/	/coquille/	___
e) /MARIAGE/	/fil ; patte/	___
f) /MALVEILLANCE/	/banane/	___
g) /RÉPRIMANDE/	/savon/	___
h) /RÉCONCILIATION/	/calumet/	___
i) /IMPORTUNITÉ/	/mouche/	___

⑩ Complétez les comparaisons suivantes en choisissant l'élément qui convient, tiré soit de la liste A (noms d'animaux), soit de la liste B (parties du corps). Expliquez-les ensuite.

a) il est jaloux comme un ___
b) il m'a engueulé comme du ___ pourri
c) ils sont comme les ___s de la main
d) ils sont copains comme ___s
e) il joue avec lui comme un ___ avec une ___
f) il arrive comme un ___ sur la soupe
g) ils sont comme ___ et chemise
h) il arrive comme un ___ dans un jeu de quilles
i) ils sont comme ___ et ___

A	B
CHAT	
CHIEN	CHEVEU
COCHON	CUL
POISSON	DOIGT
SOURIS	
TIGRE	

⑪ Remplacez, dans les phrases suivantes, les définitons développées en italique par les locutions auxquelles elles renvoient et dont le mot-clé est donné entre barres obliques. Faites, s'il y a lieu, les modifications nécessaires pour que le texte soit grammaticalement correct.

a) Mon chef fait toujours de moi les plus grands éloges. *Mais en réalité ceci ne me sert à rien* /jambe/ _____ . J'aimerais mieux qu'il augmente mon salaire.

b) Je ne sais pas ce que j'ai pu faire à mon collègue. Depuis quelque temps, *il montre envers moi une antipathie évidente* /grippe/ _____ ; quand je propose quelque chose, il est toujours contre.

c) Le débat était violent. L'entraîneur était accusé d'être à l'origine de la série de défaites de l'équipe de football. Dirigeants et supporters *l'attaquaient violemment, sans ménagement* /boulet/ _____ .

d) J'ai un ami qui a trois garçons. Pendant la journée, quand ils sont seuls avec leur mère, ils sont insupportables. Mais le soir, quand leur père rentre, *ils se montrent dociles, obéissants* /doux/ _____ .

e) C'est un homme trop sensible. Depuis que nous avons critiqué quelques-unes de ses démarches, *il nous garde rancune* /dent/ _____ .

⑫ Cherchez les locutions qui sont visualisées par les dessins évocateurs suivants. Aidez-vous des mots-clés donnés entre barres obliques, puis expliquez les locutions ainsi obtenues.

DESSINS ÉVOCATEURS

a)

/loup/

b)

/puce/

___

c)

/lapin/

___

d)

/herbe/

___

e)

/fleurette/

⑬ Cherchez les locutions allemandes qui sont visualisées par les dessins évocateurs suivants. Donnez leurs équivalents français, qui leur correspondent souvent mot à mot.

DESSINS ÉVOCATEURS

a)

b)

c)

Les locutions par les jeux et les devinettes

⑭ Charade. – Trouvez une locution (= mon tout…) qui commence par un verbe à l'infinitif (= mon premier…) et finit par un substantif (= mon second…). Le mot grammatical intermédiaire est donné.

DÉFINITIONS	STRUCTURE
Mon premier commence par un F et a le sens de 'obliger'. Mon second est ce qu'on tend pour dire bonjour. Mon tout implique le POUVOIR, la CONTRAINTE.	/V.inf./ /S./ ↓ ↓ _____ la _____

⑮ À l'aide de la séquence de définitions et des lettres d'appoint, découvrez la locution dont il est question.

SÉQUENCE DE DÉFINITIONS	LOCUTION
a) avoir un différend l'un avec l'autre b) faire des concessions mutuelles c) finir par tomber d'accord	.o.p.r .a .oi.e .n .e.x

⑯ Rébus. – Trouvez des locutions qui commencent par un verbe du troisième groupe à l'infinitif, en vous aidant des dessins qui évoquent chacun un élément des locutions cherchées. Expliquez-les ensuite.

a)
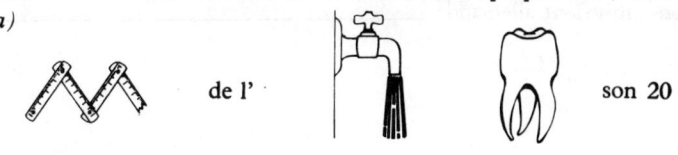

La locution cherchée: _____

b)

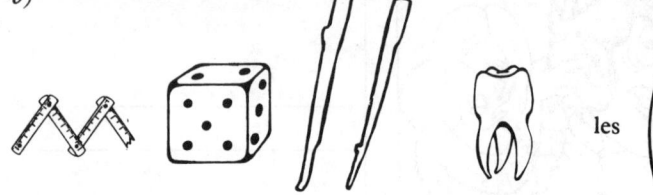 les

La locution cherchée : _____

c)

 le 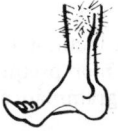 à l'

La locution cherchée : _____

⑰ Trouvez dans la grille suivante une locution signifiant 'tromper un naïf par une histoire imaginée'. Partez de la lettre entourée d'un cercle et adoptez le mode de déplacement du cavalier aux échecs. Cherchez aussi l'équivalent allemand de la locution.

V	R	T	Y	L	S	O	I	T	Q	N	L	B	S	H
(I)	Z	S	A	N	P	E	X	E	J	A	F	T	L	N
K	A	N	U	Q	E	D	J	Y	E	W	G	O	P	T
M	L	C	E	V	A	T	M	A	H	E	N	X	E	G

La locution cherchée : _____
Son équivalent allemand : _____

Sujets de conversation ou de composition

- Développez les sujets suivants sous forme d'un devoir écrit ou d'un exposé oral. Choisissez des locutions qui se rapportent aux sujets proposés et employez-les à propos.

  a) Un de vos amis est dans une situation difficile. Comment l'aidez-vous à s'en sortir?
  b) Amitié, sympathie, amour. Qu'est-ce qui les distingue?
  c) Êtes-vous pour ou contre le mariage? Pourquoi?
  d) Caractérisez un couple très heureux et un couple qui se dispute tout le temps.
  e) Comment se comporte une personne qui ne vous aime pas?
  f) Connaissez-vous un importun? Comment est-il?
  g) Caractérisez quelqu'un qui dit toujours du mal des autres; qui a de l'influence; qui est très flatteur, servile.

EXERCICES DE CONTRÔLE XVI–XX

(1) Choisissez dans la colonne de droite l'article, l'adjectif possessif ou la préposition qui convient pour compléter les locutions suivantes. Expliquez ensuite celles-ci.

a) il lui a rivé ____ clou
b) il a éclairé ____ lanterne
c) j'y perds ____ latin
d) il travaille ____ chapeau
e) il parle ____ sa barbe
f) il se tient ____ côtes
g) ____ fil ____ aiguille
h) je suis ____ parfum
i) il pleure ____ chaudes larmes
j) j'en ai ____ la tête
k) je m'ennuie ____ cent sous ____ l'heure
l) il perd ____ tête
m) cela m'en bouche ____ coin
n) il dort ____ ses deux oreilles
o) il a la tête ____ l'air
p) il a le moral ____ zéro
q) il rit ____ cape
r) cela lui entre ____ une oreille et lui sort ____ l'autre
s) il tient ____ crachoir
t) ils taillent ____ bavette

À
AU
DANS
DE
DU
EN
LE
LA
LES
MA
MON
PAR
PAR-DESSUS
SON
SOUS
SUR
UN
UNE

② Complétez les locutions suivantes à l'aide de l'élément qui convient, tiré soit de la liste A (chiffres), soit de la liste B (noms d'animaux). Expliquez-les ensuite.

	A	B
a) je donne ma langue au ____		
b) tournez ____ fois votre langue dans votre bouche avant de parler		
c) il est aux ____ coups		
d) je m'ennuie à ____ sous de l'heure		ÂNE
e) il monte sur ses grands ____		ARAIGNÉE
f) il est au ____ ciel		BŒUF
g) on entendrait une ____ voler		CHAT
h) cela me donne la chair de ____		CHEVAUX
i) il dort sur ses ____ oreilles	0	CHIEN
j) il fait le pied de ____	2	COQ
k) il a une ____ au plafond	7	ÉLÉPHANT
l) il a pris la ____	7ᵉ	GRUE
m) il a un ____ sur la langue	100	LIÈVRE
n) il a le moral à ____		LOUP
o) il saute du ____ à l'____		MOUCHE
p) il a une mémoire d'____/de ____		POULE
q) il marche à pas de ____		SOURIS
r) il a rompu les ____s		
s) on le ferait rentrer dans un trou de ____		
t) il fait les ____pas		

③ Même exercice que le précédent avec les parties du corps.

a) il se creuse la ____

b) c'est tiré par les ____x

c) il n'a pas les ____ en face des trous

d) il a pris ses ____s à son ____

e) il s'est levé du ____ gauche

f) la moutarde lui monte au ____

g) cela lui fait dresser les ____x sur la tête

h) il a la ____ près du bonnet

i) il a avalé sa ____

j) j'en ai par-dessus la ____/les ____s

k) cela me coupe ____ et ____s

l) il fait un long ____

m) il n'a pas sa ____ dans sa poche

n) j'en ai plein le ____

o) il le sait sur le bout du ____

p) il rit dans sa ____

q) ne te mets pas martel en ____

r) il a la ____ bien pendue

s) il n'écoute que d'une ____

t) cela n'a ni ____ ni ____

BARBE
BRAS
CHEVEU
COU
DOIGT
DOS
JAMBE
LANGUE
NEZ
OREILLE
PIED
QUEUE
TÊTE
YEUX

④ À chaque locution faites correspondre sa définition développée.

LOCUTIONS	DÉFINITIONS DÉVELOPPÉES
a) il a un mot sur le bout de la langue	A) il attend en allant et venant dans un lieu déterminé
b) cela fait du bruit dans Landerneau	B) ils parlent à voix basse pour ne pas être entendus des autres
c) ils font des messes basses	C) il oublie tout
d) il a la tête comme une passoire	D) cela fait beaucoup parler les membres d'un petit groupe
e) cela a fait tilt	E) il se fait beaucoup de souci
f) je donne ma langue au chat	F) ça y est, il vient de comprendre
g) cela n'a ni rime ni raison	G) il se met facilement en colère
h) il en a ras le bol	H) il en est très surpris
i) il fait les cent pas	I) il en a assez
j) il se ronge les sangs	J) il a du mal à retrouver un mot
k) les bras lui en tombent	K) il est ravi
l) il est aux anges	L) elle s'enfuit
m) il a la tête près du bonnet	M) cela n'a aucun sens
n) elle joue la fille de l'air	N) je suis incapable de trouver la solution, je demande qu'on me la donne

⑤ Pour chacune des locutions suivantes, trois définitions sont proposées. Cherchez celle qui est correcte.

a) il fait l'école buissonnière
       A) il plante des arbres autour de son école
       B) il se promène au lieu d'aller en classe
       C) il fréquente une école de sylviculture

b) il a beaucoup roulé sa bosse
       A) il a beaucoup voyagé, il s'est déplacé fréquemment
       B) il a beaucoup de difficulté à marcher, étant bossu
       C) il a beaucoup travaillé

c) tu devrais changer de disque
       A) tu devrais changer de tourne-disque
       B) tu ne devrais pas être toujours triste, mélancolique
       C) tu devrais parler d'autre chose

d) ils parlent à bâtons rompus
- A) leur conversation est entrecoupée de longs moments de silence
- B) ils parlent en changeant souvent de sujet
- C) ils parlent nerveusement, sans écouter leur interlocuteur

e) il croque le marmot
- A) il dessine, fait des croquis en attendant
- B) il réprimande, frappe un jeune garçon
- C) il attend depuis longtemps et avec impatience

6 Pour chacune des définitions développées suivantes, trois locutions sont proposées. Cherchez celle qui est correcte.

a) elle n'est pas invitée à danser
- A) elle fait des messes basses
- B) elle fait tapisserie
- C) elle fait grise mine

b) il est de bonne humeur
- A) il rit aux anges
- B) il est aux anges
- C) il est de bon poil

c) il s'enfuit rapidement, il se sauve
- A) il prend la poudre d'escampette
- B) il prend le chemin des écoliers
- C) il prend ses cliques et ses claques

d) il est très impatient, inquiet
- A) il est hors de ses gonds
- B) il est sur des roses
- C) il est sur des charbons ardents

e) il comprend difficilement, lentement
- A) il a l'esprit de l'escalier
- B) il a du retard à l'allumage
- C) il a un petit grain

⑦ Donnez pour chacune des locutions suivantes sa définition développée et le concept-clé qui lui correspond.

LOCUTIONS	DÉFINITIONS DÉVELOPPÉES	CONCEPTS-CLÉS
Ex. il perd la tête	il est affolé	/AFFOLEMENT/
a) il lui rabat le caquet	_____	/_____/
b) il en dit des vertes et des pas mûres	_____	/_____/
c) il est bouché à l'émeri	_____	/_____/
d) il lui manque une case	_____	/_____/
e) il boit du petit lait	_____	/_____/
f) il n'est pas dans son assiette	_____	/_____/
g) il a des idées noires	_____	/_____/
h) il se fait de la bile	_____	/_____/
i) il prend racine	_____	/_____/
j) il met la clé sous le paillasson	_____	/_____/

⑧ À l'aide du mot-clé donné, trouvez la locution correspondant à la définition développée.

DÉFINITIONS DÉVELOPPÉES	MOTS-CLÉS	LOCUTIONS
Ex. il part, s'en va	/camp/	il fiche le camp
a) il le fait taire	/bec/	_____
b) ils parlent de choses insignifiantes	/pluie/	_____
c) il parle un français incorrect	/nègre/	_____
d) il découvre, comprend le secret d'une affaire	/rose/	_____
e) il est très bête	/foin/	_____
f) il est de très mauvaise humeur	/pincette/	_____
g) il manque d'énergie, de courage	/navet/	_____
h) il marche sans but	/pavé/	_____
i) il part en secret, sans bruit	/tambour/	_____

⑨ Trouvez la locution correspondant au concept-clé et au mot-clé donnés.

CONCEPTS-CLÉS	MOTS-CLÉS	LOCUTIONS
Ex. /INQUIÉTUDE/	/coup/	il est aux cent coups
a) /SILENCE/	/ange/	_____
b) /IGNORANCE/	/a/	_____
c) /BÊTISE/	/poudre/	_____
d) /CONTENTEMENT/	/basket/	_____
e) /TRISTESSE/	/noir/	_____
f) /RÊVERIE/	/corneille/	_____
g) /SURPRISE/	/lune/	_____
h) /IMPATIENCE/	/frein/	_____
i) /PEUR/	/culotte/	_____
j) /ATTENTE/	/poireau/	_____
k) /DÉPART/	/camp/	_____

⑩ Complétez les comparaisons suivantes par le nom d'animal qui convient. Expliquez-les ensuite.

a) il répète qc. comme un _____

b) il est heureux comme un _____ dans l'eau

c) il rit comme une _____

d) il pleure comme une _____

e) il tourne comme un _____ en cage

f) il est muet comme une _____

g) il parle français comme une _____ espagnole

h) elle est bête comme une _____

i) il est gai comme un _____

j) il est bavard comme une _____

k) il est surpris comme une _____ qui a couvé des œufs de cane

l) il court comme un _____/un _____

m) il marche comme un _____/une _____

| BALEINE |
| CARPE |
| ESCARGOT |
| LAPIN |
| OIE |
| OURS |
| PERROQUET |
| PIE |
| PINSON |
| POISSON |
| POULE |
| TORTUE |
| VACHE |
| ZÈBRE |

⑪ Complétez les comparaisons ci-dessous à l'aide de l'élément qui convient, tiré soit de la liste A (adjectifs), soit de la liste B (verbes). Expliquez-les ensuite.

		A	B
a)	il est ___ comme ses pieds		
b)	il en ___ comme un aveugle des couleurs		
c)	il ___ comme une Madeleine		ENTEND
d)	il est ___ comme Baptiste		JURE
e)	il ___ comme un charretier	BÊTE	MONTE
f)	il ___ comme une pantoufle	MALHEUREUX	PARLE
		TRANQUILLE	PART
g)	il ___ comme un bossu	TRISTE	PLEURE
h)	il est ___ comme un bonnet de nuit		RAISONNE
			RIT
i)	il s'y ___ comme à ramer des choux		
j)	il est ___ comme les pierres		
k)	il ___ comme une soupe au lait		
l)	il ___ comme une flèche		

⑫ Remplacez, dans les phrases suivantes, les définitions développées en italique par les locutions auxquelles elles renvoient et dont le mot-clé est donné entre barres obliques. Faites, s'il y a lieu, les modifications nécessaires pour que le texte soit grammaticalement correct.

a) J'assistais à la conférence comme simple auditeur et je ne voulais pas du tout prendre la parole. Mais à la fin de l'exposé, le président m'a demandé *brusquement, sans que je m'y sois préparé* /pourpoint/, de donner mon opinion _____ . J'en étais très gêné.

b) Je ne sais pas ce qu'il a ce matin. Je suis allé le voir tout à l'heure, mais il m'a dit qu'il ne voulait voir personne de la journée. Aujourd'hui *il est de très mauvaise humeur, il est inabordable* /pincette/ ——————————————————————————————— .

c) Dans notre quartier, il y a beaucoup de jeunes gens qui ne vont plus à l'école et qui ne veulent pas travailler non plus. Alors, ils se réunissent en groupes et *ils errent sans but dans les rues* /pavé/ ——

——————————————————————————————————————— .

d) Depuis quelque temps, quelqu'un dégonfle systématiquement la nuit les pneus de ma voiture. L'autre soir, je me suis caché derrière un grand arbre pour voir qui c'était. C'était un gamin. Quand il m'a vu, *il est parti à toute vitesse* /jambe/ ———————————————— .

e) Depuis quelques jours, je traverse une mauvaise période. Je casse les verres à la maison, je tombe en descendant l'escalier, je traverse au feu rouge et manque de me faire écraser. *Je ne suis pas dans mon état habituel, normal* /assiette/ ————————————— .

f) Mon petit neveu n'a que dix ans. À l'école, il apprend déjà à travailler avec un ordinateur. Il en est ravi et *fait des progrès spectaculaires* dans l'apprentissage de cette nouvelle technique /géant/ ——

——————————————————————————————————————— .

⑬ Cherchez les locutions qui sont visualisées par les dessins évocateurs suivants. Aidez-vous des mots-clés donnés entre barres obliques, puis expliquez les locutions ainsi obtenues.

DESSINS ÉVOCATEURS

/vache/

E XVI–XX   187

/œuf/

/souris/

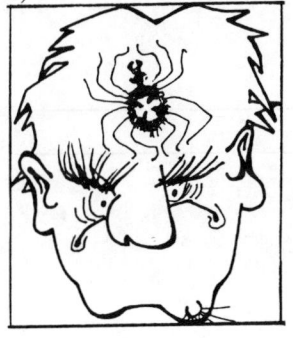

/coq, âne/

/araignée, plafond/

⑭ Cherchez les locutions allemandes qui sont visualisées par les dessins évocateurs suivants. Donnez leurs équivalents français, qui leur correspondent souvent presque mot à mot.

DESSINS ÉVOCATEURS

a)

b)

c)

d)

Les locutions par les jeux et les devinettes

⑮ Choisissez la locution qui traduit verbalement l'idée visualisée par le dessin suivant et donnez un équivalent allemand.

a) il n'a pas les yeux en face des trous
b) il marche à côté de ses pompes
c) il est dans la lune/les nuages
d) il est aux anges

⑯ Charade. – Trouvez une locution (= mon tout…) qui commence par un verbe à l'infinitif (= mon premier…) et finit par un substantif (= mon second…). Le mot grammatical intermédiaire est donné.

DÉFINITIONS	STRUCTURE
Mon premier est le contraire de se relever.	/V.inf./ /S./
Mon second est le satellite de la Terre.	↓ ↓
Mon tout signifie la SURPRISE.	_____ de la _____

⑰ À l'aide de la séquence de définitions et des lettres d'appoint, découvrez la locution dont il est question.

SÉQUENCE DE DÉFINITIONS	LOCUTION
a) on est en pleine conversation b) quelqu'un pose une question difficile ou fait une remarque déplacée c) la conversation s'interrompt et un silence gêné, prolongé s'installe ; on dit alors :	u. .n.. .a.s.

⑱ Rébus. – Trouvez une locution qui commence par un verbe du troisième groupe à l'infinitif, en vous aidant des dessins qui évoquent chacun un élément de la locution cherchée. Expliquez-la ensuite.

La locution cherchée : ―――――――――――――――

⑲ Remplissez la grille en y inscrivant sur la ligne correspondante le nom d'un Français célèbre. Vous découvrirez dans la colonne encadrée d'un trait gras une locution que vous expliquerez ensuite dans une situation. Donnez aussi son équivalent allemand.

1. Gérard ~ : acteur /Le Rouge et le Noir/
2. Edith ~ : chanteuse /L'Hymne à l'Amour/
3. Arthur ~ : poète du XIXe /Illuminations/
4. ~ XIV : le Roi-Soleil
5. Albert ~ : écrivain /L'Étranger/
6. Louis ~ : chimiste et biologiste, inventeur du vaccin contre la rage
7. François ~ : réalisateur de cinéma /Les Quatre Cents coups/
8. Jules ~ : écrivain du XIXe /Michel Strogoff/
9. Georges ~ : président de la Ve République, fondateur du Centre Beaubourg
10. Maurice ~ : compositeur /Boléro/
11. ~ Bonaparte : empereur des Français
12. Alexandre ~ : écrivain du XIXe /Les Trois Mousquetaires/
13. Auguste ~ : sculpteur /Le Penseur/
14. Claude ~ : peintre impressionniste /La Cathédrale de Rouen/
15. Brigitte ~ : vedette de cinéma
16. Guillaume ~ : poète /Alcools/
17. Sylvie ~ : chanteuse de variété
18. Georges ~ : compositeur /Carmen/
19. Simone de ~ : écrivain /Le Deuxième Sexe/
20. Charles de ~ : général et premier président de la Ve République
21. Charles ~ : compositeur /Faust/
22. Jacques ~ : océanographe, capitaine de « La Calypso »
23. Honoré de ~ : écrivain du XIXe /Le Père Goriot/

La locution cherchée : _____

Son équivalent allemand : _____

Sujets de conversation ou de composition

- Développez les sujets suivants sous forme d'un devoir écrit ou d'un exposé oral. Choisissez des locutions qui se rapportent aux sujets proposés et employez-les à propos.

  a) Comparez deux personnes que vous connaissez: l'une qui ne parle presque jamais, l'autre qui est un véritable moulin à paroles. Décrivez une scène.

  b) Faites le portrait d'une personne très intelligente et d'une autre qui est très ignorante et très bête.

  c) Vous avez déjà certainement rencontré une personne qui était de très mauvaise humeur. Comment était-elle?

  d) Caractérisez une personne de votre connaissance qui est: très distraite; très surprise par quelque chose; très inquiète, nerveuse; très affolée; très peureuse. Essayez de décrire des situations.

  e) Décrivez une personne qui attend depuis longtemps et impatiemment.

  f) Décrivez quelqu'un que vous connaissez et qui a une façon de marcher particulière.

EXERCICES DE CONTRÔLE XXI–XXV

① Choisissez dans la colonne de droite l'article, l'adjectif possessif ou la préposition qui convient pour compléter les locutions suivantes. Expliquez ensuite celles-ci.

a) il doit _____ Dieu et _____ diable
b) il paye rubis _____ l'ongle
c) il se saigne _____ quatre veines
d) ce n'est pas _____ Pérou
e) il jette l'argent _____ les fenêtres
f) il en fait _____ choux gras
g) il claque _____ dents
h) cela baigne _____ l'huile
i) c'est _____ petits oignons
j) il pleut _____ cordes

À
AUX
DANS
DES
LE
PAR
SES
SON
SUR

② Complétez les locutions suivantes à l'aide de l'élément qui convient, tiré soit de la liste A, soit de la liste B. Expliquez-les ensuite.

a) il paye rubis sur l'_____
b) il lui graisse la _____
c) ça coûte les _____ de la tête
d) il est avare comme un _____
e) il tire la _____
f) il est pauvre comme _____
g) il est riche comme _____
h) il tombe comme à _____
i) il est mouillé jusqu'aux _____
j) il claque des _____s
k) à la Saint-_____
l) c'est comme l'œuf de _____
m) ce n'est pas le _____

A	B
AUVERGNAT	DENT
COLOMB	LANGUE
CRÉSUS	ONGLE
GLINGLIN	OS
GRAVELOTTE	PATTE
JOB	YEUX
PÉROU	

③ Même exercice que le précédent avec les chiffres (liste A) et les noms d'animaux (liste B).

	A	B
a) il paye en monnaie de _____		
b) il se saigne aux _____ veines		
c) ça coûte _____ fois rien		
d) il a du mal à joindre les _____ bouts		
e) il n'attache pas ses _____s avec des saucisses		BŒUF
f) il tue la _____ aux œufs d'or		CANARD
g) il mange de la _____ enragée		CHAT
h) il pleut comme _____ qui pisse	2	CHIEN
i) il est trempé comme un _____	3	COQ
j) il fait un vent à décorner les _____s	4	LOUP
k) il fait un froid de _____/de _____	36	POISSON
l) il fait un temps de _____		POULE
m) au premier chant du _____		SINGE
n) entre _____ et _____		VACHE
o) un de ces _____ matins		VER
p) tous les _____ du mois		
q) quand les _____s auront des dents		
r) ce n'est ni chair ni _____		
s) ça ne casse pas _____ pattes à un _____		
t) ce n'est pas piqué des _____s		
u) il n'y a pas de quoi fouetter un _____		

④ À chaque locution faites correspondre sa définition développée.

LOCUTIONS	DÉFINITIONS DÉVELOPPÉES
a) il a payé rubis sur l'ongle	A) il est très riche
b) il lui a graissé la patte	B) cela n'a rien de remarquable
c) c'est aux frais de la princesse	C) il ne fait pas de différence, il juge de même façon les uns et les autres
d) je l'ai acheté pour une bouchée de pain	
e) il roule sur l'or	D) cela ne me coûte rien personnellement
f) il met tout dans le même sac	E) c'est très facile, simple
g) c'est du billard	F) il a payé comptant et tout ce qu'il devait
h) il n'y a pas de quoi fouetter un chat	G) l'affaire est insignifiante
i) ce n'est pas de la petite bière	H) je l'ai acheté pour un prix insignifiant
j) ça ne casse pas les vitres	I) il lui a donné de l'argent pour obtenir un avantage
	J) c'est une chose importante, de valeur

⑤ Pour chacune des locutions suivantes, trois définitions sont proposées. Cherchez celle qui est correcte.

a) entre chien et loup
    A) c'est la tombée du jour, quand les chiens de chasse rentrent et que les loups peuvent, à leur tour, aller à la chasse sans avoir ceux-ci à leurs trousses
    B) c'est le moment de la journée où il commence à faire nuit et où l'on ne peut distinguer le chien du loup
    C) c'est le moment de la journée qu'il est aussi difficile de distinguer nettement que l'animal issu de l'union d'un chien et d'une louve

b) il paye en monnaie de singe
    A) il paye avec une monnaie représentant un singe
    B) il paye en nature
    C) il paye par de belles paroles, des promesses creuses

c) il a du mal à joindre les deux bouts
    A) il a du mal à arriver jusqu'à un but fixé
    B) il a du mal à faire un nœud
    C) il a du mal à équilibrer son budget

d) il renvoie aux calendes grecques (une réunion)
- A) il renvoie à une date qui n'existe pas
- B) il renvoie aux ouvrages érudits de la Grèce
- C) il renvoie de l'argent pour payer ses dettes

⑥ Pour chacune des définitions développées suivantes, trois locutions sont proposées. Cherchez celle qui est correcte.

a) il assure la subsistance de sa famille
- A) il fait son beurre
- B) il fait bouillir la marmite
- C) il fait ses choux gras

b) prochainement, sans date précise
- A) un de ces quatre matins
- B) la semaine des quatre jeudis
- C) à une heure sans nom

c) c'est une autre affaire
- A) c'est le jour et la nuit
- B) c'est de la bouillie pour les chats
- C) c'est une autre paire de manches

⑦ Donnez pour chacune des locutions suivantes sa définition développée et le concept-clé qui lui correspond.

LOCUTIONS	DÉFINITIONS DÉVELOPPÉES	CONCEPTS-CLÉS
Ex. ça coûte trois fois rien	c'est bon marché	/PRIX/
a) il crache au bassinet		/_____/
b) il tondrait un œuf		/_____/
c) il mange son blé en herbe		/_____/
d) il est à sec		/_____/
e) il est plein aux as		/_____/
f) il gèle à pierre fendre		/_____/
g) c'est de la petite bière		/_____/
h) ce n'est pas la mer à boire		/_____/

⑧ À l'aide du mot-clé donné, trouvez la locution correspondant à la définition développée.

DÉFINITIONS DÉVELOPPÉES	MOTS-CLÉS	LOCUTIONS
Ex. il paye à contrecœur	/bassinet/	il crache au bassinet
a) il règle une dette parmi d'autres	/trou/	
b) il économise pour les besoins à venir	/poire/	
c) il s'est enrichi	/beurre/	
d) il est riche	/foin/	
e) cela n'a pas duré longtemps	/feu/	
f) cela revient au même	/bonnet/	
g) cela ne vaut rien	/clou/	
h) il est riche et vit en dépensant beaucoup	/guide/	

⑨ Trouvez la locution correspondant au concept-clé et au mot-clé donnés.

CONCEPTS-CLÉS	MOTS-CLÉS	LOCUTIONS
Ex. /RICHESSE/	/as/	il est plein aux as
a) /AVARICE/	/œuf/	
b) /MISÈRE/	/vache/	
c) /RICHESSE/	/pelle/	
d) /FROID/	/poule/	
e) /IDENTITÉ/	/pareil/	

⑩ Complétez les comparaisons ci-dessous à l'aide de l'élément qui convient, tiré soit de la liste A (adjectifs), soit de la liste B (verbes). Expliquez-les ensuite.

	A	B
a) il est _____ comme Job		
b) il est _____ comme les blés		
c) il est _____ comme Crésus		
d) il _____ comme à Gravelotte		
e) il _____ comme vache qui pisse	BÊTE	
	FAUCHÉ	MARCHE
f) il est _____ comme un canard/une soupe	PAUVRE	PLEUT
	RICHE	RESSEMBLENT
g) ils se _____ comme deux gouttes d'eau	SIMPLE	TOMBE
	TREMPÉ	
h) c'est _____ comme bonjour		
i) cela _____ comme sur des roulettes		
j) c'est _____ comme chou		

⑪ Remplacez, dans les phrases suivantes, les définitions développées en italique par les locutions auxquelles elles renvoient et dont le mot-clé est donné entre barres obliques. Faites, s'il y a lieu, les modifications nécessaires pour que le texte soit grammaticalement correct.

a) L'orage a éclaté quand je rentrais de l'école. Je n'avais ni parapluie, ni imperméable. Arrivé à la maison, *j'étais complètement trempé* /os/ _____.

b) Certains matins d'automne on ne voit pas à trente mètres parce qu'*il y a un brouillard très épais* /couteau/ _____.

c) *Il y a longtemps* /bail/ _____ que j'ai envie d'aller voir le dernier film de Godard, mais je n'en ai pas encore eu l'occasion.

d) Il voyage beaucoup, mais cela ne lui coûte rien. Il voyage *aux frais du gouvernement* /princesse/ _____.

e) Il fait beaucoup d'heures supplémentaires pour *améliorer sa situation financière* /beurre/ _____.

f) Robert est un garçon sportif qui se lève *très tôt le matin* /coq/

_____ pour faire de la gymnastique avant d'aller à son bureau. Là, on estime sa précision ; en effet, il n'aime pas *renvoyer à une date indéterminée* les réunions ou le traitement des dossiers /calendes/ _____ .

g) Je ne peux pas acheter ce manteau de fourrure. *Il est hors de prix*

/yeux/ _____ et *je ne suis pas riche* /pelle/ _____ .

⑫ Cherchez les locutions qui sont visualisées par les dessins évocateurs suivants. Aidez-vous des mots-clés donnés entre barres obliques, puis expliquez les locutions ainsi obtenues.

DESSINS ÉVOCATEURS

a) /diable/

_____

b) /patte/

_____

c)

/bout/

_____

d)

/canard/

_____

e)

/eau/

_____

⑬ Cherchez les locutions allemandes qui sont visualisées par les dessins évocateurs suivants. Donnez leurs équivalents français, qui leur correspondent souvent presque mot à mot.

DESSINS ÉVOCATEURS

a)

b)

c)

d)

Les locutions par les jeux et les devinettes

⑭ Faites correspondre les locutions et les dessins.

a) _____   b) _____   c) _____

A) il n'attache pas ses chiens avec des saucisses
B) il tire le diable par la queue
C) il est plein aux as
D) il mange de la vache enragée
E) il tondrait un œuf
F) il est cousu d'or

⑮ À l'aide de la séquence de définitions et des lettres d'appoint, découvrez la locution dont il est question.

SÉQUENCE DE DÉFINITIONS	LOCUTION
a) il fait des économies	il fait des .c.n..i.s d. .ou.s .e c..nd..l.s
b) ces économies sont insignifiantes	
c) et n'apportent pas d'avantages réels	

⑯ Charade. – Trouvez une locution (= mon tout...) qui commence par un verbe à l'infinitif (= mon premier...) et finit par un substantif (= mon second...). Le mot grammatical intermédiaire est donné.

DÉFINITIONS	STRUCTURE
a) Mon premier peut signifier faire sortir une chose d'un endroit.	/V.inf./ /S./ ↓ ↓
b) Mon deuxième est l'organe de la parole.	_____ la _____
c) Mon tout signifie: ÊTRE DANS LE BESOIN, MANQUER D'ARGENT.	

⑰ Rébus. – Trouvez une locution qui commence par un verbe du troisième groupe à l'infinitif, en vous aidant des dessins qui évoquent chacun un élément de la locution cherchée.

    le même

La locution cherchée : _____

Son équivalent allemand : _____

Sujets de conversation ou de composition

- Développez les sujets suivants sous forme d'un devoir écrit ou d'un exposé oral. Choisissez des locutions qui se rapportent aux sujets proposés et employez-les à propos.

  a) Comparez deux personnes ou deux familles dont l'une connaît toujours des difficultés financières, l'autre vit dans le luxe et ne regarde pas à la dépense.
  b) Décrivez votre journée du lever au coucher.
  c) Cherchez une activité que vous considérez facile, simple. Comment la caractériseriez-vous?
  d) Caractérisez les quatre saisons du point de vue météorologique.

TROISIÈME PARTIE

Corrigé des exercices (= C)

Exercices de contrôle I-V

1 a = sur; b = du; c = de, en; d = à; e = sa; f = les; g = du; h = un; i = son; j = de; k = sous; l = dans; m = en; n = derrière; o = sur; p = son; q = dans; r = les; s = sur; t = la

2 a = lynx; b = cent; c = loup; d = lézard; e = cheval; f = trente et un; g = autruche; h = chien; i = chat; j = coq; k = oiseau; l = guêpe; m = mouche, quinze; n = chat; o = quatre

3 a = peau, os; b = cheveu; c = yeux, tête; d = Morphée; e = Mathusalem; f = dos; g = Adam/Ève; h = Paris, Pontoise; i = pied, œil; j = aile; k = Prusse; l = dent; m = Argus; n = pouce; o = nez; p = estomac, talon; q = cheveu; r = main; s = jambe; t = genou/dent

4 a = D; b = J; c = G; d = H; e = F; f = L; g = C; h = K; i = A; j = B; k = I; l = E

5 a = B; b = C; c = C; d = B; e = B; f = C

6 a = C; b = C; c = A; d = C; e = B

7 a = il a un visage déplaisant /ANTIPATHIE/; b = il est mort /MORT/; c = il est nu /NUDITÉ/; d = il s'est habillé de façon élégante et recherchée /ÉLÉGANCE/; e = il n'avait guère de chance de survivre /MALADIE, MORT/; f = il a faim /FAIM/; g = il est ivre /IVRESSE/; h = il fait de grands efforts /TRAVAIL, EFFORT/; i = il est paresseux, essaie d'éviter un travail /PARESSE/; j = il se frotte les yeux quand il a sommeil /SOMMEIL/

8 a = c'est une armoire à glace; b = elle est jolie à croquer; c = il semble sortir d'une boîte; d = il a un bon coup de fourchette; e = il a une santé de fer; f = il fait cul sec; g = il a un coup de bambou; h = il a l'âme chevillée au corps; i = il a la gueule de bois; j = il pique un roupillon

9 a = il a l'œil américain; b = il tombe dans les pommes; c = il garde le lit; d = il a cassé sa pipe; e = il a du pain sur la planche; f = il ne se fait pas d'ampoules (aux mains); g = il est au bout du/de son rouleau

10 a = pou; b = bœuf/Turc; c = vache; d = bourrique/Polonais; e = Adonis; f = Hérode/Mathusalem; g = ver; h = couleuvre/loir; i = loir/marmotte; j = singe; k = écrevisse; l = taupe; m = cochon; n = Pont-Neuf

11 a = ils se ressemblent; b = il est ficelé, c = il mange; d = il est ridé; e = il boit; f = cela lui va; g = il travaille; h = il est joli; i = elle est plate; j = il a; k = il travaille; l = cela agit; m = il est maigre; n = il est sourd; o = il est chauve

12 A) a = ils avaient bon pied bon œil; b = ils avaient pris un coup de vieux; c = ils filent un mauvais coton; d = ils reprendront du poil de la bête; e = ils ont l'âme chevillée au corps - B) a = se faire une beauté; b = je n'ai rien à me mettre sur le dos; c = dans le plus simple appareil

13 a = il mange la soupe sur sa tête; b = il brûle la chandelle par les deux bouts; c = il met les petits plats dans les grands; d = elle ne sait plus où donner de la tête

14 a = er steht mit einem Bein im Grab(e) - il a un pied dans la tombe; b = er geht mit den Hühnern zu Bett - il va se coucher avec/comme les poules

15 a = il n'a que la peau et les os; b = il a la tête comme une boule de billard; c = il est ridé comme une vieille pomme; d = il a les yeux en boules de loto; e = il a les oreilles en feuilles de chou; f = il a les jambes comme des allumettes

16 a = B; b = D; c = E; d = C; e = A; - il est gras comme un moine

17 il se repose sur ses lauriers

18 fermer son parapluie

19 mettre les deux pieds dans le même sabot

20 a = C; b = D, E; c = A, B

21 Têt; Tropez; Garonne; Reims; Poitiers; Seine; Cherbourg; Étretat; Durance; Quimper; Rouen; Versailles; Lot; Paris; Grenoble; Orléans; Perpignan; Loire; Cannes; Vosges; Marseille; Brest; Moselle; - être tiré à quatre épingles; wie aus dem Ei gepellt sein

Exercices de contrôle VI–X

1 a = ma, au; b = avec; c = son; d = sa; e = dans; f = sur; g = sur; h = sur; i = son; j = les; k = une; l = dans; m = son, par-dessus; n = contre; o = après; p = sans; q = de, en; r = des; s = devant

2 a = quatre; b = mouche, éléphant; c = quatorze; d = lion; e = quatre; f = singe; g = tiers, quart; h = quatre cents; i = deux; j = taureau; k = paon; l = quarante; m = chat, chat; n = lièvre; o = quatre; p = loup; q = girafe; r = poisson; s = âne

3 a = Jupiter; b = yeux; c = Normand; d = jambe; e = main/tête; f = Espagne; g = œil; h = coudes; i = Buridan; j = aile; k = Gros-Jean; l = pied; m = Gascon; n = cheveu; o = Pirée; p = main; q = ventre; r = langue; s = Charybde, Scylla; t = cheveu

4 a = F, b = G; c = L; d = K; e = H; f = M; g = A; h = J; i = E; j = B; k = D; l = C; m = I

5 a = C; b = C; c = B; d = A; e = C

6 a = C; b = B; c = A; d = A; e = A

7 a = il mène une vie de débauche /DÉBAUCHE/; b = il agit sur une décision brusque, peu réfléchie /IRRÉFLEXION/; c = il agit franchement, sans rien cacher /FRANCHISE/; d = il raconte une histoire invraisemblable /INVRAISEMBLANCE/; e = il fait qc. en un temps très court /RAPIDITÉ/; f = il agit avec ménagement /PRÉCAUTION/; g = il exagère, abuse /EXAGÉRATION, ABUS/; h = il fait qc. d'inutile, ajoute qc. là où il y en avait déjà trop /INUTILITÉ/; i = il se trompe lourdement /ERREUR/; j = il se tire toujours habilement d'une affaire dangereuse /HABILETÉ/

8 a = il fait flèche de tout bois; b = il ne voit pas plus loin que le bout de son nez; c = il tourne casaque; d = il est bon comme du bon pain; e = il annonce la couleur; f = il lui fait porter le chapeau; g = il connaît la musique; h = il parle/prêche dans le désert; i = il tire la langue

9 a = il change son fusil d'épaule; b = il croit au père Noël; c = il se tient à carreau; d = il ne sait pas à quel saint se vouer; e = il prend qc. sous son bonnet; f = il n'a pas les yeux dans sa poche; g = il passe qc. au peigne fin;

h = c'est comme si on pissait dans un violon; i = il cherche une aiguille dans une botte de foin; j = cela s'en va en eau de boudin

10 a = oiseau; b = yeux; c = gant; d = jambe; e = pied; f = chemise; g = éléphant; h = chemise; i = dent

11 a = contre vents et marées; b = il a fait des pieds et des mains; c = son histoire est cousue de fil blanc; d = cela ne me fait ni chaud ni froid; e = essuyer les plâtres; f = j'étais dans mes petits souliers; g = il a su tirer son épingle du jeu

12 a = il fait feu des quatre fers; b = il donne un coup d'épée dans l'eau; c = il se jette dans la gueule du loup; d = il se noie dans un verre d'eau; e = il ne ferait pas de mal à une mouche

13 a = um etwas herumgehen wie die Katze um den heißen Brei - il tourne autour du pot; b = sie schüttet das Kind mit dem Bade aus - elle jette le bébé avec l'eau du bain, c = er benimmt sich wie ein Elefant im Porzellanladen - il se comporte comme un éléphant dans un magasin de porcelaine

14 b, c, e, g - die Nase hochtragen; sich für den Kaiser von China halten

15 c - il ment comme un arracheur de dents - er lügt wie gedruckt; er lügt, daß sich die Balken biegen

16 ramasser une veste

17 payer les pots cassés

18 a = mettre la charrue devant les bœufs; b = mettre les pieds dans le plat

19 bâtir des châteaux en Espagne - Luftschlösser bauen

20 être dans le pétrin - in der Tinte sitzen; in der Klemme/Patsche sein

Exercices de contrôle XI-XV

1 a = dans; b = dans; c = son; d = un; e = à; f = sous; g = en; h = par; i = aux; j = sous/sur; k = sous; l = à; m = la; n = à, à; o = sa

2   a = lapin; b = Augias; c = puce; d = lièvre; e = pou; f = Catherine; g = mouche; h = loup; i = chien; j = chèvre; k = Athénien; l = serpent; m = cochon; n = cochon; o = loup; p = Grenoble; q = vipère; r = bourrique

3   a = dos; b = pied; c = yeux; d = pied; e = dos; f = dent; g = nez; h = doigt; i = bras; j = nez; k = aile; l = jambe; m = patte; n = tête; o = jambe; p = main; q = pied; r = chignon; s = doigt, œil; t = ventre

4   a = J; b = G; c = O; d = K; e = L; f = H; g = N; h = M; i = F; j = A: k = E; l = B; m = D; n = I; o = C

5   a = A; b = B; c = C; d = C; e = B

6   a = C; b = B; c = A; d = C; e = B

7   a = il a eu de la chance /CHANCE/; b = il m'apporte des arguments dans une discussion /AIDE/; c = j'ai de la sympathie pour lui /SYMPATHIE/; d = il fait l'important /IMPORTUNITÉ/; e = il est mal vu de moi, il n'est pas beaucoup apprécié de moi /ANTIPATHIE, HOSTILITÉ/; f = il a sali sa réputation en disant du mal de lui /MÉDISANCE/; g = elle m'a fait de violents reproches /REPROCHE/; h = il devient moins agressif, radoucit son ton, ses manières /MODÉRATION/; i = il a un grand pouvoir, une grande influence /POUVOIR/; j = il le flatte exagérément /FLATTERIE/

8   a = il saisit la balle au bond; b = il lui renvoie l'ascenseur; c = il a plusieurs cordes à son arc; d = il a le ticket (avec elle); e = il me donne du fil à retordre; f = il a la dent dure; g = il jette de l'huile sur le feu; h = il court le cotillon; i = il me donne le feu vert; j = je l'ai mis en boîte

9   a = il met la main à la pâte; b = il se jetterait dans le feu pour lui; c = il est pendu à ses basques; d = il rentre dans sa coquille; e = il se met le fil à la patte; f = il lui glisse une peau de banane; g = il lui passe un savon; h = il fume le calumet de la paix avec lui; i = il fait la mouche du coche;

10   a = tigre; b = poisson; c = doigt; d = cochon; e = chat, souris; f = cheveu; g = cul; h = chien; i = chien, chat

11   a = cela me fait une belle jambe; b = il m'a pris en grippe; c = tiraient à boulets rouges sur lui; d = ils filent doux; e = il garde une dent contre nous

12 a = il hurle avec les loups; b = il lui secoue les puces; c = elle lui pose un lapin; d = il lui coupe l'herbe sous les pieds; e = il lui conte fleurette

13 a = er spielt Katz und Maus mit ihr - il joue avec lui comme un chat avec une souris; b = sie liegen sich in den Haaren - elles se crêpent le chignon; c = sie verdreht ihm den Kopf - elle lui tourne la tête

14 forcer la main à qn

15 couper la poire en deux

16 a = mettre de l'eau dans son vin; b = mettre des bâtons dans les roues; c = mettre le pied à l'étrier

17 ils le mènent en bateau - sie binden ihm einen Bären auf

Exercices de contrôle XVI-XX

1 a = son; b = ma; c = mon; d = du; e = dans; f = les; g = de, en; h = au; i = à; j = par-dessus; k = à, de; l = la; m = un; n = sur; o = en; p = à; q = sous; r = par, par; s = le; t = une

2 a = chat; b = sept; c = cent; d = cent; e = chevaux; f = septième; g = mouche; h = poule; i = deux; j = grue; k = araignée; l = mouche; m = bœuf; n = zéro; o = coq, âne; p = éléphant/lièvre; q = loup; r = chien; s = souris; t = cent

3 a = tête; b = cheveu; c = yeux; d = jambe, cou; e = pied; f = nez; g = cheveu; h = tête; i = langue; j = tête, oreille; k = bras, jambe; l = nez; m = langue; n = dos; o = doigt; p = barbe; q = tête; r = langue; s = oreille; t = queue, tête

4 a = J; b = D; c = B; d = C; e = F; f = N; g = M; h = I; i = A; j = E; k = H; l = K; m = G; n = L

5 a = B; b = A; c = C; d = B; e = C

6 a = B; b = C; c = A; d = C; e = B

7 a = il l'oblige à se taire par une remarque qui le ridiculise /SILENCE/; b = il dit des choses scandaleuses, choquantes par leur grossièreté /GROSSIÈRETÉ/; c = il est borné, stupide /MANQUE D'INTELLIGENCE, BÊTISE/; d = il est un peu fou /DÉBILITÉ MENTALE/; e = il écoute avec plaisir les compliments, les flatteries qu'on lui adresse /CONTENTEMENT/; f = il ne se sent pas bien, n'est pas dans son état normal /SENTIMENT DE MALAISE/; g = il est triste, mélancolique /TRISTESSE, MÉLANCOLIE/; h = il se fait du souci /SOUCI/; i = il reste longtemps debout au même endroit /IMMOBILITÉ, ATTENTE/; j = il déménage en quittant discrètement et définitivement son logement /DÉPART/

8 a = il lui cloue le bec; b = ils parlent de la pluie et du beau temps; c = il parle petit nègre; d = il découvre le pot aux roses; e = il est bête à manger du foin; f = il n'est pas à prendre avec des pincettes; g = il a du sang de navet; h = il bat le pavé; i = il part sans tambour ni trompette;

9 a = un ange passe; b = il ne sait ni a ni b; c = il n'a pas inventé la poudre; d = il est bien dans ses baskets; e = il broie du noir; f = il baye aux corneilles; g = il tombe de la lune; h = il ronge son frein; i = il tremble dans sa culotte; j = il fait le poireau; k = il fiche le camp

10 a = perroquet; b = poisson; c = baleine; d = vache; e = ours; f = carpe; g = vache; h = oie; i = pinson; j = pie; k = poule; l = lapin/zèbre; m = escargot/tortue

11 a = bête; b = parle; c = pleure; d = tranquille; e = jure; f = raisonne; g = rit; h = triste; i = entend; j = malheureux; k = monte; l = part

12 a = à brûle-pourpoint; b = il n'est pas à prendre avec des pincettes; c = ils battent le pavé; d = il a pris ses jambes à son cou; e = je ne suis pas dans mon assiette; f = il progresse à pas de géant

13 a = il parle français comme une vache espagnole; b = il marche sur des œufs; c = on le ferait rentrer dans un trou de souris; d = il passe/saute du coq à l'âne; e = il a une araignée au plafond

14 a = er empfiehlt sich auf französisch - il file à l'anglaise; b = die Haare stehen ihr zu Berge - cela lui fait dresser les cheveux sur la tête; c = in den Wolken schweben - elle est dans les nuages; d = das geht ihm beim einen Ohr hinein und zum anderen Ohr wieder hinaus - cela lui entre par une oreille et lui sort par l'autre

15 c = il est dans la lune/les nuages - er schwebt in den Wolken

16 tomber de la lune

17 un ange passe

18 mettre la clé sous le paillasson

19 la moutarde lui monte au nez - ihm läuft die Galle über

Exercices de contrôle XXI-XXV

1 a = à, à; b = sur; c = aux; d = le; e = par; f = ses; g = des; h = dans; i = aux; j = des

2 a = ongle; b = patte; c = yeux; d = Auvergnat; e = langue; f = Job; g = Crésus; h = Gravelotte; i = os; j = dent; k = Glinglin; l = Colomb; m = Pérou

3 a = singe; b = quatre; c = trois; d = deux; e = chien; f = poule; g = vache; h = vache; i = canard; j = bœuf; k = loup/canard; l = chien; m = coq; n = chien; loup; o = quatre; p = trente-six; q = poule; r = poisson; s = trois, canard; t = ver; u = chat

4 a = F; b = I; c = D; d = H; e = A; f = C; g = E; h = G; i = J; j = B

5 a = B; b = C; c = C; d = A

6 a = B; b = A; c = C

7 a = il paye, donne de l'argent à contrecœur /PAYEMENT/; b = il est très avare /AVARICE/; c = il gaspille son avoir /GASPILLAGE/; d = il n'a pas d'argent /PAUVRETÉ/; e = il a beaucoup d'argent /RICHESSE/; f = il fait très froid /TEMPS FROID/; g = ce n'est pas une chose importante, de valeur /QUALITÉ/; h = ce n'est pas difficile à faire /FACILITÉ/

8 a = il bouche un trou; b = il garde une poire pour la soif; c = il a fait son beurre; d = il a du foin dans ses bottes; e = cela n'a pas fait long feu; f = c'est blanc bonnet et bonnet blanc; g = cela ne vaut pas un clou; h = il mène la vie à grandes guides

9   a = il tondrait un œuf; b = il mange de la vache enragée; c = il remue l'argent à la pelle; d = il a la chair de poule; e = c'est du pareil au même

10 a = pauvre; b = fauché; c = riche; d = tombe; e = pleut; f = trempé; g = ressemblent; h = simple; i = marche; j = bête

11 a = j'étais trempé jusqu'aux os; b = il fait un brouillard à couper au couteau; c = cela fait un bail; d = aux frais de la princesse; e = mettre du beurre dans les épinards; f = au premier chant du coq, renvoyer aux calendes grecques; g = il coûte les yeux de la tête, je ne remue pas l'argent à la pelle

12 a = il tire le diable par la queue; b = il lui graisse la patte; c = il a du mal à joindre les deux bouts; d = il fait un froid de canard; e = ils se ressemblent comme deux gouttes d'eau

13 a = er wirft sein Geld zum Fenster hinaus - il jette l'argent par les fenêtres; b = das ist das Ei des Kolumbus - c'est comme l'œuf de Christophe Colomb; c = er ist arm wie eine Kirchenmaus - il est gueux comme un rat d'église; d = er schnallt den Gürtel enger - il se serre la ceinture

14 a = A, E; b = C, F; c = B, D

15 il fait des économies de bouts de chandelles

16 tirer la langue

17 mettre dans le même sac

QUATRIÈME PARTIE

Index

Index alphabétique des concepts-clés français

◆ Les concepts-clés explicités dans le dictionnaire sont donnés en majuscules. Quelques-uns de leurs synonymes courants sont signalés en minuscules.
◆ Les chiffres romains renvoient aux chapitres du dictionnaire.

A

absurdité, IX
AFFOLEMENT, XIX
affront, X
ÂGES DE LA VIE, III
agitation, VI
AIDE, XI
alcool, IV
ALIMENTATION, IV
AMITIÉ, XII
AMOUR, XII
amusement, XVIII
ANTIPATHIE, XIII
appétit, IV
ardeur, VI
argent, XXI
ATTENTE, XX
AUTONOMIE, XII
autorité, XV
AVARICE, XXI
aventures amoureuses, XII

B

bavardage, XVI
beauté, I
besoin, X
BÊTISE, XVII
BOISSON, IV
bonheur, XVIII
BON MARCHÉ, XXI
BONTÉ, VII
brouillard, XXIII
brusquerie, VI
brutalité, VI

C

calendrier, XXIV
calme, XIX
calvitie, I
CHANCE, XI
changement d'aspect, I
changement d'opinion, VII
CHER, XXI
cherté, XXI
cheveux, I
chinoiserie, VIII
COLÈRE, XIX
COMPRÉHENSION, XVII
COMPROMIS, XV
contentement, XVIII
contradiction, VII
contrainte, XV
coquetterie, XII
CORPS HUMAIN, I
COUPS, XIV
COURAGE, VI
crédulité, VII
CRI, XVI
critique, XIV
CURIOSITÉ, VII

D

DANGER, X
DÉBAUCHE, VI
DÉBILITÉ MENTALE, XVII
débrouillardise, XI
DÉFAUTS PHYSIQUES, I
dents, I
DÉPART, XX

DÉPENSE, XXI
désagrément, X; XIII
DÉTERMINATION, VI
DETTES, XXI
DÉVOUEMENT, XII
DIFFÉRENCE, XXV
DISPUTE, XIV
dispute familiale, XII
distraction, XVIII
docilité, XV
douceur, VII
duperie, XIII
durée, XXIV

E

ÉCHEC, IX
ÉCOLE, XVII
économie, XXI
EFFORT, V
élégance, II
embarras, X
ÉNERGIE, VI
ennui, XIII
entêtement, XV
enthousiasme, VI
ÉPARGNE, XXI
épuisement, V
équilibre morale, XVIII
équivoque, VII
errement, XX
ERREUR, IX
ÉTONNEMENT, XIX
ÉTUDES, XVII
évanouissement, III
EXAGÉRATION, VIII
excellent, XXV
excès, VI
EXPÉRIENCE, VII
extraordinaire, XXV

F

FACILITÉ, XXV
FAÇONS DE MARCHER, XX

FAIM, IV
FAMILLE, XII
FATIGUE, V
FERMETÉ, VI
fête, VI
fierté, VII
figure, I
flânerie, XX
flatterie, XV
FOLIE, XVII
force, I
FRANCHISE, VI
froid, XXIII
FUITE, XX

G

gaffe, VIII; IX
gaîté, XVIII
GALANTERIE, XII
GASPILLAGE, XXI
gêne, XIII
GÉNÉROSITÉ, VII
GROSSIÈRETÉ, XVI

H

HABILETÉ, VIII
HABILLEMENT, II
HÉSITATION, VII
HOSTILITÉ, XIII
HUMEUR (bonne-mauvaise), XVIII
humour, XVIII

I

IDENTITÉ, XXV
IGNORANCE, XVII
illogisme, XVII
IMMOBILITÉ, XX
IMPATIENCE, XIX
IMPORTUNITÉ, XIII
IMPRÉVOYANCE, VI
INATTENTION, XIX

incapacité, VIII
indécision, VII
INDIFFÉRENCE, VIII
INDISCRÉTION, VII
inélégance, II
inexpérience, III
INFLUENCE, XV
INGRATITUDE, XV
injure, XIV
INNOCENCE, VII
INQUIÉTUDE, XIX
insouciance, VIII
instabilité, X
INSULTE, XIV
intelligence, XVII
INUTILITÉ, IX
INVRAISEMBLANCE, VII
IRRÉFLEXION, VI
isolement, XII
IVRESSE, IV

MANQUE D'INTELLIGENCE, XVII
maquillage, II
MARIAGE, XII
méchanceté, XIII
MÉCONTENTEMENT, XVIII
MÉDISANCE, XIV
méfaits, VI
MÉLANCOLIE, XVIII
MÉMOIRE, XVII
ménagement, VIII
MENSONGE, VII
MÉPRIS, XIV
météorologie, XXIII
méticulosité, VIII
minceur, I
MINUTIE, VIII
MISÈRE, XXII
MODÉRATION, XV
MOQUERIE, XIII
MORT, III

J

jalousie, XII
jambes, I
jeunesse, III
JOIE, XVIII
jurons, XVI

N

NAÏVETÉ, VII
NERVOSITÉ, XIX
nez, I
nudité, II

O

OBÉISSANCE, XV
obséquiosité, XV
obstacle, X
OCCASION, XI
œil, I
oreille, I
ORGUEIL, VII
oubli, XVII

L

lâcheté, XIX
laideur, I
LASSITUDE, XVIII
lenteur, XX
LOUANGE, XV

M

maigreur, I
mal, X
MALADIE, III
MALADRESSE, V; VIII
MALVEILLANCE, XIII

P

PARESSE, V
parfait, XXV
parole, XVI

PASSIVITÉ, V
PAUVRETÉ, XXII
PAYEMENT, XXI
peau, I
pessimisme, XVIII
PEUR, XIX
piège, X
PLEURS, XVIII
pluie, XXIII
poids, I
poil, I
POUVOIR, XV
PRÉCAUTION, VIII
PRÉTENTION, VII
PRIX, XXI
problèmes, X
PROFIT, XXII
PROJETS IRRÉALISABLES, IX
PROMESSE, VII
propreté, II

Q

QUALITÉ, XXV
QUERELLE, XIV

R

RAISONNEMENT INCOHÉRENT, XVII
RAPIDITÉ DANS L'ACTION, VIII
rapidité (déplacement), XX
rapports humains, XII-XV
ravissement, XVIII
RÉCONCILIATION, XV
RECONNAISSANCE, XV
RÉFLEXION, XVII
remède, III
renoncement, IX
repas, IV
REPOS, V
RÉPRIMANDE, XIV
REPROCHE, XIV
RÉSISTANCE, XV
résolution, VI

RESPONSABILITÉ, VIII
ressemblance, XXV
RÉUSSITE, XI
RÊVERIE, XIX
RICHESSE, XXII
RIRES, XVIII
rougeur, I

S

saleté, II
SANTÉ, III
SATISFACTION, XVIII
SAVOIR, XVII
séduction, XII
SENTIMENT DE MALAISE, XVIII
SERVILITÉ, XV
SILENCE, XVI
SIMPLICITÉ, XXV
SITUATION CONFUSE, DIFFICILE, X
SOIF, IV
SOLITUDE, XII
SOLUTION, XI
SOMMEIL, V
sottise, XVII
SOUCI, XIX
stupidité, XVII
succès, XI
SURPRISE, XIX
SYMPATHIE, XII

T

taille, I
taire (se ~ ; faire ~ qn), XVI
TEMPS (qu'il fait), XXIII
TEMPS (qui passe), XXIV
TERGIVERSATION, VII
tête, I
TOILETTE, II
TRANQUILLITÉ, XIX
TRAVAIL, V
TRISTESSE, XVIII
TROMPERIE, XIII

V

vagabondage, XX
VAINS EFFORTS, IX
valeur, XXV
vanité, VII
vent, XXIII
VERSATILITÉ, VII
vêtement, II
VIE AGITÉE, VI
VIE DISSOLUE, VI
vieillesse, III
VIGILANCE, VIII

vitesse, XX
voyage, XX

Y

yeux, I

Z

zèle, VI

Index alphabétique des locutions apparues dans le dictionnaire

Le classement des locutions suit la tradition lexicographique française; il a été défini dans le *Dictionnaire des expressions et locutions* d'Alain Rey et de Sophie Chantreau, Paris 1988: "On trouvera chaque locution sous le *premier substantif* qu'elle comporte, à moins que l'effet de sens ne porte sur un *verbe*, un *adjectif*, ou sur le second substantif: dans les expressions formées sur *coup de*..., c'est en général le second nom qui importe. La nomenclature est donc surtout nominale."

A

A: ne savoir ni ~ ni b, XVII-21; prouver par ~ + b, XVII-14
Abois: être aux ~, X-27
Accus: recharger les ~, V-31
Acte: avaler son ~ de naissance, III-33
Adam: en costume d'~, II-2
Adonis: être beau comme un ~, I-5
Aiguille: chercher une ~ dans une botte de foin, IX-12
Aile: battre de l'~, X-23; voler de ses propres ~s, XII-1
Air: être libre comme l'~, XII-3
Algèbre: c'est de l'~, X-4, XVII-22
Allumage: avoir de l'avance à l'~, XVII-15; avoir du retard à l'~, XVII-27
Allumette: avoir les jambes comme des ~s, I-50
Âme: avoir l'~ chevillée au corps, III-12; être comme une ~ en peine, XVIII-31
Amour: filer le parfait ~, XII-31
Ampoule: ne pas se faire des ~s (aux mains), V-19
An: se soucier/se moquer de qc. comme de l'~ quarante, VIII-16
Âne: être comme l'~ de Buridan, VII-7; être têtu comme un ~, XV-29
Ange: un ~ passe/a passé, XVI-1; être aux ~s, XVIII-6; rire aux ~s, XVIII-9
Anglaise: filer à l'~, XX-31
Appareil: dans le/son plus simple ~, II-1
Appétit: demeurer/rester sur son ~, IV-24
Araignée: avoir une ~ au plafond, XVII-41
Arbre: couper l'~ pour avoir le fruit, VI-38, XXI-27; être entre l'~ et l'écorce, X-36
Argent: l'~ lui fond dans les mains, XXI-25; jeter l'~ par les fenêtres, XXI-24; remuer l'~ à la pelle, XXII-20
Argus: avoir des yeux d'~, I-39
Arme: passer l'~ à gauche, III-28
Armoire: c'est une ~ à glace, I-16
Arrache-pied: travailler d'~, V-10
Artaban: être fier comme ~, VII-41
As: être ficelé/fichu comme l'~ de pique, II-14; être plein aux ~, XXII-23
Ascenseur: renvoyer l'~, XI-22

Asperge: pousser comme une ~, I-10
Aspirine: être blanc/bronzé comme un cachet d'~, I-26
Assiette: ne pas être dans son ~, XVIII-21
Astre: être beau comme un ~, I-5
Athénien: c'est ici que les ~s s'atteignirent, XI-4
Atome: avoir des ~s crochus avec qn, XII-8
Auberge: ne pas être (encore) sorti de l'~, X-45
Autruche: faire l'~, X-46; avoir un estomac d'~, IV-23
Auvergnat: être avare comme un ~, XXI-20
Aveugle: parler de qc. comme un ~ des couleurs, XVII-30

B

Bagage: plier ~, XX-25
Baguette: mener qn à la ~, XV-17; avoir les cheveux comme des ~s (de tambour), I-29
Bail: il y a/cela fait un ~ (qu'on ne s'est pas vu), XXIV-13
Baleine: rire comme une ~, XVIII-14
Balle: prendre/saisir la ~ au bond, XI-2
Bambou: avoir un coup de ~, V-29
Banane: glisser une peau de ~ à qn, XIII-20
Bande: faire ~ à part, XII-5
Baptiste: être tranquille comme ~, XIX-2
Barbe: parler dans sa ~, XVI-12; rire dans sa ~, XVIII-10
Barque: mener/conduire seul sa ~, XII-2
Barre: avoir ~ sur qn, XV-16; avoir un coup de ~, V-29
Basket: être bien dans ses ~s, XVIII-5; lâche-moi les ~s, XIV-27
Basque: être toujours pendu aux ~s de qn, XIII-10
Bassinet: cracher au ~, XXI-7
Bateau: mener qn en ~ /monter un ~ à qn, XIII-24
Bâton: mettre des ~s dans les roues, XIII-17; parler à ~s rompus, XVI-30; mener une vie de ~ de chaise, VI-2
Bavette: tailler une ~, XVI-19
Beauté: se faire/se refaire une ~, II-22
Bébé: jeter/vider le ~ avec l'eau du bain, VI-34
Bec: clouer le ~ à qn, XVI-9; se retrouver/être/rester le ~ dans l'eau, IX-24; tomber sur un ~ (de gaz), X-11
Bémol: mettre un ~, XV-4
Bête: chercher la petite ~, VIII-22
Beurre: avoir un œil au ~ noir, I-35; faire son ~, XXII-16; mettre du ~ dans les épinards, XXII-15
Bière: c'est/ce n'est pas de la petite ~, XXV-30
Bifteck: gagner son ~, V-6
Bile: se faire de la ~, XIX-21
Billard: avoir la tête comme une boule de ~, I-33; c'est du ~, XXV-22; dévisser son ~, III-29

Biscuit: s'embarquer sans ~, VI-35
Blanc: dire tantôt ~, tantôt noir, VII-6
Blé: être blond comme les ~s, I-27; être fauché comme les ~s, XXII-10; manger son ~ en herbe, VI-37, XXI-26
Bœuf: avoir un ~ sur la langue, XVI-7; être fort comme un ~, I-17
Bois: être du ~ dont on fait les flûtes, VII-23; avoir la gueule de ~, IV-39; parler une langue de ~, XVI-36
Boîte: mettre qn en ~, XIII-31; sembler sortir d'une ~, II-12
Bol: avoir du ~, XI-11; en avoir ras le ~, XVIII-41
Bombe: faire la ~, IV-20
Bonheur: avoir les dents du ~, I-45
Bonjour: c'est simple comme ~, XXV-11
Bonne: avoir qn à la ~, XII-9
Bonnet: c'est blanc ~ et ~ blanc, XXV-2; jeter son ~ par-dessus les moulins, VI-1; prendre qc. sous son ~, VIII-12; être triste comme un ~ de nuit, XVIII-32
Borne: être planté comme une ~, XX-2
Bosse: rouler sa ~, XX-37
Bossu: rire comme un ~, XVIII-14
Botte: en avoir plein les ~s, XVIII-40; être haut comme une ~, I-9; lécher les ~s de qn, XV-44
Boudin: s'en aller en eau de ~, IX-27
Boue: traîner qn dans la ~, XIV-5
Bouillie: c'est de la ~ pour les chats, XXV-28
Boule: avoir la ~ à zéro, I-32; se mettre en ~, XIX-35
Boulet: s'attacher un ~ aux pieds, X-16; tirer à ~s rouges sur qn, XIV-15
Bourrique: être soûl comme une ~, IV-35; faire tourner qn en ~, XIII-15
Boussole: perdre la ~, XIX-26
Bout: avoir du mal à joindre les deux ~s, XXII-4; joindre les deux ~s, XXI-16
Bras: les ~ lui en tombent, XIX-12; avoir le ~ long, XV-11; couper ~ et jambes à qn, XIX-11
Bride: aller/courir à ~ abattue, XX-18
Brosse: manier la ~ à reluire; passer la ~ à reluire à qn, XV-47
Brouillard: il fait un ~ à couper au couteau, XXIII-8
Brûle-pourpoint: (dire, demander . . . qc.) à ~, XVI-11
Brune: courtiser la ~ et la blonde, XII-34
Buffet: danser devant le ~, IV-2
Bulletin: avaler son ~ de naissance, III-33
But: (agir) de ~ en blanc, VI-32

C

Cadran: faire le tour du ~, V-40
Café: c'est un peu fort de ~, VIII-32
Calendes: renvoyer/remettre qc. aux ~ grecques, XXIV-7
Calice: boire le ~ jusqu'à la lie, X-19

Calumet: fumer le ~ de la paix (avec qn), XV-1
Camp: ficher le ~, XX-24
Canard: être trempé comme un ~, XXIII-7; il fait un froid de ~, XXIII-11
Cape: rire sous ~, XVIII-10
Caquet: rabattre/rabaisser le ~ à qn, XVI-8
Carotte: les ~s sont cuites, X-44
Carpe: être muet comme une ~, XVI-4
Carreau: se tenir à ~, VIII-8
Carte: jouer ~s sur table, VI-40
Casaque: tourner ~, VII-4
Case: avoir une ~ en moins/de vide/il lui manque une ~, XVII-39
Catherine: coiffer sainte ~, XII-36
Catholique: ce n'est pas (très) ~, X-3
Cautère: c'est comme un ~ sur une jambe de bois, III-23, IX-2
Cavalier: faire ~ seul, XII-6
Ceinture: se serrer la ~, XXI-18
Cerveau: se creuser le ~, XVII-12
Cervelle: se creuser la ~, XVII-12
Chair: ni ~ ni poisson, XXV-6
Chaise: se trouver/être assis entre deux ~s, X-35
Champ: faire qc. sur-le-~, VIII-3
Champignon: pousser comme un ~, I-10
Chandelle: brûler la ~ par les deux bouts, III-14; devoir une fière/belle ~ à qn, XV-37; faire des économies de bouts de ~s, XXI-17
Chant: au (premier) ~ du coq, XXIV-1
Chapeau: faire porter le ~ à qn, VIII-13; travailler du ~, XVII-42
Chapitre: avoir voix au ~, XV-9
Charbon: être sur des ~s ardents, XIX-18
Charme: se porter comme un ~, III-9
Charretier: jurer comme un ~, XVI-37
Charrue: mettre la ~ avant/devant les bœufs, VIII-43
Charybde: tomber de ~ en Scylla, X-12
Chat: appeler un ~ un ~, VI-51; avoir d'autres ~s à fouetter, V-1; il n'y a pas de quoi fouetter un ~, XXV-29; jouer comme un ~ avec une souris avec qn, XV-15; faire une toilette de ~, II-20
Château: bâtir des ~x en Espagne, IX-16
Chaud: cela ne fait ni ~ ni froid à qn, VIII-18
Chaussure: trouver ~ à son pied, XII-39
Chemin: aller son petit bonhomme de ~, VI-25; ne pas y aller par quatre ~s, VI-22; prendre le ~ des écoliers, XX-12
Chemise: changer d'opinion comme de ~, VII-2; se soucier/se moquer de qc. comme de sa première ~, VIII-16
Chêne: être robuste comme un ~, III-10
Cheval: monter sur ses grands chevaux, XIX-31; avoir une fièvre de ~, III-18
Cheveu: arriver/venir comme un ~/des ~x sur la soupe, XIII-4; avoir mal aux ~x, IV-38; c'est (un peu) tiré par les ~x, XVII-38; couper les ~x en quatre, VIII-25; faire dresser les ~x sur la tête (à qn), XIX-42; il s'en faut/s'en est fallu d'un ~,

X-8; il y a un ~, X-5; ne tenir qu'à un ~, X-7; rougir jusqu'à la racine des ~x, I-25; saisir l'occasion par les ~x, XI-1; se faire des ~x (blancs), XIX-21; se prendre aux ~x, XIV-37

Chèvre: ménager la ~ et le chou, XV-5

Chien: arriver/être reçu comme un ~ dans un jeu de quilles, XIII-5; avoir du ~, I-4; entre ~ et loup, XXIV-3; s'entendre/vivre/être comme ~ et chat, XIV-32; être malade comme un ~, III-21; garder un ~ de sa chienne contre/à qn, XIII-44; il fait un temps à ne pas mettre un ~ dehors/il fait un temps de ~, XXIII-15; ne pas attacher son/ses ~(s) avec des saucisses, XXI-23; rompre les ~s, XVI-33; se regarder en ~s de faïence, XIII-39; traiter qn comme un ~, XIII-48; une ~ne n'y retrouverait pas ses petits, X-1

Chignon: se crêper le ~, XIV-38

Chinois: c'est du ~ (pour qn), X-4, XVII-22

Chocolat: être/rester ~, IX-34

Chou: c'est bête comme ~, XXV-20; être/finir dans les ~x, IX-32; faire ~ blanc, IX-31; faire ses ~x gras de qc., XXII-27; rentrer dans le ~ à qn, XIV-43; s'y entendre comme à ramer des ~x, XVII-26; avoir les oreilles en feuille de ~, I-47

Choucroute: pédaler dans la ~, IX-11, X-42

Ciel: être au septième ~, XVIII-7; remuer ~ et terre, VI-15

Citron: presser qn comme un ~, XV-19

Claque: avoir une tête à ~s, I-22

Clé: mettre la ~ sous le paillasson/la porte, XX-33; prendre la ~ des champs, XX-34

Clique: prendre ses ~s et ses claques, XX-26

Cloche: déménager à la ~ de bois, XX-35; a) sonner les ~s à qn; b) se faire sonner les ~s, XIV-21

Clou: ça ne vaut pas un ~, XXV-32; être maigre comme un ~, I-12; river son ~ à qn, XVI-10

Coche: rater/manquer le ~, XI-5

Cochon: être copains comme ~s, XII-13; être sale comme un ~, II-18; nous n'avons pas gardé les ~s ensemble, XIII-33; jouer un tour de ~ à qn, XIII-21

Cocu: avoir une veine de ~, XI-8

Cœur: avoir le ~ sur la main, VII-24; donner/mettre du ~ au ventre à qn, VI-30; être joli comme un ~, I-3; faire le joli ~, XII-22

Coi: se tenir/rester ~, XIX-1

Coiffé: être né ~, XI-7

Coiffer: ~ son mari, XII-42

Coin: en boucher un ~ à qn, XIX-13

Colle: poser une ~ (à qn), XVII-4

Collier: donner un coup de ~, V-8; être franc du ~, VI-44; (re)prendre le ~, V-7

Collimateur: avoir/prendre qn dans le/son ~, XIII-46

Compas: allonger le ~, XX-20

Coq: passer/sauter du ~ à l'âne, XVI-29; être/vivre comme un ~ en pâte, XXII-26; avoir des jambes de ~, I-51

Coquetterie: avoir une ~ dans l'œil, I-44

Coquille: rentrer dans sa ~, XII-4

Corbeau: être noir comme un ~, I-28
Corde: avoir plusieurs ~s/plus d'une ~ à son arc, XI-26; être (marcher, danser) sur la/faire de la ~ raide, X-33; il pleut des ~s, XXIII-2; tirer sur la ~, VIII-27
Corne: avoir/porter des ~s, XII-43
Corneille: bayer aux ~s, XIX-6
Corps: être dévoué ~ et âme à qn, XII-18
Côte: être à la ~, XXII-13; se tenir les ~s, XVIII-15
Cotillon: courir le ~, XII-33
Coton: filer un mauvais ~, III-16
Coude: jouer des ~s, VI-19; ne pas se moucher du ~, VII-35
Couleur: annoncer la ~, VI-41; en dire de toutes les ~s à qn, VI-49
Couleuvre: avaler des ~s, X-18; être paresseux comme une ~, V-16
Coup: avoir un (petit) ~ dans le nez, IV-32; être aux cent ~s, XIX-19; faire les quatre cents ~s, VI-5; sur le ~ de deux (trois ...) heures, XXIV-5
Courage: prendre son ~ à deux mains, VI-29
Cours: sécher un ~, XVII-3
Couteau: avoir le ~ sous/sur la gorge, X-22; être à ~x tirés (avec qn) XIV-28; mettre le ~ sur/sous la gorge à qn, XV-23
Couture: examiner qc. sous/sur toutes les ~s, VIII-20
Crachoir: tenir le ~, XVI-25; tenir le ~ à qn, XVI-26
Cravate: s'en jeter un derrière la ~, IV-26
Crésus: être riche comme ~, XXII-18
Croque-mort: avoir une figure de ~, XVIII-30
Croquer: être joli/mignon à ~, I-2
Croûte: casser la ~, IV-10
Cuiller: être à ramasser à la (petite) ~, III-17; faire qc. en deux/trois coups de ~ à pot, VIII-4
Cuir: tanner le ~ à qn, XIV-40
Cuisse: se croire sorti de la ~ de Jupiter, VII-38
Cul: boire/faire ~ sec, IV-29; être comme ~ et chemise, XII-15; lécher le ~ de qn, XV-44
Culotte: porter la ~, XII-44; trembler dans sa ~, XIX-43; user ses fonds de ~ sur les bancs de l'école, XVII-1

D

Debout: cela ne tient pas ~, XVII-37
Dent: avoir la ~, IV-5; avoir la ~ dure, XIV-16; avoir/garder une ~ contre qn, XIII-43; claquer des ~s, XXIII-14; déchirer qn à belles ~s, XIV-14; être sur les ~s, V-27; il y en a pour une ~ creuse, IV-13; manger à belles ~s, IV-17; manger du bout des ~s, IV-12; mentir comme un arracheur de ~s, VII-17
Désert: parler/prêcher dans le ~, IX-6
Dessous: être dans le troisième/au trente-sixième ~, X-41
Deux: c'est clair comme ~ et ~ font quatre, XXV-12; faire qc. en moins de ~, VIII-5
Diable: avoir le ~ au corps, VI-4; courir comme si on avait le ~ à ses trousses,

XX-19 ; envoyer qn au ~ /à tous les ~s/aux cinq cents ~s, XIV-24; faire le ~ à quatre, VI-20; se démener/s'agiter comme un ~ dans un bénitier, X-43; tirer le ~ par la queue, XXII-5

Diabolique: ce n'est pas ~, XXV-18

Dieu: devoir à ~ et au diable, XXI-1; être beau comme un ~, I-5; ne craindre ni ~ ni diable, VI-21; on lui donnerait le bon ~ sans confession, VII-22

Dindon: être le ~ de la farce, X-24

Disque: changer de ~, XVI-27

Doigt: avoir les ~s crochus, XXI-22; être comme les ~s de la main, XII-14; faire qc. les ~s dans le nez, XI-33; mener qn au ~ et à l'œil, XV-17; ne pas remuer le petit ~ (pour qn), XI-12; obéir au ~ et à l'œil, XV-34; savoir qc. sur le bout du ~, XVII-19; se mettre/se fourrer le ~ dans l'œil, IX-21; s'en lécher les ~s, IV-6

Dormir: raconter un conte/une histoire à ~ debout, VII-18

Dos: en avoir plein le ~, XVIII-40; être toujours sur le dos de qn, XIII-9; n'avoir rien à se mettre sur le ~, II-7; ne pas y aller avec le ~ de la cuiller, VI-24; scier le ~ à qn, XIII-13 ; se mettre qn à ~, XIII-47

Doux: filer ~ (avec qn), XV-33

Dragée: tenir la ~ haute à qn, XV-30

Drap: être dans de beaux ~s, X-29

E

Eau: apporter de l'~ au moulin de qn, XI-19; être comme l'~ et le feu, XIII-34; être/ naviguer dans les ~x de qn, XV-36; faire venir/en avoir l'~ à la bouche, IV-7; il y a de l'~ dans le gaz, X-6; mettre de l'~ dans son vin, XV-3; nager entre deux ~x, VII-10; ne pas avoir inventé l'~ chaude, XVII-29; pêcher en ~ trouble, X-14; porter de l'~ à la rivière, IX-5; tomber à l'~, IX-26; se ressembler comme deux gouttes d'~, I-1, XXV-1; se noyer dans un verre d'~, VIII-42

Échelle: faire la courte ~ à qn, XI-16; faire monter qn à l'~, XIII-25; monter à l'~, VII-28

Éclair: passer comme un ~, XX-17

Éclat: rire aux ~s, XVIII-12

École: faire l'~ buissonnière, XVII-2

Écorcher: crier comme si on l'écorchait, XVI-42

Écrevisse: être rouge comme une ~, I-23

Écurie: nettoyer les ~s d'Augias, XI-13

Église: être gueux comme un rat d'~ , XXII-9

Éléphant: se comporter comme un ~ dans un magasin de porcelaine, VIII-40; avoir une mémoire d'~, XVII-6

Émeri: être bouché à l'~, XVII-28

Encensoir: donner des coups d'~ à qn, XV-42

Enfant: jeter/vider l'~ avec l'eau du bain, VI-34; être innocent comme l'~ qui vient de naître, VII-26

Enterrement: faire/avoir une tête/une mine d'~, XVIII-28

Épée: a) être / b) donner un coup d'~ dans l'eau, IX-4

Épine: tirer/enlever une ~ du pied à qn, XI-18
Épingle: être tiré à quatre ~s, II-11; tirer son ~ du jeu, VIII-36, XI-30
Éponge: boire comme une ~, IV-28; passer l'~ sur qc., XV-2
Ermite: vivre comme un ~; vivre en ~, XII-7
Escalier: avoir l'esprit de l'~, XVII-11
Escampette: prendre la poudre d'~, XX-34
Escargot: aller/marcher comme un ~, XX-16
Estomac: avoir l'~ dans les talons, IV-4
État: être dans tous ses ~s, XIX-24
Ève: en costume d'~, II-2

F

Façade: se refaire/se ravaler la ~, II-23
Faim: demeurer/rester sur sa ~, IV-24
Fard: piquer un ~, I-24
Farine: rouler qn dans la ~, XIII-27
Fauteuil: arriver dans un ~, XI-32
Fée: travailler comme une ~, V-13; avoir des doigts de ~, VIII-33
Fer: battre le ~ tant/pendant qu'il est chaud, XI-3; croire à qc. dur comme ~, VI-27; avoir une santé de ~, III-7
Feu: donner le ~ vert à qn, XV-27; être tout ~ tout flamme(s), VI-7; faire ~ de tout bois, VI-17; faire ~ des quatre fers, VI-18; faire long ~, IX-25; ne pas faire long ~, XXIV-14; péter le/du ~, VI-6; se jeter dans le ~ pour qn, XII-17; se trouver/être pris entre deux ~x, X-34
Feuille: trembler comme une ~, XIX-44
Ficelle: tirer sur la ~, VIII-27
Figue: mi-~, mi-raisin, XXV-7
Fil: de ~ en aiguille, XVI-31; avoir un ~ à la patte, X-38; c'est cousu de ~ blanc, VII-19; danser/marcher sur le ~ du rasoir, X-32; donner du ~ à retordre à qn, XIII-18; ne pas avoir inventé le ~ à couper le beurre, XVII-29; ne tenir qu'à un ~, X-7; se mettre le ~ à la patte, XII-40
File: aller/marcher à la/en ~ indienne, XX-15
Fille: jouer la ~ de l'air, XX-36
Flamme: descendre qn en ~s, XIV-17
Flanc: tirer au ~, V-23
Flèche: faire ~ de tout bois, VI-17; partir comme une ~, XX-29
Fleur: faire une ~ à qn, VII-25
Fleurette: conter ~ à qn, XII-23
Foin: avoir du ~ dans ses bottes, XXII-19; être bête à manger du ~, XVII-33
Foire: faire la ~, VI-3
Fois: coûter trois ~ rien, XXI-10
Fou: être ~ à lier, XVII-43
Foudre: avoir le coup de ~ (pour qn), XII-26
Fourchette: avoir un bon coup de ~, IV-19
Fraise: sucrer les ~s, III-6

Franquette: (manger/inviter qn/recevoir qn) à la bonne ~, IV-9
Frein: ronger son ~, XIX-17
Frère: aimer qn comme un ~, XII-20
Froid: battre ~ à qn, XIII-37
Fusil: changer son ~ d'épaule, VII-1

G

Galérien: travailler comme un ~, V-11
Gant: cela lui va comme un ~, II-13; dire qc. sans prendre de ~s, VI-46; être souple comme un ~, XV-32; mettre/prendre des ~s (avec qn pour faire qc.), VIII-6; retourner qn comme un ~, VII-5
Garde: être/se tenir sur ses ~s, VIII-7
Gascon: faire des promesses de ~, VII-14
Gâteau: c'est du ~, XXV-21
Gauche: être endetté jusqu'à la ~, XXI-2
GDB: avoir la ~, IV-39
Géant: progresser à pas de ~, XVII-5
Gémonies: vouer qn aux ~s, XIV-1
Genou: être chauve comme un ~, I-31; être sur les ~x, V-27
Gifle: avoir une tête à ~s, I-22
Girafe: peigner la ~, IX-10
Gomme: (un peintre/une idée, etc.) à la ~, XXV-33
Gond: être hors de/sortir de ses ~s, XIX-25
Gorge: faire des ~s chaudes de qc./qn, XIII-30; rire à ~ déployée, XVIII-12
Gourme: jeter sa ~, III-2
Grain: avoir un (petit) ~, XVII-40
Graine: monter en ~, III-3, XII-37
Gras: discuter le bout de ~, XVI-18
Gravelotte: il tombe comme à ~, XXIII-5
Grelot: attacher le ~, X-13
Grenoble: faire une conduite de ~ à qn, XIV-42
Gril: être sur le ~, XIX-18
Grippe: prendre qn en ~, XIII-36
Grive: être soûl comme une ~, IV-35
Gros-Jean: être ~ comme devant, IX-23
Grue: faire le pied de ~, XX-5
Guêpe: avoir une taille de ~, I-15
Guêpier: tomber/se fourrer dans un ~, X-9
Guêtre: traîner ses ~s, XX-10
Gueule: se mettre/se jeter dans la ~ du loup, X-15
Guide: mener la vie à grandes ~s, XXII-25

H

Hallebarde: il pleut/il tombe des ~s, XXIII-3
Hanneton: ce n'est pas piqué des ~s, XXV-27
Haricot: courir/taper sur le ~ à qn, XIII-14
Haro: crier ~ sur qn, XIV-8
Hébreu: c'est de l'~ (pour qn), X-4, XVII-22
Herbe: couper l'~ sous les pieds de qn, XIII-16
Hercule: faire un travail d'~, V-12
Hérode: être vieux comme ~, III-5
Heure: à une ~ sans nom, XXIV-4; on ne te demande pas l'~ qu'il est, XIII-8
Hier: ne pas être né d'~, VII-29
Huile: baigner dans l'~, XXV-23; jeter/mettre de l'~ sur le feu, XIV-35

I

I: se tenir/être droit comme un ~, I-7
Idée: avoir des ~s noires, XVIII-24

J

Jambe: aller/courir à toutes ~s, XX-18; avoir les ~s en coton, V-25; avoir les ~s qui rentrent dans le corps, V-28; cela fait une belle ~ à qn, IX-1, XI-23; n'avoir plus de ~s, V-26; prendre ses ~s à son cou, XX-28; tenir la ~ à qn, XIII-11; traiter qn par-dessous/par-dessus la ~, XIV-2
Jaunisse: faire une ~ de qc., XVIII-23
Jeudi: la semaine des quatre ~s, XXIV-8
Job: être pauvre comme ~, XXII-8
Jour: c'est le ~ et la nuit, XXV-4; c'est clair comme le ~, XXV-12; être long comme un ~ sans pain, XXIV-15
Juste: dormir du sommeil du ~, V-37
Justice: être raide comme la ~, I-8

L

Lac: tomber dans le ~, IX-26
Lait: boire du (petit) ~, XVIII-2; être soupe au ~ /monter comme une soupe au ~, XIX-28
Lampe: s'en mettre plein la ~, IV-21
Landerneau: faire du bruit dans ~/le ~ (+ adj.), XVI-16
Langue: avaler sa ~, XVI-3; avoir la ~ bien pendue, XVI-22; avoir la ~ trop longue, VII-31; avoir un mot sur le bout de la ~, XVI-5; donner sa ~ au chat, XVII-25; ne pas avoir sa ~ dans sa poche, XVI-21; ne pas savoir tenir sa ~, VII-30; tirer la ~, X-26, XXII-6; tourner sept fois sa ~ dans sa bouche (avant de parler), XVI-6

Lanterne: éclairer la ~ de qn, XVII-13
Lapin: courir comme un ~, XX-19; poser un ~ à qn, XIII-28
Large: ne pas en mener ~, X-39
Larme: pleurer à chaudes ~s, XVIII-35
Larron: s'entendre comme ~s en foire, XII-16
Latin: y perdre son ~, XVII-23
Laurier: se reposer sur ses ~s, V-18
Lettre: passer comme une ~ à la poste, XXV-15
Lézard: faire le ~, V-17
Liard: on n'aurait pas donné un ~ de sa peau, III-24
Lièvre: c'est là que gît le ~, X-2; lever/soulever un ~, XIII-3; avoir une mémoire de ~, XVII-7
Linge: il faut laver son ~ sale en famille, XII-46
Lion: manger/bouffer du ~, VI-9
Lit: garder le ~, III-22
Litière: faire ~ de qc., VIII-15
Loir: dormir comme un ~, V-38; être paresseux comme un ~, V-16
Lot: gagner le gros ~, XI-9
Loto: avoir les yeux en boules de ~, I-36
Louis XV: avoir des jambes ~, I-52
Loup: avoir vu le ~, XII-35; hurler avec les ~s, XV-7; aller/marcher à pas de ~, XX-14; avoir une faim de ~, IV-3; il fait un froid de ~, XXIII-11
Lune: aller décrocher la ~ pour qn, IX-14; demander la ~, IX-13; être dans la ~, XIX-7; faire voir/montrer la ~ en plein midi à qn, XIII-26; promettre la ~, VII-13; tomber de la ~, XIX-15
Lurette: il y a/depuis belle ~, XXIV-12
Lynx: avoir des yeux de ~, I-38

M

Madeleine: pleurer comme une ~, XVIII-36
Maille: avoir ~ à partir avec qn, XIV-31
Main: avoir la haute ~ sur qc, XV-13; (en) donner sa ~ à couper, VI-11; (en) mettre sa ~ au feu/sa ~ à couper, VI-10; en venir aux ~s, XIV-36; être marié de la ~ gauche, XII-38; être nu comme la ~, II-6; forcer la ~ à qn, XV-25; mettre la ~ à la pâte, V-4, XI-14; ne pas y aller de ~ morte, VI-23, VIII-28; prendre qc. en ~, VIII-11; promettre qc. la ~ sur le cœur, VII-15; se laver les ~s de qc., VIII-14; faire qc. en un tour de ~, VIII-1
Maladie: faire une ~ de qc., XVIII-23
Manche: c'est une autre paire de ~s, XXV-5; jeter le ~ après la cognée, IX-35; se débrouiller/s'y prendre comme un ~, VIII-41
Marmite: faire bouillir la ~, V-5, XXII-14
Marmot: croquer le ~, XX-4
Marmotte: dormir comme une ~, V-38
Marre: en avoir ~, XVIII-41
Marseille: il vient de ~, VIII-31

Marteau: être (pris) entre le ~ et l'enclume, X-36
Martel: se mettre ~ en tête, XIX-20
Mathusalem: être vieux comme ~, III-5
Matinée: faire la grasse ~, V-41
Mélasse: être dans la ~, X-30
Mémoire: avoir un/des trou(s) de ~, XVII-8
Mer: ce n'est pas la ~ à boire, XXV-19
Messe: faire des ~s basses, XVI-13
Messie: attendre qn/être attendu comme le ~, XI-24
Midi: chercher ~ à quatorze heures, VIII-24
Mine: faire grise ~ à qn, XIII-38, XVIII-29
Moine: être gras comme un ~, I-18
Mont: promettre ~s et merveilles, VII-13
Montagne: (se) faire une ~ de qc., VIII-29
Moral: avoir le ~ à zéro, XVIII-25
Morphée: être dans les bras de ~, V-36
Mot: faire rentrer ses ~s dans la gorge à qn, XV-24; ne pas mâcher ses ~s, VI-52
Mouche: quelle ~ le pique?, XIX-36; entendre une ~ voler, XVI-2; être/faire la ~ du coche, XIII-2; faire d'une ~ un éléphant, VIII-30; ne pas faire de mal à une ~, VII-21; prendre la ~, XIX-33; tuer les ~s à quinze pas, II-21
Moulin: se battre contre des ~s à vent, IX-9
Moutarde: la ~ lui monte au nez, XIX-30
Moutardier: se croire le premier ~ du pape, VII-37
Mule: être têtu comme une ~, XV-29
Mur: (autant) parler à un ~, IX-7; être (mis) au pied du ~, X-37; mettre qn au pied du ~, XV-21
Musique: connaître la ~, VIII-37

N

Navet: avoir du sang de ~, XIX-37
Nègre: parler petit ~, XVI-35; travailler comme un ~, V-11
Nerf: avoir les ~s à fleur de peau/en boule, XIX-23
Nez: avoir qn dans le ~, XIII-45; c'est visible comme le ~ au milieu du visage, XXV-13; faire un long ~/un drôle de ~, XVIII-27; mener qn par le bout du ~, XV-18; ne pas voir plus loin que le bout de son ~, VI-33; passer sous le ~ de qn, XI-6; se casser le ~, IX-33; se manger/se bouffer le ~, XIV-34; se noircir le ~, IV-34; si on lui pressait/tordait le ~, il en sortirait (encore) du lait, III-1
Noce: faire la ~, VI-3
Noël: croire au père ~, VII-27
Nœud: couper/trancher le ~ gordien, XI-25
Noir: broyer du ~, XVIII-26
Noise: chercher ~ à qn, XIV-29
Noix: (un peintre/une idée, etc.) à la ~ (de coco), XXV-33
Nombril: se prendre pour le ~ du monde, VII-36
Nord: perdre le ~, XIX-26

Normand: faire/donner une réponse de ~, VII-12
Note: forcer la ~, VIII-26
Nuage: être dans les ~s, XIX-7
Nue: porter qn aux ~s, XV-41; tomber des ~s, XIX-15
Nuit: passer une ~ blanche, V-42
Numéro: tirer/avoir tiré le bon ~, XI-10

O

Œil: à l'~, XXI-14; avoir l'~ américain, I-37; avoir un ~ à Paris et l'autre à Pontoise, I-42; avoir un ~ qui dit zut/merde à l'autre, I-43; faire de l'~ à qn, XII-21; se battre l'~ de qc., VIII-19; taper dans l'~ à qn, XII-28; tourner de l'~, III-20; faire qc. en un clin d'~, VIII-2; **Yeux:** avoir des ~ derrière la tête, I-40; avoir les ~ plus grands/gros que le ventre, IV-22; coûter les ~ de la tête, XXI-9; faire les ~ doux à qn, XII-25; ne pas avoir les ~ dans sa poche, VII-33; ne pas avoir les ~ en face des trous, XIX-10; ne pas avoir froid aux ~, VI-28; rougir jusqu'au blanc des ~, I-25

Œuf: aller se faire cuire un ~, XIV-26; c'est comme l'~ de (Christophe) Colomb (il fallait y penser!), XXV-10; être chauve comme un ~, I-31; marcher sur des ~s, XX-13; mettre tous ses ~s dans le même panier, VI-36; tondre un ~, XXI-21

Ogre: manger comme un ~, IV-18

Oie: être bête comme une ~, XVII-32

Oignon: aller/marcher en rang d'~s, XX-15; c'est aux petits ~s, XXV-26

Oiseau: être/vivre comme l'~ sur la branche, X-31; avoir un appétit d'~, IV-11; donner des noms d'~x à qn, XIV-22

Ombre: courir après une ~, IX-15

Opinion: ne pas mâcher son ~, VI-52

Or: être (tout) cousu d'~, XXII-22; être franc comme l'~, VI-45; rouler sur l'~, XXII-21; valoir son pesant d'~, XXV-24

Oreille: dormir sur ses deux ~s, V-37, XIX-3; en avoir par-dessus les ~s, XVIII-39; entrer par une ~ et sortir par l'autre, XVII-9, XIX-8; n'écouter que d'une ~, XIX-5

Os: être mouillé/trempé jusqu'aux ~, XXIII-6; il y a un ~, X-5; ne pas faire de vieux ~, III-25; tomber sur un ~, X-11

Oui: se mettre en colère pour un ~ ou pour un non, XIX-29

Ouragan: arriver/entrer comme un ~, XX-22

Ours: tourner comme un ~ en cage, XX-11

P

Pain: avoir du ~ sur la planche, V-2; être bon comme du (bon) ~, VII-20; se vendre comme des petits ~s, XXV-16; acheter qc. pour une bouchée de ~, XXI-11
Panier: mettre (tout) dans le même ~, XXV-8
Panneau: tomber dans le ~, X-10

Panse: s'en mettre plein la ~, IV-21
Pantoufle: raisonner comme une ~, XVII-31
Paon: être orgueilleux comme un ~, VII-40
Pape: être sérieux comme un ~, XVIII-34
Papier: avoir une mine de ~ mâché, I-20; c'est réglé comme du ~ à musique, XXV-14; être dans les petits ~s de qn, XII-10
Parapluie: fermer son ~, III-30
Pareil: c'est du ~ au même, XXV-3
Parfum: être au ~, XVII-18
Parler: avoir son franc-~, VI-43
Parole: avoir la ~ facile, XVI-20; couper la ~ à qn, XVI-32
Part: avoir sa ~ du gâteau, XXII-28; faire la ~ du feu, XV-8
Pas: faire les cent ~, XX-6; faire un faux ~ /un ~ de clerc, IX-18; mettre qn au ~, XV-20; tirer qn d'un mauvais ~, XI-17
Passoire: avoir la tête/la mémoire comme une ~, XVII-10
Pâte: être d'une ~ à vivre jusqu'à cent ans, III-11
Patte: avoir une ~ folle, I-53; ça ne casse pas trois ~s à un canard, XXV-31; graisser la ~ à qn, XXI-8; (re)tomber sur ses ~s, VIII-38, XI-31; tirer dans les ~s de qn, XIII-22
Pavé: battre le ~, XX-9; être sur le ~, X-25; tenir le haut du ~, XV-10
Pavillon: baisser ~ (devant qn), XV-31
Paye: il y a/cela fait une ~ (qu'on ne s'est pas vu), XXIV-13
Peau: avoir qn dans la peau, XII-27; être bien dans sa ~, XVIII-5; être mal dans sa ~, XVIII-20; faire ~ neuve, II-24; n'avoir que la ~ et les os/que la ~ sur les os, I-14
Péché: être laid comme les sept ~s capitaux, I-6
Pédale: perdre les ~s, XVII-24, XIX-27
Peigne: être sale comme un ~, II-18; passer qc. au ~ fin, VIII-21
Peinture: ne pas pouvoir voir qn en ~, XIII-41
Pelote: faire sa ~, XXII-17
Pendu: avoir une veine de ~, XI-8
Perche: tendre la ~ à qn, XI-15
Pérou: ce n'est pas le ~, XXI-12
Perroquet: parler/répéter qc. comme un ~, XVI-28
Pétrin: être dans le ~, X-28
Peur: avoir une ~ bleue, XIX-38
Pie: être bavard comme une ~, XVI-24
Pied: avoir bon ~ bon œil, III-8; avoir le ~ à l'étrier, XI-27, XX-23; avoir les ~s nickelés, V-20; avoir/être/mettre/rester les deux ~s dans le même sabot, V-24; avoir un ~ dans la tombe, III-26; casser les ~s à qn, XIII-12; être bête comme ses ~s, XVII-32; faire des ~s et des mains, VI-14; faire/avoir une tête de six ~s de long, XVIII-28; lécher les ~s de qn, XV-44; marcher sur les ~s de qn, XIII-19; mettre le ~ à l'étrier à qn, XI-21; mettre les ~s dans le plat, VI-48, VIII-39; ne pas se moucher du ~, VII-35; ne pas savoir sur quel ~ danser, VII-9; ne remuer ni ~ ni patte, XX-1; partir les ~s devant, III-34; (re)tomber sur ses ~s, VIII-38, XI-31; se débrouiller/s'y prendre comme un ~, VIII-41; s'être

levé du ~ gauche, XVIII-18; s'habiller de ~ en cap, II-8; travailler comme un ~, V-14; vivre sur un grand ~, XXII-24

Pierre: être malheureux comme les ~s, XVIII-33; faire d'une ~ deux coups, VIII-35; il gèle à ~ fendre, XXIII-12; jeter la ~ à qn, XIV-11; jeter une ~ dans le jardin de qn; XIV-12; c'est une ~ dans mon jardin, XIV-12; se mettre une ~ au cou, X-16

Pilule: avaler la ~, X-17

Pinacle: porter qn au ~, XV-40

Pincette: ne pas être à prendre avec des ~s, II-19, XVIII-17

Pinson: être gai comme un ~, XVIII-8

Pion: damer le ~ à qn, XV-22

Pipe: casser sa ~, III-31

Piquet: être planté comme un ~, XX-2

Pirée: prendre le ~ pour un homme, IX-19

Pirouette: répondre/s'en tirer par une ~/des ~s, XI-29, XVI-23

Pis: dire ~ que pendre de qn, XIV-6

Pissenlit: manger les ~s par la racine, III-35

Pivoine: être rouge comme une ~, I-23

Plan: tirer des ~s sur la comète, IX-17

Planche: être maigre/plate comme une ~ à pain/à repasser, I-13

Plaque: être à côté de la ~, IX-22

Plat: faire du ~ à qn, XV-43; faire (tout) un ~ de qc., VIII-29; mettre les petits ~s dans les grands, IV-16

Plâtre: essuyer les ~s, X-20

Plomb: avoir du ~ dans l'aile, III-15; il fait un soleil de ~, XXIII-10

Pluie: être ennuyeux comme la ~, XVIII-42; faire la ~ et le beau temps, XV-12; ne pas être tombé de la dernière ~, VII-29; parler de la ~ et du beau temps, XVI-17

Plume: être léger comme une ~, I-19; se parer des ~s du paon, VII-39; voler dans les ~s de qn, XIV-44

Poche: connaître comme sa ~, XVII-20

Poil: à ~, II-4; avoir un ~ dans la main, V-21; c'est au ~, XXV-25; être de bon ~, XVIII-4; être de mauvais ~, XVIII-19; se mettre à ~, II-5; reprendre du ~ de la bête, III-13

Poing: dormir à ~s fermés, V-39

Point: mettre les ~s sur les i, VI-42

Pointe: partir/s'en aller sur la ~ des pieds, XX-32

Poire: couper la ~ en deux, XV-6; garder une ~ pour la soif, VIII-10, XXI-19

Poireau: faire le ~, XX-7

Poisson: engueuler qn comme du ~ pourri, XIV-23; être (heureux) comme un ~ dans l'eau, XVIII-1; finir en queue de ~, IX-28

Poivre: avoir les cheveux ~ et sel, I-30

Polonais: être soûl comme un ~, IV-35

Pommade: passer de la ~ à qn, XV-45

Pomme: être haut comme trois ~s, I-9; être ridé comme une vieille ~, I-21; tomber dans les ~, III-19

Pompe: être/marcher à côté de ses ~s, XVIII-22, XIX-9

Pont-Neuf: se porter comme le ~, III-9
Portugaise: avoir les ~s ensablées, I-49
Pot: (manger/inviter qn/recevoir qn) à la fortune du ~, IV-9; avoir du ~, XI-11; être sourd comme un ~, I-48; payer les ~s cassés, X-21; tourner autour du ~, VII-11
Potron-minet: dès ~, XXIV-2
Pou: être laid comme un ~, I-6; chercher des ~x à qn/dans la tête de qn, VIII-23, XIV-30
Pouce: manger sur le ~, IV-8; se tourner les ~s, V-22
Poudre: jeter de la ~ aux yeux (à qn), XIII-23; ne pas avoir inventé la ~, XVII-29
Pouilles: chanter ~ à qn, XIV-9
Poule: quand les ~s auront des dents, XXIV-10; (aller) se coucher avec/comme les ~s, V-34; être (surpris) comme une ~ qui a trouvé un couteau/qui a couvé des œufs de cane, XIX-14; tuer la ~ aux œufs d'or, VI-39, XXI-28; avoir la chair de ~ (de qc.), XIX-40, XXIII-13; donner la chair de ~ (à qn), XIX-41
Poussière: mordre la ~, IX-30
Princesse: c'est aux frais de la ~, XXI-13
Prison: être aimable comme une porte de ~, XIII-35
Prunelle: tenir à qc./qn comme à la ~ de ses yeux, VI-26
Prusse: travailler pour le roi de ~, V-15
Puce: mettre la ~ à l'oreille à qn, XIII-7; secouer les ~s à qn, XIV-20
Purée: être dans la ~, X-30
Putois: crier comme un ~, XVI-40

Q

Quatre: un de ces ~ (matins), XXIV-6; manger comme ~, IV-18; se mettre en ~, VI-13
Queue: aller/marcher à la ~ leu leu, XX-15; n'avoir ni ~ ni tête, XVII-36; partir la ~ basse/la ~ entre les jambes, XX-27; tenir la ~ de la poêle, XV-14
Qui-vive: être/se tenir sur le ~, VIII-7

R

Râble: tomber/sauter sur le ~ à qn, XIV-41
Racine: prendre ~, XX-3
Respirer: mentir comme on respire, VII-17
Rime: n'avoir ni ~ ni raison, XVII-35
Rire: éclater de ~, XVIII-11
Roche: c'est clair comme de l'eau de ~, XXV-12
Romain: faire un travail de ~, V-12
Romaine: être bon comme la ~, VII-20
Rose: découvrir le pot aux ~s, XVII-17; envoyer qn sur les ~s, XIV-25; être (couché) sur des ~s/sur un lit de ~s, XVIII-3
Roue: pousser à la ~, XI-20

Rouge: se fâcher tout ~, XIX-32; voir ~, XIX-32
Rouleau: être au bout du/de son ~, V-30
Roulette: aller/marcher comme sur des ~s, XXV-17
Roupillon: piquer un ~, V-35
Rubis: payer ~ sur l'ongle, XXI-3

S

Sable: le marchand de ~ est passé, V-32; avoir du ~ dans les yeux, V-33; être sur le ~, XXII-12
Sabot: travailler comme un ~, V-14
Sac: être ficelé/fichu comme un ~, II-14; mettre (tout) dans le même ~, XXV-8; vider son ~, VI-50
Saint-Glinglin: à la ~, XXIV-11
Saint: ne (pas)/ne plus savoir à quel ~ se vouer, VII-8
Sainteté: ne pas être en odeur de ~ auprès de qn, XIII-40
Sang: se faire du mauvais ~, XIX-21; se ronger les ~s, XIX-22; suer ~ et eau, V-9
Sapin: sentir le ~, III-27
Savon: passer un ~ à qn, XIV-19
Scène: faire une ~ à qn, XIV-13
Seau: il pleut à ~x, XXIII-1
Sec: être à ~, XXII-11
Sel: mettre son grain de ~, XIII-6
Semoule: pédaler dans la ~, IX-11, X-42
Serpent: réchauffer un ~ dans son sein, XV-38
Sexe: discuter sur le ~ des anges, IX-8
Singe: dire/tenir des propos à faire rougir un ~, XVI-38; être adroit comme un ~, VIII-34; être velu comme un ~, I-34; payer qn en monnaie de ~, VII-16, XXI-5
Soin: être aux petits ~s pour qn, XII-19
Sorcier: ce n'est pas ~, XXV-18
Sortie: se garder/se ménager une porte de ~, VIII-9
Sou: économiser ~ à/par ~, XXI-15; être propre comme un ~ neuf, II-17; être sans le ~/ne pas avoir le ~, XXII-1; n'avoir ni ~ ni maille, XXII-3; ne pas avoir un ~ vaillant, XXII-2; s'ennuyer/s'embêter à cent ~s de l'heure, XVIII-38
Souche: dormir comme une ~, V-38
Souffle: avoir le ~ coupé par qc., XIX-16
Soulier: être dans ses petits ~s, X-40
Soupe: cracher dans la ~, XV-39; être trempé comme une ~, XXIII-7; manger la ~ sur la tête de qn, I-11
Sourd: (autant) parler à un ~, IX-7; crier comme un ~, XVI-40
Souris: on le ferait rentrer dans un trou de ~, XIX-39
Statue: se tenir/être droit comme une ~, I-7
Sucre: casser du ~ sur le dos de qn, XIV-7
Suisse: boire en ~, IV-27; manger en ~, IV-14

T

Tabac: passer qn à ~, XIV-39
Table: tenir ~ ouverte, IV-15
Tablier: cela lui va comme un ~ à une vache, II-16
Tambour: partir sans ~ ni trompette, XX-30
Tapis: être sur le ~, XVI-15; mettre (une question) sur le ~, XVI-14
Tapisserie: faire ~, XX-8
Tarte: c'est de la ~, XXV-21
Taupe: aller chez les ~s, III-32; être myope comme une ~, I-41
Taureau: prendre le ~ par les cornes, VI-12
Tenue: en petite ~, II-3
Terre: mettre/traîner qn plus bas que ~, XIV-4
Tête: avoir la ~ en l'air, XIX-4; avoir la ~ près du bonnet, XIX-34; en avoir par-dessus la ~, XVIII-39; (en) donner sa ~ à couper, VI-11; laver la ~ à qn, XIV-18; ne plus savoir où donner de la ~, V-3; perdre la ~, XIX-26; se creuser la ~, XVII-12; se payer la ~ de qn, XIII-32; tenir ~ à qn, XV-28; tourner la ~ à qn, XII-24; agir sur un coup de ~, VI-31
Ticket: avoir un/le ~ avec qn, XII-30
Tiers: se moquer/se ficher du ~ comme/et du quart, VIII-17
Tigre: être jaloux comme un ~, XII-41
Tilt: faire ~, XVII-16
Tire-larigot: boire à ~, IV-25
Toit: crier qc. sur les ~s, VII-32
Tomate: être rouge comme une ~, I-23
Ton: faire baisser le ~ à qn, XV-26
Torchon: le ~ brûle (entre eux), XII-45, XIV-33; être fait comme un ~, II-15; mélanger les ~s et les serviettes, XXV-9
Tortue: aller/marcher comme une ~, XX-16
Touche: avoir une/la ~ avec qn, XII-29; faire une ~, XII-32
Tournemain: faire qc. en un ~, VIII-1
Tralala: se mettre en grand ~, II-10
Tranche: se payer une ~ de bon temps, XVIII-16; s'en payer une tranche, XVIII-16
Trente et un: se mettre sur son ~, II-9
Trente-six: tous les ~ du mois, XXIV-9
Trompette: avoir un nez en ~, I-46
Trou: boire comme un ~, IV-28; boucher un ~, XXI-4; faire le ~ normand, IV-30
Tu: être à ~ et à toi avec qn, XII-12
Tue-tête: crier à ~, XVI-41
Turc: être fort comme un ~, I-17

V

Vache: être là comme une ~ qui regarde passer un train, XVII-34; il pleut comme ~ qui pisse, XXIII-4; manger de la ~ enragée, XXII-7; parler français comme une ~ espagnole, XVI-34; pleurer comme une ~, XVIII-37

Veau: pleurer comme un ~, XVIII-37

Veine: se saigner aux quatre ~s pour qn, XXI-6

Velours: faire patte de ~, XIII-29

Vent: (agir) contre ~s et marées, VI-16; aller comme le ~, XX-17; avoir du ~ dans les voiles, IV-33; avoir le ~ en poupe, XI-28; faire du ~, XIII-1; il fait un ~ à décorner les bœufs, XXIII-9; passer en coup de ~, XX-21

Ventre: aller/courir ~ à terre, XX-18; avoir quelque chose dans le ~, VI-8; être/se mettre à plat ~ devant qn, XV-46; rire à ~ déboutonné, XVIII-13

Ver: ce n'est pas piqué des ~s, XXV-27; être nu comme un ~, II-6; tirer les ~s du nez à qn, VII-34

Vérité: dire ses quatre ~s à qn, VI-47

Verre: avoir un ~ dans le nez, IV-32

Vertes: en dire des ~ et des pas mûres, XVI-39

Vessie: prendre des ~s pour des lanternes, IX-20; faire prendre à qn des ~s pour des lanternes, IX-20

Veste: prendre/ramasser/remporter une ~, IX-29; retourner sa ~, VII-3

Vie: être amis à la ~ et à la mort, XII-11

Vieux: prendre un coup de ~, III-4

Vigne: être dans les ~s (du Seigneur), IV-31

Vin: avoir le ~ gai/triste, IV-36; cuver son ~, IV-37

Violon: c'est comme si on pissait dans un ~, IX-3

Vipère: avoir une langue de ~, XIV-3

Visière: rompre en ~ à/avec qn, XIV-10

Vitre: ça ne casse pas les ~s, XXV-31

Voir: ne plus pouvoir se ~, XIII-42

Volcan: danser/marcher sur un ~, X-32

Volonté: faire les quatre ~s de qn, XV-35

Y

Yaourt: pédaler dans le ~, IX-11, X-42
Yeux: voir: œil

Z

Zèbre: courir comme un ~, XX-19

Index alphabétique des équivalents allemands

A

abgebrannt: ~ sein, XXII-10
Abschied: (auf) französisch ~ nehmen, XX-31
Achse: ständig auf ~ sein, XX-37
acht: sich in ~ nehmen, VIII-7
achtzig: auf ~ kommen, XIX-32
Adamskostüm: im ~ sein, II-2
Adonis: ein ~ sein, I-5
Affäre: sich aus der ~ ziehen, VIII-36; XI-30
Ammenmärchen: ein ~ erzählen, VII-18
Anbeißen: zum ~ sein/aussehen, I-2
Angeführte: der ~ sein, X-24
angeschrieben: bei jmdm. gut ~ sein, XII-10; bei jmdm. schlecht ~ sein, XIII-40
Ängsten: in tausend ~ schweben, XIX-19
Anschluß: den ~ verpaßt haben, XII-36; XII-37
Apfel: in den sauren ~ beißen, X-17; etwas für einen ~ und ein Ei kaufen, XXI-11
Appel: etwas für einen ~ und ein Ei kaufen, XXI-11
Arbeit: der ~ aus dem Weg gehen, V-23; der ~ fernbleiben, XVII-2; die ~ nicht erfunden haben, V-20; sich die ~ vom Leibe halten, V-23
arbeiten: für nichts und wieder nichts ~, V-15
Argusaugen: mit ~ aufpassen, I-39; seinen ~ entgeht nichts, I-39
Arm: einen langen ~ haben, XV-11; jmdn. auf den ~ nehmen, XIII-25
Arme: jmdm. unter die ~ greifen, XI-15
Arsch: jmdm. in den ~ kriechen, XV-44
Ast: sich einen ~ lachen, XVIII-14
Atem: etwas verschlägt jmdm. den ~, XIX-16
aufgeschmissen: ~ sein, IX-32; X-28; X-29
Aufhebens: viel ~ von etwas machen, VIII-29
Augapfel: jmdn./etwas wie seinen ~ hüten, VI-26
Auge: ein blaues ~ haben, I-35; kein ~ zutun, V-42
Augen: ~ wie ein Luchs haben, I-38; jmdm. schöne ~ machen, XII-21; XII-25; jmds. ~ sind größer als der Magen, IV-22; mit offenen ~ schlafen, XIX-9; seine ~ überall haben, I-40; VII-33; sich die ~ ausweinen/aus dem Kopf weinen, XVIII-36
Augenblick: etwas in einem ~ machen, VIII-2
Augiasstall: den ~ ausmisten/reinigen, XI-13
ausbaden: etwas ~ müssen, X-21
ausstehen: jmdn. nicht ~ können, XIII-41
auswischen: jmdm. eins ~, XIII-20; XIII-21

B

Backpfeifengesicht: ein ~ haben, I-22
bald: ~ so, bald so reden, VII-6
Balken: lügen, daß sich die ~ biegen, VII-17
Bär: stark wie ein ~ sein, I-17
Bären: jmdm. einen ~ aufbinden, IX-20; XIII-24
Bärenhaut: auf der ~ liegen, V-21
Bärenhunger: einen ~ haben, IV-3
bärenstark: ~ sein, I-17
Bart: der ~ ist ab, X-44; etwas in seinen ~ (hinein)brummen/ murmeln, XVI-12; jmdm. um den ~ gehen, streichen, XV-45; XV-47
Bauch: sich den ~ vollschlagen, IV-21
Baum: zwischen ~ und Borke sitzen/stecken/stehen, X-36
Begriff: schwer von ~ sein, XVII-27
behandeln: jmdn. von oben herab ~, XIV-2
beigeben: klein ~, XV-31; XV-33
Bein: jmdm. ein ~ stellen, XIII-20; mit dem linken ~ /Fuß zuerst aufgestanden sein, XVIII-18; mit einem ~ im Grab(e) stehen, III-26
Beine: ~ so dünn wie Streichhölzer haben, I-50; die ~ unter die Arme nehmen, XX-28; sich die ~ in den Leib/Bauch stehen, XX-4; XX-5; XX-7; über die/seine eigenen ~ stolpern, VIII-42
Beinen: sich nicht mehr/kaum noch auf den ~ halten können, V-28
beißen: nichts zu ~ (und zu brechen/reißen) haben, IV-1
berauschend: nicht (sehr) ~ sein, XXV-31
Berg: noch nicht über den ~ sein, X-45
Berge: jmdm. goldene ~ versprechen, VII-13
Bescheid: ~ wissen, VIII-37; jmdm. ~ sagen, VI-47
besten: jmdn. zum ~ halten/haben, XIII-32
Bett: das ~ hüten müssen, III-22
beweihräuchern: jmdn. ~, XV-42
Bild: ein ~ von einem Mann sein, I-5
Binde: einen hinter die ~ gießen/kippen, IV-26
Bindfäden: es regnet ~, XXIII-2
Binsen: in die ~ gehen, IX-25
blank: ~ sein, X-30; XXII-10
Blatt: kein ~ vor den Mund nehmen, VI-43; VI-46; VI-52
Blaue: das ~ vom Himmel (herunter)lügen, VII-17; jmdm. das ~ vom Himmel (herunter) versprechen, VII-13
blaumachen: ~, XVII-2
Blinde: von etwas reden wie der ~ von der Farbe, XVII-30
Blitz: (vorbei)laufen wie ein ~ /wie ein geölter ~, XX-17
Blücher: rangehen wie ~, VI-24
Bock: einen ~ schießen, IX-18
Bockshorn: er läßt sich leicht ins ~ jagen, XIX-39
Bogen: den ~ überspannen, VIII-26; VIII-27

Bohne: nicht die ~ wert sein, XXV-32
Bohnenstroh: dumm wie ~ sein, XVII-33
bringt: das ~ mir nichts ein, XI-23
Brötchen: seine ~ verdienen, V-6
Brummschädel: einen ~ haben, IV-38
Buch: etwas ist jmdm./für jmdn. ein ~ mit sieben Siegeln, XVII-22; reden wie ein ~, XVI-25; jmdm./für jmdn. ein ~ mit sieben Siegeln sein, X-4
Buckel: rutsch mir den ~ runter!, XIV-27
Bügelbrett: flach wie ein ~ sein, I-13
Buridans: dastehen wie ~ Esel, VII-7
Bürstenbinder: trinken/saufen wie ein ~, IV-28
Butter: weich wie ~ sein, XV-32
Butterbrot: etwas für/um ein ~ kaufen, XXI-11
butterweich: ~ sein, XV-32

C

calendas: etwas ad ~ graecas verschieben, XXIV-7
Charmeur: den ~ spielen, XII-22
chinesisch: etwas ist ~ für jmdn., X-4; etwas ist für jmdn. ~, XVII-22

D

Dach: eins aufs ~ bekommen, XIV-21; jmdm. aufs ~ steigen, XIV-21; jmdm. eins aufs ~ geben, XIV-21
Dachschaden: einen ~ haben, XVII-41
Damm: wieder auf dem ~ sein, III-13
Dämpfer: jmdm. einen ~ aufsetzen, XV-26
Däumchen: dastehen und ~ drehen, V-22
Decke: an die ~ gehen, XIX-34; unter einer ~ stecken, XII-16
Dingen: etwas geht nicht mit rechten ~ zu, X-3
Dörfer: für jmdn./jmdm. böhmische ~ sein, XVII-22; X-4
Dragoner: fluchen wie ein ~, XVI-37
Dreck: jmdn. durch den ~ ziehen, XIV-5; jmdn. in den ~ treten/ziehen, XIV-5; jmdn. mit ~ bewerfen, XIV-4; jmdn. wie (den letzten) ~ behandeln, XIV-4; sich einen ~ um etwas scheren/kümmern, VIII-19
Dreckfink: ein ~ sein, II-18
drei: für ~ essen, IV-18
Dreikäsehoch: ein ~ sein, I-9
Dumme: der ~ sein, X-24
Dummsbach: aus ~ sein, XVII-32
Dummsdorf: aus ~ sein, XVII-32
dünnmachen: sich ~ /dünnemachen, XX-36
Dunst: jmdm. blauen ~ vormachen, IX-20; XIII-23; keinen (blassen) ~ von etwas haben, XVII-26

durchhecheln: jmdn. ~, XIV-7
durchkämmen: etwas ~, VIII-21
Dusel: ~ haben, XI-8

E

Effeff: etwas aus dem ~ beherrschen/können, XVII-19
Ehe: in wilder ~ leben, XII-38
Ei: das ~ des Kolumbus sein, XXV-10; jmdn. wie ein rohes ~ behandeln, VIII-6; sich/einander gleichen wie ein ~ dem anderen, XXV-1; I-1; wie aus dem ~ gepellt sein, II-11; wie aus dem ~ gepellt/geschält sein, II-12
Eiern: wie auf ~ gehen, XX-13
Eimer: alles ist im ~, X-44
Eimern: es gießt wie aus ~, XXIII-1
einerlei: etwas ist jmdm. doch ~, VIII-18
einfach: warum ~, wenn's auch umständlich geht, VIII-24
Eins: (gerade) wie eine ~ stehen, I-7
eins: jmdm. alles ~ sein, VIII-17
Eisen: das ~ schmieden, solange es heiß ist, XI-3
Elefant: sich wie ein ~ im Porzellanladen benehmen, VIII-40
Elefantengedächtnis: ein ~ haben, XVII-6
Ellbogen: seine ~ gebrauchen, VI-19
Eltern: nicht von schlechten ~ sein, XXV-27
Ende: am ~ sein, V-30; am falschen ~ sparen, XXI-17
Engel: ein ~ geht/fliegt durchs Zimmer, XVI-1
Eremitendasein: ein ~ führen, XII-7
Eremitenleben: ein ~ führen, XII-7
Esel: störrisch wie ein ~ sein, XV-29
Espenlaub: zittern wie ~, XIX-44
Essig: mit etwas ~ sein, IX-26
Eulen: ~ nach Athen tragen, IX-5
Eva(s)kostüm: im ~ sein, II-2
ex: ~ trinken, IV-29

F

Faden: an einem (dünnen/seidenen) ~ hängen, X-7; keinen guten ~ an jmdm. lassen, XIV-6; keinen trockenen ~ (mehr) am Leib haben, XXIII-6
Fähnchen: das, sein ~ nach dem Wind drehen, hängen, VII-4
Fahne: die, seine ~ nach dem Wind drehen, hängen, VII-4
Fahrwasser: in jmds. ~ schwimmen/segeln, XV-36
falsch: ~ /schief gewickelt sein, IX-21
Falsch: ohne ~ sein, VI-44; VI-45
Familie: für die ~ die Brötchen verdienen, XXII-14
Farbe: jmdn. zwingen, ~ zu bekennen, XV-21

Faulpelz: ein ~ sein, V-16
Faust: auf eigene ~ handeln, XII-6
Fäustchen: sich ins ~ lachen, XVIII-10
Fauxpas: einen ~ begehen, IX-18
Feder: leicht wie eine ~ sein, I-19
Federn: sich mit fremden ~ schmücken, VII-39
Fell: jmdm. das ~ gerben/versohlen, XIV-40
felsenfest: an etwas ~ glauben, VI-27
Fettnäpfchen: ins ~ treten, VI-48; VIII-39
Feuer: ~ und Flamme sein für etwas/jmdn., VI-7; für jmdn. durchs ~ gehen, XII-17; wie ~ und Wasser sein, XIII-34
Feuern: zwischen zwei ~ stehen, X-34
Filmriß: einen ~ haben, XVII-8
Finger: jmdm. auf die ~ schauen/sehen, XIII-9; keinen ~ krumm machen, V-24; keinen ~ rühren, XI-12; sich in den ~ schneiden, IX-21; sich nicht gern die ~ schmutzig machen, V-19
Fisch: munter sein wie ein ~ im Wasser, XVIII-1; stumm wie ein ~ sein, XVI-4; weder ~ noch Fleisch sein, XXV-6
Flagge: die ~ streichen, XV-31
Fliege: keiner ~ etwas zuleide tun (können), VII-21
Fliegen: zwei ~ mit einer Klappe schlagen, VIII-35
Flinte: die ~ ins Korn werfen, IX-35
flügge: ~ sein, XII-1
französisch: sich (auf) ~ empfehlen/verabschieden/verdrücken, XX-31
Fressen: zum ~ sein/aussehen, I-2
Freunde: dicke ~ sein, XII-13
Friedenspfeife: (mit jmdm.) die ~ rauchen, XV-1
Froschaugen: ~ haben, I-36
Fuhrmann: fluchen wie ein ~, XVI-37
fürstlich: jmdn. ~ bewirten, IV-16
Fuß(e): auf großem ~ leben, XXII-24
Füßen: auf eigenen ~ stehen, XII-1

G

Gabe: die ~ der Rede besitzen, XVI-20
Gala: sich in ~ werfen, II-9
Galle: jmdm. steigt/kommt die ~ hoch/läuft die ~ über, XIX-30
Galopp: in gestrecktem ~ laufen/rasen, XX-18
Gänsehaut: eine ~ bekommen, XXIII-13; eine ~ bekommen/kriegen, XIX-40; etwas verursacht jmdm. eine ~, XIX-41; jmdm. läuft eine ~ über den Rücken, XIX-40; XXIII-13
Gänsemarsch: im ~ gehen, XX-15
Gedächtnis: ein ~ wie ein Sieb haben, XVII-10; XVII-7
gefressen: jmdn. ~ haben, XIII-45
geht: etwas ~ wie geölt/geschmiert, XXV-23

gehupft: das ist ~ wie gesprungen, XXV-2; XXV-3
Geige: die erste ~ spielen, XV-10
Geist: jmdm. auf den ~ gehen, XIII-12
Gelackmeierte: der ~ sein, X-24
Gelage: ein ~ halten/veranstalten, IV-20
gelb: sich ~ und grün ärgern, XIX-32; XVIII-23
Geld: ~ wie Dreck haben, XXII-23; ~ wie Heu haben, XXII-19; XXII-22; im ~ schwimmen, XXII-20; XXII-21; XXII-22; XXII-23; jmdm. rinnt das ~ durch die Finger, XXI-25; sein ~ (mit beiden Händen) auf die Straße werfen/zum Fenster hinauswerfen/zum Schornstein hinausjagen, XXI-24
Gelegenheit: die ~ beim Schopf(e) fassen/ergreifen/packen/nehmen, XI-2; XI-1
gemünzt: das ist auf mich ~, XIV-12
genießen: nicht zu ~ sein, XVIII-17
gern: der kann mich/du kannst mich ~ haben!, XIV-26
Geschirr: sich ins ~ legen, V-8
geschlagen: sich ~ geben (jmdm. gegenüber), XV-31
geschmiert: wie ~ laufen, XXV-17
geschniegelt: ~ und gebügelt/gestriegelt sein, II-11
Gesicht: ein ~ machen wie sieben Tage Regenwetter, XVIII-28; ein langes ~ machen, XVIII-27; jmdm. etwas ins ~ sagen, XIV-10
gestern: nicht von ~ sein, VII-29
gestiefelt: ~ und gespornt, XX-23
Gesundheit: mit seiner ~ Raubbau treiben, III-14
Gift: darauf können Sie ~ nehmen, VI-11
Glacéhandschuhen: jmdn. mit ~ anfassen, VIII-6
Glas: ein ~ über den Durst getrunken haben, IV-32; zu tief ins ~ geschaut/geguckt haben, IV-32
Glocke: etwas an die große ~ hängen, VII-32
Glück: mehr ~ als Verstand haben, XI-8
Glückskind: ein ~ sein, XI-7
Gold: etwas/jmd. ist nicht mit ~ zu bezahlen/aufzuwiegen, XXV-24
Gott: leben wie ~ in Frankreich, XXII-26; über ~ und die Welt reden, XVI-17; XVI-18
Gras: ins ~ beißen, III-28; III-32; über etwas ~ wachsen lassen, XV-2
Grillen: ~ fangen, XVIII-26
Groschen: bei jmdm. fällt der ~, XVII-16; bei ihm ist der ~ gefallen, XVII-16
grün: jmdn. nicht ~ sein, XIII-45; sich ~ und blau ärgern, XIX-32
Grund: jmdn. in ~ und Boden kritisieren/verdammen, XIV-17
Gürtel: den ~ enger schnallen, XXI-18

H

Haar: an einem ~ hängen, X-7; ein ~ in der Suppe finden, VIII-22; jmdm. kein ~ /niemandem ein ~ krümmen (können), VII-21; kein gutes ~ an jmdm. lassen, XIV-14; XIV-6; um ein ~, X-8

Haare: da stehen einem die ~ zu Berge, XIX-42; da sträuben sich einem die ~, XIX-42; sich über, wegen etwas keine grauen ~ wachsen lassen, XIX-20
Haaren: etwas ist an/bei den ~ herbeigezogen, XVII-38; sich in den ~ liegen, XIV-37; XIV-38
Haarspalter: ein ~ sein, VIII-25
Haarspalterei: ~ betreiben, IX-8; VIII-25
haben: sich wichtig ~, XIII-1; XIII-2
Hahnenschrei: beim ersten/mit dem ersten ~, XXIV-1
Hals: aus vollem ~ (e) lachen, XVIII-12; barfuß bis zum/an den ~ sein, II-4; II-6; bis zum ~ /über den ~ in Schulden stecken, XXI-2
halten: nicht zu ~ sein, XVII-37; sich nicht ~ lassen, XVII-37
Hammelbeine: jmdm. die ~ langziehen, XIV-20
Hammer: zwischen ~ und Amboß geraten, X-36
Hand: (klar) auf der ~ liegen, XXV-13; eine milde/offene ~ haben, VII-24; etwas in die ~ nehmen, VIII-11; etwas mit der linken ~ machen/erledigen, XI-33; jmdm. etwas in die ~ versprechen, VII-15; jmdn. in der ~ haben, XV-16; keine ~ rühren, XI-12; selbst mit ~ anlegen, V-4; XI-14; weder ~ noch Fuß haben, XVII-35; XVII-36
Hände: alle/beide ~ voll zu tun haben, V-2; die ~ in den Schoß legen, V-22; für jmdn./etwas die ~ /seine ~ ins Feuer legen, VI-10; jmdm. die ~ schmieren/versilbern, XXI-8; seine ~ in Unschuld waschen, VIII-14; zwei linke ~ haben, V-14
Händen: jmdn. auf ~ tragen, XII-19
handgemein: (miteinander) ~ werden, XIV-36
Handumdrehen: etwas im ~ machen, VIII-5; VIII-4; im ~ erledigen/machen, VIII-1
Harnisch: in ~ geraten/kommen, XIX-33; XIX-35
Hase: da liegt der ~ im Pfeffer, X-2
hasenrein: etwas ist nicht (ganz) ~, X-3
Häufchen: dastehen/aussehen wie ein ~ Unglück, XVIII-33
Haus: ein offenes ~ haben, IV-15
Häuschen: (ganz) aus dem ~ sein, XIX-24
Haussegen: bei jmdm. hängt der ~ schief, XII-45; XIV-33
Haut: auf der faulen ~ liegen, V-17; V-21; aus der ~ fahren, XIX-34; XIX-35; in keiner guten/gesunden ~ stecken, III-16; jmdm. ist nicht wohl in seiner ~, X-39; nichts als ~ und Knochen sein, I-14; nur/bloß noch ~ und Knochen sein, I-14; sich in seiner ~ nicht wohl fühlen, XVIII-20; sich in seiner ~ wohlfühlen, XVIII-5
Hebel: alle ~ in Bewegung setzen, VI-14; VI-17
Heft: bei einer Angelegenheit das ~ in der Hand haben/behalten, XV-13; das ~ in der Hand haben/behalten, XII-2; XV-14
Heidenangst: eine ~ haben, XIX-38
Heidengeld: ein ~ kosten, XXI-9
Heller: bis auf den letzten ~ /auf ~ und Pfennig bezahlen, XXI-3; keinen (roten, lumpigen) ~ haben, XXII-1; XXII-2; XXII-3; keinen/nicht einen (roten, lumpigen, blutigen) ~ wert sein, XXV-32

Herkulesarbeit: eine ~ verrichten, V-12
Herrgottsfrühe: in aller ~, XXIV-1
Herz: das ~ in die Hand/in beide Hände nehmen, VI-29; ein ~ und eine Seele sein, XII-14; etwas auf ~ und Nieren prüfen, VIII-20; jmdm. sein ~ ausschütten, VI-50; sich ein ~ fassen, VI-29
Herzen: aus seinem ~ keine Mördergrube machen, VI-43; VI-46; sich etwas vom ~ reden, VI-50
herziehen: über jmdn. ~, XIV-7
Hexerei: das ist (doch) keine ~, XXV-18
Hieb: dieser ~ gilt mir, XIV-12
Himmel: ~ und Hölle in Bewegung setzen, VI-15; jmdn. in den ~ heben, XV-41
Himmelfahrtsnase: eine ~ haben, I-46
Hinkebein: ein ~ haben, I-53
Hinkefuß: einen ~ haben, I-53
Hintern: jmdm. in den ~ kriechen/jmdm. den Hintern lecken, XV-44
Hintertür: sich eine ~ offenhalten/offenlassen, VIII-9
Hirn: sich das ~ zermartern, XVII-12
Hitzkopf: ein ~ sein, XIX-28
Hochdruck: mit/unter ~ arbeiten, V-10
Hof: jmdm. den ~ machen, XII-23
Höhe: das ist ja die ~!, VIII-32; in die ~ schießen, I-10; nicht auf der ~ sein, XVIII-21
Hohlkopf: ein ~ sein, XVII-33
Holzweg: auf dem ~ sein, IX-19; IX-20; IX-22
Honig: jmdm. ~ um den Mund/ums Maul/um den Bart schmieren, XV-47; XV-45
hops: ~ gehen, III-33
Hornberger: ausgehen wie das ~ Schießen, IX-27; IX-28
Hörner: jmdm. ~ aufsetzen, XII-42; sich die ~ ablaufen/abstoßen, III-2
Hose: eine tote ~ sein, IX-25
Hosen: (zu Hause/daheim) die ~ anhaben, XII-44; in die ~ gehen, IX-25
Hucke: sich die ~ vollachen, XVIII-14
Huhn: das ~, das goldene Eier legt, schlachten, VI-39; XXI-28
Hühnern: mit den ~ zu Bett gehen, V-34
Hüllen: seine/die ~ abstreifen/fallen lassen, II-5
hüllenlos: ~ sein, II-4
Hund: da liegt der ~ begraben, X-2; wie ~ und Katze leben, XIII-34; wie ~ und Katze leben/sein, XIV-32; wie ein ~ leben, XXII-8
Hundekälte: es herrscht eine ~, XXIII-11
Hungertuch: am ~ nagen, IV-5; XXII-5; XXII-7
Hut: auf der ~ sein (müssen), VIII-7; auf der ~ sein, VIII-8

I

Irrenhaus: reif fürs ~ sein, XVII-43
Irrer: rennen, rasen wie ein ~, XX-19

J

Jacke: das ist ~ wie Hose, XXV-2; XXV-3
Jubeljahre: alle ~ (ein)mal, XXIV-9

K

Kaiser: sich für den ~ von China halten, VII-37
Kamm: alles/alle über einen ~ scheren, XXV-8; jmdm. schwillt der ~, XIX-30
Kanal: den ~ voll haben, XVIII-39; XVIII-40; XVIII-41
Kandare: jmdn. an der ~ haben/halten, XV-17
Kante: etwas auf die hohe ~ legen, VIII-10; XXI-19
Kappe: etwas auf seine (eigene) ~ nehmen, VIII-12
Karre: die ~ ist total verfahren, X-44
Karren: der ~ ist total verfahren, X-44
Karte: alles auf eine ~ setzen, VI-36
Karten: mit offenen ~ spielen, VI-40
Kater: einen ~ haben, IV-39
Katz: ~ und Maus mit jmdm. spielen, XV-15; für die ~ sein, IX-3
Katze: der ~ die Schelle umhängen, X-13; um etwas herumgehen wie die ~ um den heißen Brei, VII-11
Katzenjammer: ~ haben, IV-39
Katzenwäsche: eine ~ machen, II-20
kaufen: sich für etwas nichts ~ können, IX-1; dafür kann ich mir nichts ~, XI-23;
Kelch: den (bitteren) ~ bis auf den Grund/bis zur Neige leeren (müssen), X-19
kennen: etwas in- und auswendig ~, XVII-20; jmdn. in- und auswendig ~, XVII-20
Kind: das ~ beim (rechten/richtigen) Namen nennen, VI-51; das ~ mit dem Bade ausschütten, VI-34; sich bei jmdm. lieb ~ machen, XV-47
Kinderspiel: ein ~ sein, XXV-11; XXV-20; XXV-21; XXV-22
Kirchenmaus: arm wie eine ~ sein, XXII-9
Klapperstorch: noch an den ~ glauben, VII-27
Klaps: einen leichten ~ haben, XVII-40
klatschnaß: ~ sein, XXIII-7
Klee: jmdn. über den grünen ~ loben, XV-40; XV-41
Kleiderschrank: er ist ein ~, I-16
Klemme: in der ~ sein, X-28; X-29; X-40; in der ~ sein/sitzen/stecken, IX-32; jmdm. aus der ~ helfen, XI-15; XI-17
Kletten: wie die ~ zusammenhalten, XII-15
klipp: etwas ~ und klar beweisen, XVII-14; sich ~ und klar ausdrücken, VI-42
Kloßbrühe: das ist klar wie ~, XXV-12
Klotz: einen ~ am Bein haben, X-38; sich einen ~ ans Bein binden/hängen, X-16
klug: so ~ wie vorher/zuvor sein, IX-23
knallrot: ~ werden, I-24
Knochen: naß bis auf die ~ sein, XXIII-6
Knoten: den gordischen ~ durchhauen, XI-25

Knüppel: jmdm. (einen) ~ zwischen die Beine werfen, XIII-17
Kohldampf: ~ schieben, IV-2
Kohlen: (wie) auf (glühenden) ~ sitzen, XIX-18
können: jmdn. plötzlich nicht mehr ausstehen ~, XIII-36
Kopf: darauf wette ich meinen ~, VI-11; den ~ in den Sand stecken, X-46; den ~ verlieren, XIX-26; einen roten ~ bekommen, I-24; jmdm. auf den ~ spucken können, I-11; jmdm. den ~ verdrehen, XII-24; jmdm. den ~ waschen, XIV-18; XIV-19; XIV-20; nicht (mehr) wissen, wo einem der ~ steht, V-3; nicht auf den ~ gefallen sein, VII-29; nicht ganz richtig im ~ sein, XVII-41; sich den ~ zerbrechen, XVII-12; sich von ~ bis Fuß neu einkleiden, II-8; wie vor den ~ geschlagen sein, XIX-11; den ~ hochtragen, VII-37
kopflos: ~ werden, XIX-27
Kopfschmerzen: sich über etwas/wegen etwas keine ~ machen, XIX-20
Korb: jmdm. einen ~ geben, XIV-25
Korn: jmdn. aufs ~ nehmen, XIII-46; XIV-15
koscher: etwas ist nicht (ganz) ~, X-3
Kostverächter: kein ~ sein, IV-19
Kotau: vor jmdm. einen/seinen ~ machen, XV-46
Kräfte: ~ haben wie ein Berserker, I-17
Kragen: jmdm. platzt der ~, XIX-33
Kram: scher dich um deinen eigenen ~, XIII-8
krank: sich ~ ärgern, XVIII-23
Kraut: durcheinander-/herumliegen wie ~ und Rüben, X-1
krebsrot: ~ sein/werden, I-23
Kriegsfuß: mit jmdm. auf (dem) ~ stehen, XIV-28
Krone: einen in der ~ haben, IV-31; was ist ihm in die ~ gefahren?, XIX-36
Krösus: ein ~ sein, XXII-18; reich wie ~ sein, XXII-18
Kröte: eine ~ schlucken, X-18
Kübel: ~ voll/von Schmutz über jmdn. ausgießen, XIV-1
Kübeln: es gießt/schüttet (wie) aus ~, XXIII-1
Kuh: dastehen wie die ~ vorm neuen Tor/vorm Scheunentor, XIX-14
Kurve: die ~ kratzen, XX-34

L

Lachen: sich vor ~ den Bauch/die Seiten halten, XVIII-15
Landsknecht: fluchen wie ein ~, XVI-37
Lappen: jmdm. durch die ~ gehen, XI-6
Lärm: viel ~ um nichts, XVI-16
Lästermaul: ein ~ haben/sein, XIV-3
Lästerzunge: eine ~ haben/sein, XIV-3
Latschen: aus den ~ kippen, III-19; III-20
läuft: etwas ~ wie geölt/geschmiert, XXV-23
Laus: jmdm. eine ~ in den Pelz/ins Fell setzen, XIII-22; jmdm. ist eine ~ über die Leber gelaufen, XVIII-19
Lebenden: es von den ~ nehmen, VIII-28

Leber: frisch/frei von der ~ weg sprechen/reden, VI-43
Leder: gegen jmdn. vom ~ ziehen, XIV-15
Leib: jmdm. mit ~ und Seele gehören, XII-18
Leibeskräften: aus ~ schreien, XVI-41
Leichenbittermiene: eine ~ machen/aufsetzen/zur Schau tragen, XVIII-30; XVIII-28
Leim: jmdm. auf den ~ gehen/kriechen, X-10
Leine: ~ ziehen, XX-24
Leisten: alles über einen ~ schlagen, XXV-8
Leitung: eine lange ~ haben, XVII-27
Leviten: jmdm. die ~ lesen, XIV-18; XIV-19
Licht: jmdm. grünes ~ geben, XV-27
Liebe: ~ auf den ersten Blick sein, XII-26
Lineal: (so) dastehen/dasitzen, als hätte man ein ~ verschluckt, I-8
links: etwas mit ~ machen, XI-33; jmdn. ~ liegen lassen, XIII-37
Loblied: ein ~ auf jmdn. anstimmen/singen, XV-40
Loch: aus dem letzten ~ pfeifen, XXII-6; ein ~ in die Luft gucken, XIX-6; saufen wie ein ~, IV-28
Löcher: ~ in die Luft gucken, XIX-6
Löffel: den ~ abgeben, III-31; den ~ abgeben/sinken lassen/wegschmeißen/ wegwerfen, III-29
Lorbeeren: sich auf seinen ~ ausruhen, V-18
Los: das Große ~ ziehen/gezogen haben, XI-10; XI-9
Luchsaugen: seinen ~ entgeht nichts, I-38
Luft: es herrscht dicke ~, X-6; jmdm. bleibt die ~ weg, XIX-16; jmdn. in der ~ zerreißen, XIV-14
Luftschlösser: ~ bauen, IX-16; IX-17
lügen: ~ wie gedruckt, VII-17
Lupe: etwas unter die ~ nehmen, VIII-20

M

machen: es nicht mehr lange ~, III-27; sich wichtig ~, XIII-1; XIII-2
Mädchen: ein spätes ~ sein, XII-37
Made: leben wie die ~ im Speck, XXII-26
Magen: jmdm. hängt der ~ in die/den Kniekehlen, IV-4
Mantel: den ~ nach dem Wind(e) hängen/kehren/ drehen, VII-4
Mäntelchen: das ~ nach dem Wind(e) hängen/kehren/ drehen, VII-4
Marsch: jmdm. den ~ blasen, XIV-21
Mauerblümchen: ein ~ sein, XX-8
Maul: jmdm. das ~ stopfen, XVI-10
Maulesel: störrisch wie ein ~ sein, XV-29
Meinung: jmdm. (gehörig) die ~ sagen, VI-47; seine ~ wechseln wie das/sein Hemd, VII-2
Meisterleistung: keine ~ sein, XXV-31

Messer: jmdm. das ~ an die Kehle setzen, X-22; XV-23; jmdm. sitzt das ~ an der Kehle, X-22
Methusalem: (so) alt wie ~ sein, III-5
Minen: alle ~ springen lassen, VI-17
Minna: jmdm. zur ~ machen, XIV-23
mir: (etwas) ~ nichts, dir nichts tun, VI-32
Mond: in den ~ gucken, IX-34
Mondschein: der kann/du kannst mir im ~ begegnen, XIV-26
Morpheus': in ~ Armen ruhen/liegen/schlafen, V-36
Mücke: aus einer ~ einen Elefanten machen, VIII-30
Mumm: ~ in den Knochen haben, VI-8; keinen ~ in den Knochen haben, XIX-37
Mund: jmdm. den ~ stopfen, XVI-10; XVI-8; nicht auf den ~ gefallen sein, XVI-21; nicht den ~ halten können, VII-31
Mundwerk: ein flinkes ~ besitzen, XVI-22
Münze: etwas für bare ~ nehmen, VII-28; jmdm. etwas in/mit gleicher ~ heimzahlen, XIII-44
Murks: ~ sein, XXV-28
Murmeltier: schlafen wie ein ~, V-38

N

Nabel: sich für den ~ der Welt halten, VII-36
Nacht: bei ~ und Nebel ausziehen, XX-35; bei ~ und Nebel verschwinden, XX-30; häßlich wie die ~ sein, I-6
Narren: jmdm. zum ~ haben/halten, XIII-31; XIII-26
Nase: auf die ~ fallen, IX-29; IX-30; IX-33; die ~ hochtragen, VII-37; die ~ voll haben, XVIII-39; XVIII-40; XVIII-41; jmdm. vor der ~ wegfahren, XI-6; jmdn. an der ~ herumführen, XIII-25; nicht weiter sehen als seine ~ (reicht), VI-33
Nasenspitze: nicht weiter sehen als die ~ reicht, VI-33
Nerven: jmdm. auf die ~ fallen/gehen, XIII-12
Nickerchen: ein ~ machen/halten, V-35
Nimmerleinstag: am ~, XXIV-11; XXIV-8
Notgroschen: sich einen ~ zurücklegen, VIII-10; XXI-19
Notpfennig: sich einen ~ zurücklegen, VIII-10
Nu: etwas im ~ machen, VIII-2; VIII-5
Null: etwas in ~ Komma nichts machen, VIII-5
Nummer: bei jmdm. eine große/gute ~ haben, XII-10
nützt: was ~ mir das?, XI-23

O

O-Beine: ~ haben, I-52
Oberhand: jmdm. gegenüber die ~ haben, XV-16
Oberstübchen: nicht ganz richtig im ~ sein, XVII-41

Ochs: dastehen wie der ~ vorm Berg, XIX-14
Ohr: jmdn. übers ~ hauen, XIII-27; nur mit halbem ~ zuhören/hinhören, XIX-5; zum einen ~ herein- und zum anderen ~ wieder hinausgehen, XIX-8; zum einen ~ herein- und zum anderen wieder hinausgehen, XVII-9; bis über die/beide ~ rot werden, I-25; noch feucht/noch nicht trocken hinter den ~ sein, III-1; tauben ~ predigen, IX-6; tief/bis über die/beide ~ in Schulden stecken, XXI-2
Ohrfeigengesicht: ein ~ haben, I-22
Öl: ~ ins Feuer gießen, XIV-35
Olims: zu/seit ~ Zeiten, XXIV-12
Ostern: wenn ~ und Pfingsten/Weihnachten zusammenfallen/auf einen Tag fallen, XXIV-8; XXIV-10; XXIV-11

P

Palme: auf die ~ gehen, XIX-35
Pantinen: aus den ~ kippen, III-19; III-20
Papagei: etwas wie ein ~ nachplappern, XVI-28
Pappenstiel: etwas für einen ~ kaufen, XXI-11
Paroli: jmdm. ~ bieten, XV-28
passen: ~ müssen, XVII-25
Patsche: in der ~ sein, X-28; X-29; jmdm. aus der ~ helfen, XI-15; XI-17
patschnaß: ~ sein, XXIII-7
Pech: wie ~ und Schwefel zusammenhalten, XII-15
Pfau: er ist ein (eitler) ~, VII-40; stolz wie ein ~ sein, VII-41
Pfeife: nach jmds. ~ tanzen, XV-35
Pfeil: wie ein ~ losschießen, XX-29
Pfennig: auf den ~ sehen, XXI-23; jeden ~ (dreimal) umdrehen, XXI-23
Pferd: arbeiten wie ein ~, V-11; das ~ beim/am Schwanz aufzäumen, VIII-43
Pferdemagen: einen ~ haben, IV-23
Pferdenatur: eine ~ haben, III-10
Pfifferling: keinen/nicht einen ~ wert sein, XXV-32
Pflaster: ~ treten, XX-9
Pflöcke: einige/ein paar ~ zurückstecken, XV-3
piepe: etwas ist jmdm. ~, VIII-16
piepegal: etwas ist jmdm. ~, VIII-16
Pik: einen ~ auf jmdn. haben, XIII-43
Pille: diese/eine (bittere) ~ schlucken, X-17
Pistole: jmdm. die ~ auf die Brust setzen, X-22; XV-23
pißt: es ~, XXIII-4
Platte: eine neue/andere ~ auflegen, XVI-27
Polizei: dümmer sein als die ~ erlaubt, XVII-32
Posten: noch auf dem ~ sein, III-8
Professor: ein zerstreuter ~ sein, XIX-4
Pudel: wie ein begossener ~ abziehen, XX-27
pudelnaß: ~ sein, XXIII-7
Pulver: das ~ (auch) nicht (gerade) erfunden haben, XVII-29

Punkt: ohne ~ und Komma reden, XVI-25
Puppen: bis in die ~ schlafen, V-41
puterrot: ~ sein/werden, I-23

Q

Quivive: auf dem ~ sein (müssen), VIII-7

R

Radieschen: sich die ~ von unten an-/besehen/betrachten, III-35
Rahm: bei etwas den ~ abschöpfen, XXII-27
Rand: außer ~ und Band geraten/sein, XIX-25
Rande: mit etwas nicht zu ~ kommen, XVII-23
Rang: jmdm. den ~ ablaufen, XIII-16; XV-22
Ranzen: sich den ~ vollschlagen, IV-21
Ratz: schlafen wie ein ~, V-38
Räubergeschichte: eine ~ erzählen, VII-18
Räuberpistole: eine ~ erzählen, VII-18
Rede: das ist nicht der ~ wert, XXV-29; jmdm. in die ~ fallen, XVI-32
reden: heute so und morgen anders ~, VII-6
Reden: lose ~ führen, XVI-38
Regen: aus dem/vom ~ in die Traufe kommen, X-12
Regionen: in höheren ~ schweben, XIX-7
Register: alle ~ ziehen, VI-14
Reibach: bei etwas seinen ~ machen, XXII-27
Reißaus: ~ nehmen, XX-34
Richter: sich zum ~ über jmdn. aufwerfen, XIV-11
riechen: jmdn. nicht ~ können, XIII-41; XIII-45
Riesenschritten: mit ~ vorangehen, XVII-5
Rock: hinter jedem ~ hersein/herlaufen, XII-33; XII-34
Rockschöße: sich an jmds. ~ hängen, XIII-10
Röhre: in die ~ sehen/gucken, IX-34
Rosen: auf ~ gebettet sein, XVIII-3
Roß: auf dem/ (s)einem hohen ~ sitzen, VII-35
rot: ~ sein/werden/anlaufen, I-23; ~ werden, I-24; ~ sehen, XIX-32
Rotz: ~ und Wasser heulen, XVIII-35
Rückgrat: kein ~ haben, XIX-37
Rufer: ~ in der Wüste sein, IX-6
Rüffel: einen ~ bekommen, XIV-21
Ruhe: die ~ weghaben, XIX-2
Runden: über die ~ kommen, XXI-16

S

Sache: die ~ hat einen Haken, X-5; einer ~ auf die Spur kommen, XVII-17
Sack: mit ~ und Pack abhauen, XX-26
Sagen: bei etwas das ~ haben, XV-13; das ~ haben, XV-14
Samthandschuhen: jmdn. mit ~ anfassen, VIII-6
Sand: jmdm. ~ in die Augen streuen, XIII-23
Sand(e): im ~ verlaufen, IX-27; IX-28
Sandmännchen: das ~ war da, V-32
sang~: - und klanglos verschwinden, XX-30; XX-33
Sattel: jmdm. in den ~ helfen, XI-21; jmdn. in den ~ heben, XI-21
Sau: jmdn. zur ~ machen, XIV-23; schreien wie eine gestochene ~, XVI-42
Saus: in ~ und Braus leben, VI-3; XXII-25
Saustall: das ist ein regelrechter ~, X-1
Schäfchen: seine ~ ins trockene bringen, XXII-16; XXII-17
Schale: sich in ~ werfen/schmeißen, II-10; II-9
Schatten: einem ~ nachjagen, IX-15; jmdn. in den ~ stellen, XV-22
Scheunendrescher: essen/fressen wie ein ~, IV-18
Schiffbruch: ~ erleiden, IX-31; IX-33
schifft: es ~, XXIII-4
Schimmer: keinen (blassen)/ nicht den geringsten/leisesten ~ von etwas haben, XVII-26
Schindluder: mit jmdm. ~ treiben, XIII-48
Schippe: jmdn. auf die ~ nehmen, XIII-31
Schlaf: den ~ des Gerechten schlafen, V-37
Schlag: ~ zwei (drei...) Uhr, XXIV-5; ein ~ ins Wasser sein, IX-4
Schlagseite: (eine) ~ haben, IV-33
Schlange: eine ~ am Busen nähren, XV-38
Schlappschwanz: ein ~ sein, XIX-37
Schloßhund: wie ein ~ heulen, XVIII-37
Schlucker: ein armer ~ sein, XXII-8
Schmutz: jmdn. mit ~ bewerfen, XIV-4; jmdn. in den ~ treten/ziehen, XIV-5; jmdn. durch den ~ ziehen, XIV-5
Schmutzfink: ein ~ sein, II-18
Schnabel: jmdm. den ~ stopfen, XVI-9
Schnauze: die ~ voll haben, XVIII-41
Schnecke: jmdn. zur ~ machen, XIV-23
Schneckenhaus: sich in sein ~ zurückziehen, XII-4
Schneckentempo: im ~ vorankommen, XX-16
Schneider: noch nicht aus dem ~ sein, X-45
Schnelle: auf die ~ eine Kleinigkeit/einen Happen essen, IV-8
Schnitt: einen/seinen ~ bei etwas machen, XXII-27
Schnitzer: einen ~ machen, IX-18; VI-48
schnuppe: etwas ist jmdm. ~, VIII-16
Schnürchen: wie am ~ klappen, XXV-17; XXV-23
schnurz: jmdm. ist etwas ~ (und piepe), VIII-19
Schrank: er ist ein ~ von einem Mann, I-16

Schraube: bei jmdm. ist eine ~ locker/lose, XVII-39
Schuhe: jmdm. etwas in die ~ schieben, VIII-13
Schulbank: die ~ drücken, XVII-1
Schulden: mehr ~ als Haare auf dem Kopf haben, XXI-2
Schule: die ~ schwänzen, XVII-2
Schulter: jmdm. die kalte ~ zeigen, XIII-37
Schultern: auf beiden ~ (Wasser) tragen, VII-10
Schürze: hinter jeder ~ hersein/herlaufen, XII-33; XII-34
Schürzenjäger: ein ~ sein, XII-33; XII-34
Schusterjungen: es regnet ~, XXIII-5
Schuß: ein ~ in den Ofen, IX-4
Schwamm: ~ drüber!, XV-2
Schwanz: mit hängendem/eingezogenem ~ abziehen, XX-27
schwarz: sich ~ ärgern, XIX-32
Schwatz: einen (kleinen) ~ halten, XVI-19
Schwein: ~ haben, XI-11
Schweine: wo haben wir denn schon zusammen ~ gehütet?, XIII-33
Schwierigkeiten: ~ haben, über die Runden zu kommen, XXII-4
Schwimmen: ins ~ kommen/geraten, XIX-27; XVII-24
Schwips: einen ~ haben, IV-32
Schwulitäten: in ~ sein, X-29
Seele: eine ~ von Mensch/von einem Menschen sein, VII-20
Segelohren: ~ haben, I-47
sehen: jmdn. nicht mehr ~ können, XIII-42
Semmeln: etwas geht weg wie warme ~, XXV-16
Senf: (überall) seinen ~ dazugeben müssen, XIII-6
sieb(en)ten: im ~ Himmel sein, XVIII-6; XVIII-7; sich wie im ~ Himmel fühlen, XVIII-7
Siebenmeilenstiefeln: mit ~ gehen, XX-20
Silberblick: einen ~ haben, I-44
Sitz: ~ und Stimme haben, XV-9
Sohlen: auf leisen ~ gehen, XX-14
Sonntagskind: ein ~ sein, XI-7
Spanier: stolz wie ein ~ sein, VII-41
Spatz: essen wie ein ~, IV-11
Spätzünder: ein ~ sein, XVII-27
Speichellecker: ein ~ sein, XV-47
Spieß: brüllen/schreien wie am ~, XVI-40; XVI-42
spindeldürr: ~ sein, I-12
spinnefeind: (mit) jmdm. ~ sein, XIV-28
Spinnenbeine: ~ haben, I-50
Spitze: jmdm. die ~ bieten, XV-28
splitterfasernackt: ~ sein, II-4; II-6
splitternackt: ~ sein, II-4; II-6
Spottgeld: etwas für ein ~ bekommen, XXI-10
Spottpreis: etwas für einen ~ erwerben/bekommen, XXI-10

Sprache: etwas verschlägt jmdm. die ~, XIX-12; die ~ auf etwas bringen/etwas zur ~ bringen, XVI-14; hast du die ~ verloren?, XVI-3; zur ~ kommen, XVI-15
Spucke: jmdm. bleibt die ~ weg, XIX-13
Stab: den ~ über jmdn. brechen, XIV-11
Stamme: vom ~ Nimm sein, XXI-22
Staub(e): sich aus dem ~ machen, XX-24; XX-34; sich vor jmdm. in den ~ werfen, XV-46; vor jmdm. im ~ kriechen, XV-46
Stecknadel: eine ~ im Heuhaufen suchen, IX-12; es ist/war so still, daß man eine ~ fallen hören könnte/konnte, XVI-2
steif: ~ und fest glauben, VI-27
Steigbügel: jmdm. den ~ halten, XI-21
Stein: bei jmdm. einen ~ im Brett haben, XII-10; es friert ~ und Bein, XXIII-12
Steine: jmdm. ~ in den Weg legen, XIII-17
Stelle: etwas auf der ~ machen, VIII-3
Sterben: zum ~ langweilig sein, XVIII-42
Sterne: jmdm./für jmdn. die ~ vom Himmel holen, IX-14
sternhagelvoll: ~ sein, IV-35
Stich: einen leichten ~ haben, XVII-40
Stiefel: jmdm. die ~ lecken, XV-44
Stier: den ~ bei den Hörnern packen/fassen, VI-12
Stirn: jmdm. die ~ bieten, XV-28; XV-30
stocktaub: ~ sein, I-48
Storch: noch an den ~ glauben, VII-27
Storchbein: ein ~ sein, I-51
Storchbeine: ~ haben, I-51
Strandhaubitze: voll/betrunken/blau wie eine ~ sein, IV-35
Stränge: über die ~ schlagen, VI-5; über die ~ schlagen/hauen, VI-1
Straße: auf der ~ liegen/sitzen/stehen, X-25
Streich: jmdm. einen bösen/üblen ~ spielen, XIII-21
Streit: einen ~ vom Zaun brechen, XIV-29
Strich: (nur noch) ein ~ in der Landschaft sein, I-12
Stroh: ~ im Kopf haben, XVII-28; XVII-33
Strohkopf: ein ~ sein, XVII-33
Strömen: es regnet/gießt in ~, XXIII-3
Stück: das ist ein starkes ~!, VIII-32
Stühlen: zwischen zwei ~ sitzen, X-35
Stupsnase: eine ~ haben, I-46
Sturmschritt: im ~ daherkommen/zu etwas/zu jmdm. eilen, XX-20
Suppe: die ~ auslöffeln müssen, X-21
Süßholz: ~ raspeln, XII-23
Szene: jmdm. eine ~ machen, XIV-13

T

Taktlosigkeit: eine ~ begehen, IX-18
Tapet: aufs ~ kommen, XVI-15; etwas aufs ~ bringen, XVI-14

Tassen: nicht alle ~ im Schrank/Spind haben, XVII-39
Teufel: den ~ im Leib haben, VI-4; jmdn. zum ~ jagen/schicken, XIV-24; XIV-25; ein armer ~ sein, XXII-8
Tiefpunkt: einen seelischen ~ haben, XVIII-25
Tinte: das ist klar wie dicke ~, XXV-12; in der ~ sitzen, IX-32; X-28; X-29
Tobak: das ist starker ~!, VIII-32
Tod: weder ~ noch Teufel/sich nicht vor ~ und Teufel fürchten, VI-21
Tomate: rot werden wie eine ~, I-23
Tönen: jmdn. in den höchsten ~ loben, XV-42
Tonne: eine (richtige) ~ sein, I-18
Topf: alles/alle in einen ~ werfen, XXV-8
Trauerkloß: ein ~ sein, XVIII-32
trock(e)nen: auf dem ~ sitzen, XXII-11; XXII-12
Trost: nicht (ganz/recht) bei ~ / ~e sein, XVII-42
trüben: im ~ fischen, X-14
Trübsal: ~ blasen, XVIII-26
tun: sich wichtig ~, XIII-1; XIII-2

U

ungenießbar: ~ sein, XVIII-17
Unterricht: den ~ schwänzen, XVII-3
Unterschied: das ist ein ~ wie Tag und Nacht, XXV-4; das ist ein himmelweiter ~, XXV-4

V

Vagabundenleben: ein ~ führen, VI-2
Veilchen: ein ~ haben, I-35
verboten: ~ aussehen, II-14; II-15
verkaufen: jmdn. für dumm ~, XIII-32
verknallt: in jmdn. ~ sein, XII-27
Vermögen: ein ~ kosten, XXI-9
verschossen: in jmdn. ~ sein, XII-27
Vogel: ~-Strauß-Politik betreiben, X-46; einen ~ haben, XVII-40
Vordermann: jmdn. auf ~ bringen, XV-20
vorkommen: sich wichtig ~, XIII-1; XIII-2
Vulkan: wie auf einem ~ leben, X-32

W

Waffen: die ~ strecken, XV-31
Wand: gegen eine ~ reden, IX-7

Wäsche: man soll (seine) schmutzige ~ nicht vor anderen Leuten o.ä. waschen, XII-46
Waschküche: draußen ist/das ist eine richtige ~, XXIII-8
Waschlappen: ein ~ sein, XIX-37
Waschweib: ein ~ sein, XVI-24
Wasser: ~ auf seine Mühlen sein, XI-19; das ~ im Mund zusammenlaufen lassen, IV-7; das ~ läuft jmdm. im Mund zusammen, IV-7; das ~ steht jmdm. bis zum Hals, X-27; X-30; ins ~ fallen, IX-26
Wässerchen: er/sie sieht aus, als ob er/sie kein ~ trüben könnte, VII-22
Wasserfall: wie ein ~ reden, XVI-25
Wecker: jmdm. auf den ~ fallen/gehen, XIII-12; XIII-13; XIII-14
Weihnachtsmann: noch an den ~ glauben, VII-27
Weihrauch: jmdm. ~ streuen, XV-42
Weisheit: die ~ (auch) nicht mit Löffeln gefressen/gegessen haben, XVII-29
Wellenlänge: auf der gleichen ~ mit jmdm. liegen, XII-8
Wesens: viel ~ von/um etwas machen, VIII-29
Wespentaille: eine ~ haben, I-15
Westentasche: wie seine ~ kennen, XVII-20
Wetter: bei diesem ~ /bei einem solchen ~ jagt man (doch) keinen Hund vor die Tür/hinaus, XXIII-15
Wiesel: flink wie ein ~ sein, XX-19
Wind: (vorbei)laufen wie der ~, XX-17; in den ~ reden, IX-6; sich den ~ um die Nase/Ohren wehen lassen, XX-37; viel ~ machen, XIII-1
Windeseile: etwas in/mit ~ machen, VIII-4
Windmühlen: gegen/mit ~ kämpfen, IX-9
Wirbelwind: (vorbei)laufen wie ein ~, XX-17; vorbeisausen wie ein ~, XX-21; wie ein ~ daherkommen, XX-22
wissen: nicht (mehr) aus noch ein ~, VII-8; weder aus noch ein ~, VII-8; nicht ein noch aus ~, VII-9
Wolf: ein ~ im Schafspelz sein, XIII-29; hungrig sein wie ein ~, IV-3
Wölfen: mit den ~ heulen, XV-7
Wolfshunger: einen ~ haben, IV-3
Wolken: aus allen ~ fallen, XIX-15; in den ~ schweben, XIX-7
Wolle: sich in der ~ haben/liegen, XIV-34
Wort: jmdm. ins ~ /in die Rede fallen, XVI-32; jmdm. liegt/schwebt ein ~ auf der Zunge, XVI-5
Wunsch: jmdm. jeden ~ von den Augen ablesen, XII-19
Würmer: jmdm. die ~ aus der Nase ziehen, VII-34
wurscht: etwas ist jmdm. ~, VIII-16
wurst: etwas ist jmdm. ~, VIII-16

X

X: jmdm. ein ~ für ein U vormachen, IX-20

Z

Zahn: (nur) für einen/den hohlen ~ reichen/sein, IV-13
Zähnen: mit langen ~ essen, IV-12
Zahnfleisch: auf dem ~ gehen/laufen/kriechen, V-27
Zange: jmdn. nicht mit der ~ anfassen mögen, II-19
zappeln: jmdn. ~ lassen, XV-30
Zehenspitzen: auf ~ weggehen/wegschleichen, XX-32; auf ~ gehen, XX-14
zerreißen: sich für jmdn. förmlich ~, VI-13
Zeug: sich ins ~ legen, V-8
Zigarre: jmdm. eine ~ verpassen, XIV-19
Zigeunerleben: ein ~ führen, VI-2
Zitrone: jmdn. auspressen/ausquetschen wie eine ~, XV-19
Zorn: vor ~ überkochen, XIX-28
Zoten: ~ reißen, XVI-38; XVI-39
Zug: einen guten/kräftigen ~ haben, IV-25
zulangen: kräftig/tüchtig ~, IV-17
Zunge: seine ~ nicht hüten/im Zaum halten/zügeln können, VII-30; eine böse ~ haben, XIV-3; seine ~ hüten/im Zaum halten/zügeln, XVI-6
zwei: für ~ essen, IV-18

Lehrbücher zur Linguistik

Regina Hessky / Stefan Ettinger
Deutsche Redewendungen
Ein Wörter- und Übungsbuch für Fortgeschrittene

Narr Studienbücher, 1997, LIII, 327 S.,
DM 44,80/ÖS 327,–/SFr 43,–
ISBN 3-8233-4960-0

Das Studienbuch enthält ca. 1200 gebräuchliche Redewendungen des Deutschen, die nach inhaltlich zusammengehörenden Gruppen, d.h. onomasiologisch bzw. ideographisch, gegliedert sind. Zu Schlüsselbegriffen, wie z.B. /ANGST/, /FURCHT/, /ENTTÄUSCHUNG/, /NEUGIER/, /UNGEDULD/ usw. finden sich jeweils mehrere Redewendungen, die alle knapp, aber präzise umschrieben bzw. paraphrasiert werden. Zusätzlich finden sich bei den Redewendungen Angaben zur Stilebene, zur Einstellung des Sprechers sowie Hinweise zu besonderen Gebrauchsbedingungen. Der umfangreiche Übungsteil enthält – neben einfachen Übungen zur Form und Bedeutung von Redewendungen – vielfältige und anspruchsvollere Übungen, die es dem Lernenden ermöglichen sollen, Redewendungen in Texten zu *erkennen*, zu *verstehen* und in anderen Kontexten zu *verwenden*.
Die ausführlichen *Hinweise für den Benutzer* geben dem Lernenden einen kurzen Überblick über wichtige (meta)-lexikographische und linguistische Probleme der Phraseologie und sollen ihn anregen, sich auch wissenschaftlich mit den Redewendungen des Wörter- und Übungsbuches auseinanderzusetzen.

Christine Palm
Phraseologie
Eine Einführung

Narr Studienbücher, 2., durchges. Aufl.
1997, XII, 130 S.,
DM 29,80/ÖS 218,–/SFr 29,80
ISBN 3-8233-4953-8

In das vitale Forschungsgebiet der Phraseologie, der Wissenschaft von den festen Wortgruppen einer Sprache (hier des Deutschen), führt dieses Studienbuch ein. An zahlreichen Beispielen werden die Besonderheiten der Phraseologismen (Wortgruppenlexeme/Phraseolexeme/Phraseme/Idiome/ Redewendungen) in System und Text dargestellt – etwa ihre semantische Komplexität bei konzeptueller Vagheit und eine emotionale Nachdrücklichkeit als Komponente der Bedeutungsstruktur. Dabei verdeutlicht die Autorin das außerordentlich kreative Potential des phraseologischen Materials.
Berührt werden auch psycholinguistische und phraseographische Aspekte, und nach einer knappen Übersicht über die Entwicklung der Phraseologieforschung mündet die Darstellung in eine Erörterung offener Fragen und Forschungsdesiderate.

"Hier hat eine Wissenschaftlerin es in der Tat vermocht, eine Einführung in die Phraseologie so zu verfassen, daß junge Leute mit Gewinn und Freude in dieses faszinierende Forschungsgebiet einsteigen können." *PROVERBUM*

 Gunter Narr Verlag Tübingen